성공적인 한국 노인의 삶

— 다학제간 심층 인터뷰 사례 —

이주일·박군석·유 경·김영범
장숙랑·윤현숙·유희정·김동현 공저

이 책은 2005년도 정부(교육인적자원부)의 재원으로
한국학술진흥재단의 지원을 받아
수행된 연구임(KRF-2005-042-H00013)

머리말

고령화는 이제 많은 사람이 사회 현상의 하나로 언급하는 화두가 되었다. 그러나 곳곳에서 고령화의 전개속도는 시한폭탄으로 여겨져 많은 사람들에게 불안을 야기하고 있지만 이에 대한 체계적인 연구는 아직도 미흡한 편이다. 이에 한림대학교 고령사회연구소에서는 심리학, 사회학, 사회복지학 및 사회의학을 전공하는 연구자들이 모여 협동으로 고령화 사회를 대비하여 성공적인 노년을 보낸다는 것 또는 행복한 노년을 보낸다는 것이 어떤 의미를 가지는지를 탐색해 보았다. 이미 한림대학교 고령사회연구소에서는 지난 10여 년에 걸쳐 약 2,500명의 고령패널을 구축하여 성공적이고 행복한 노년을 결정하는 요소를 찾고자 하는 연구를 진행하여 왔다. 본 협동연구는 이런 연구들의 연장선상에서, 이 고령패널에 참가하고 있는 65세 이상 노인 중 심리적 차원, 사회 활동적 차원 및 신체적 건강 차원에서 모두 양호한 노인들과 이 세 차원에서 모두 불량한 노인들을 대상으로 심층적인 인터뷰를 진행하였다. 이 책은 이러한 연구 성과를 모아 놓은 자료이다.

본 연구는 한국학술진흥재단에서 지원하는 2005년도 협동연구지원을 받아 이루어졌다. 연구에 참여한 연구진은 심리학 영역에서 한림대학교 심리학과의 이주일 교수, 유경 교수 및 고령사회연구소의 박군석 박사가 참여하였고, 사회학 및 사회복지 영역에서 한림대학교 사회복지학과의 윤현숙 교수와 고령사회연구소의 김영범 박사가 참여하였고, 사회의학 영역에서는 한림대학교 사회의학교실의 김동현 교수와 서울대학교 보건환경연구소의 장숙랑 박사가 참여하였다. 본 연구에 참여한 연구진들은 각자가 속해 있는 학문 영역 내에서 고령화가 우리 사회에 미치는 영향에 대한 연구를 수년간 진행해온 중견 연구자들로서, 본 연구의 성과는 전적으로 이 연구진들의 성과에 의해 이루어졌으며, 이 책 또한 이런 협동연구의 결실임을 밝혀둔다.

본 연구가 시작되게 된 데는 한림대학교 고령사회연구소에서 진행해온 노인 삶의 질에 관한 지난 10년간의 연구 성과에 힘입은 바가 크다고 생각된다. 이에는 한림대학교 고령사회연구소의 초대 연구소장으로 대학 차원에서 고령화에 대한 연구 초점을 설정하고 본 연구 이전부터 한림대학교 고령패널 연구를 이끌었으며, 현재 한림대학교 사회학과에 재직하고 있는 박준식 교수의 역할이 지대하였다고 본다. 또한 한국학술진흥재단의 중점 연구소 지원을 받아 현재 한림대학교의 고령패널 연구를 이끌고 있는 한림대학교 고령사회연구소장인 한림대학교 심리학과의 강연욱 교수의 역할도 중요한 기여를 하였다고 본다. 마지막으로 본 연구 성과를 도서로 출간하도록 힘써 준 박학사의 구본하 사장님과 편집진 및 도서출간에 관한 긴밀한 협의를 통해 실질적으로 출간 작업을 해온 김민철 님께 감사드린다. 고령패널로 참여하여 본 연구에 귀중한 자료를 제공해 주신 이름 없는 연구 참여자들과 실제로 연구 참여자들을 만나 어려움 속에서도 훌륭히 데이터를 수집해 주신 조사원 여러분들께도 감사드린다.

사회가 고령화되고 개인이 노인이 된다는 것은 사회나 개인에게 분명히 위기임에 분명하다. 젊은이로 가득한 역동성이 줄어듦으로 인해 고령화된 사회는 여러 가지 사회적 비용을 부담해야 하고, 개인 또한 노화가 진행되면서 삶의 역동성을 잃어버리게 됨은 명확하다. 하지만 모든 삶의 현상과 사회 현상에는 겉보기 이면의 가치가 존재한다. 사회가 고령화된다는 것은 젊은 날의 역경과 경험을 간직한 다수가 사회에 존재한다는 것으로 사회가 안정적일 수 있다는 것을 의미하는 것이며, 개인이 나이가 들어간다는 것은 지혜가 많아진다는 것을 뜻하는 것이다. 따라서 고령화와 노년화는 우리가 피하래야 피할 수도 없는 것일 뿐더러 반드시 부정적인 것으로 치부하여 피할 것만도 아니다. 본 연구에서도 성공적인 노년을 준비한다는 것이 무엇인지를 다양한 인터뷰 사례에서 보여주고 있으며, 성공적인 노년을 위해서는 각 개인이 어떤 준비를 해야 하는지를 다학제적으로 보여주고 있다. 본 연구에서 나타난 결과들은 많은 사람들에게 성공적인 노년을 준비한다는 것이 어떤 것인지를 알게 해 줄 것이다. 아무쪼록 늙어가는 우리 모든 사람들과 점차 고령화되어가는 모든 사회에 본 연구 성과가 도움이 되길 바란다.

2008년 11월 1일

연구진 대표 이주일

차 례

제 2 장 21

성공적 노화의 구분 및 생태학적 특징 비교

박균석(한림대학교 고령사회연구소)

제 3 장 45

안국 노인의 성공석 노화에 내한 개념 및 기순

박균석(한림대학교 고령사회연구소)

제 5 장 115

노인의 일상생활과 성공적 노화

유 경(한림대학교 심리학과)

제 6 장 133

한국 노인의 사회활동과 가족관계

김영범(한림대학교 고령사회연구소)

제 7 장 163

한국 노인의 나이 듦에 대한 인식

장숙랑(서울대학교 보건환경연구소)

제 8 장 177

인생의 역경이 성공적 노년에 미치는 효과

이주일(한림대학교 심리학과)

제 9 장 203

한국 노인이 인식하는 중요 생애사

윤현숙(한림대학교 사회복지학과)
유희정(한림성심대학 사회복지과)

제 10 장 243

한국 노인이 경험하는 인생의 보람과 후회

윤현숙(한림대학교 사회복지학과)
유희정(한림성심대학 사회복지과)

제 11 장 283

한국 노인이 경험하는 질병과 성공적인 인생

김동현(한림대학교 의과대학 사회의학교실)

제 12 장 295

결론: 노년이 아름다운 미래를 위해

김영범(한림대학교 고령사회연구소)

제 1 장

성공적인 노년을 보낸다는 것의 의미

이 주 일

(한림대학교 심리학과)

1. 행복과 주관적 안녕감

행복이란 무엇인가? 심리학에서 행복에 대한 연구는 다양한 용어로 행해진다; 주관적 안녕감(subjective wellbeing), 심리적 안녕감(psychological wellbeing), 긍정적 정서(positive emotion), 삶의 질(quality of life), 삶의 만족(life satisfaction). 이 용어들은 연구자의 관점에 따라 조금씩 다르지만 개념상 많은 부분에서 겹치는 것이 사실이다.

행복이나 삶의 질에 대한 연구는 심리학의 다양한 분야에서 이루어져 왔다. 이들을 측정하는 개념 자체를 연구하고자 하는 시도부터 이런 행복이나 주관적 안녕감을 유도하는 조건을 찾고자 하는 시도 등 다양한 접근방법을 들 수 있을 것이다.

Warr(1987)는 개인의 심리적 행복감에 영향을 미치는 요소로 다음의 아홉 가지를 들고 있다.

1. 통제의 기회. 통제감이란 개인이 자신의 행동을 결정하고 선택한 대로 행할 수 있는 기회이며 행동의 결과를 예측할 수 있는 가능성을 말한다. 통제감은 행복을 설명해 주는 변인으로서 심리학에서 찾아낸 가장 중요한 변인이라고 생각된다. 이 개념은 인간 삶의 모든 영역에 적용되며, 인간에게 주어진 긴 사회화 과정은 우리로 하여금 통제감을 갖고 통제능력을 키우게 해 주기 위한 것이라 해도 과언이 아니라 할 것이다. 이 개념은 자기 효능감, 자기결정감 등의 개념으로 발전되어 많은 학자들의 연구관심이 되고 있는 내용이기도 하다.
2. 기술 사용의 기회. 인간은 누구나 자신이 가지고 있는 능력과 잠재력을 발휘하고자 하는 욕구를 가지고 있다. 대학을 졸업하고 전공과 관련된 분야에서 일을 하고자 하고, 자신이 익힌 기술을 계속해서 사용하고 더 발전시키고 싶어 하는 것은 누구에게나 해당되는 사항이라 할 수 있을 것이다. 예컨대 개인에게 주어진 일이 너무나 단순하고 일상적인 일이어서 개인이 가지고 있는 능력을 전부 발휘할 수 없거나, 다양한 잠재능력이 있는 데도 불구하고 이들을 다 활용할 기회를 가질 수 없다면 개인은 불행하다고 느끼게 될 것이다.
3. 목적의식과 사명감. 행복을 결정해 주는 세 번째 결정요소는 의미감일 것이다. 자신이 하는 일에서 목적의식을 느낄 수 있고, 자신이 이런 목적을 달성하기 위한 사명을 가지고 활동하고 있다고 느낄 때 개인은 행복감을 느낄 수 있을 것이다. 지금 하고 있는 일이 아무리 하찮은 일이고 힘들거나 거친 일이라 하더라도 그

일이 자신이 달성하고자 하는 큰 이상이나 꿈, 목표와 연관되어 있거나 인류가 추구해야 할 고상한 이상을 실현하는데 기여하는 일이라면 행복감을 느낄 수 있을 것이다.

4. 주어진 환경의 다양성. 개인이 처한 환경은 개인이 처한 여건에 따라 천차만별일 것이다. 어떤 사람의 경우 무슨 일을 해야 할지는 명확하지만 매일 반복된 일을 하거나 거의 똑같은 활동을 하도록 규정지어진 환경 하에서 살아갈 수가 있다. 우리가 한 음식점만 계속 찾아가서 똑같은 음식만 먹게 된다면 그 음식이 아무리 맛있다 하더라도 질리게 될 것이고, 아무리 재미난 놀이라 하더라도 매일 똑같이 반복되는 것이라면 처음에만 흥미를 불러일으킬 뿐 금방 싫증나게 되는 것이다. 충분히 도전적일만큼 주어진 환경이 자극적이고 다양한 맛과 할 거리를 제공해 줄 수 있어야 하는 것이다.

5. 환경의 명료성. 앞서 이야기한 다양성이 개인에게 필요하지만 이런 다양성과 변화 가능성이 개인의 능력범위를 초과해서는 행복감에 해로운 영향을 줄 수 있다. 즉 어느 정도는 개인이 안정감을 느낄 수 있도록 분명하고 규칙적인 것이 있을 필요가 있다. 예컨대, 자신의 행동이 잘되었는지 잘못되었는지에 대해 피드백 받을 수 있고, 자신에게 기대되는 역할이 무엇이고 어떤 행동이 용인되며 그런 것을 결정하는 기준이 무엇인지가 명확할 필요가 있다.

6. 돈의 가용성. 금전자체가 행복감에 주는 영향의 절대 가치는 제한되어 있고, 개인에 따라 가치의 무게가 다른 것은 분명하지만 금전은 개인이 하고자 하는 많은 활동을 제약하기도 하고 방향을 결정해 주기도 한다. 또한 첫 번째 조건으로 들은 통제의 기회를 결정해 주기도 한다. 따라서 금전자체가 행복을 결정해 주는 것

은 아닐지라도 경제적인 조건이 앞서 이야기한 여러 가지 심리적인 요소들을 선택하고 결정하는데 중요한 영향을 준다는 의미에서 돈의 가용성 또한 행복을 결정하는 중요요소라 할 것이다.

7. 신체적 안전. 개인의 신체적인 안녕감이 행복을 결정하는 중요한 요소라는 것은 아무도 부인하지 못할 것이다. 아무리 모든 조건이 갖추어져 있다하더라도 건강하지 못하다면 행복하다고 할 수 없을 것이다. 이런 신체적인 건강을 포함해서 개인이 안전하게 자신을 보호할 수 있고 그런 안전이 지속적으로 보장될 수 있는지가 행복감에 중요한 영향을 줄 것이다.
8. 대인간 접촉의 기회. 인간은 혼자서는 살수 없는 사회적 존재이다. 아무리 독립적인 사람이고 재산이 많고 뛰어난 사람이라고 하더라도 자신이 이루어낸 성과를 공유하고 함께 할 수 있는 사람이 없다면 쓸쓸하고 외로움을 느낄 것이다. 특히 진실한 감정을 교류하고 나누어 줄 수 있는 사람들과 접촉할 수 있는 기회가 얼마나 주어지는지가 개인의 행복감에 중요하게 작용할 것이다. 이런 접촉을 통해 개인은 정서적인 지원과 도구적인 지원을 주고받게 되는 것이다.
9. 가치 있는 사회적 지위. 어느 정도 조건이 갖추어지면 주위로부터의 인정 및 자기 자신으로부터 스스로를 인정할 수 있는 여건이 중요해지게 된다. 사회생활에서 타인들로부터 받는 인정의 지표는 그 사람이 받게 되는 지위로 대변이 된다. 직장이나 사회로부터 받는 지위는 나이가 들어갈수록 더욱 중요해지게 될 것이다. 일을 할 수 있는 젊은 사람들에게는 또한 개인이 속한 직장의 유무와 직장에서의 지위 등이 행복감을 결정하는 주요요인으로 작용할 것이다.

이상의 아홉 가지 조건들이 개인의 행복을 결정하는데 중요한 역할을 하는 것은 분명하다. 개인이 직장을 가지고 있는 젊은 시절에는 정도의 차이는 있지만 이 아홉 가지 조건들이 적당히 충족된다. 그러나 나이가 들고 직장에서 은퇴하게 되면서 개인의 삶은 이 조건들과 서서히 유리되게 된다. 그렇다면 나이가 들어서도 행복할 수 있는 조건은 무엇일까? 우선 성공적인 노화를 바라보는 이론들을 살펴보도록 하겠다.

2. 성공적인 노화

성공적인 노화(successful ageing) 과정을 설명하려는 많은 이론들이 제안되었다. 이 중 개인의 대인 활동과 성공적인 노화 간의 관계를 설명하기 위해 세 가지 이론-활동 이론(activity theory), 이탈 이론(disengagement theory), 성격에 따른 연속성 이론(personality-continuity theory)이 제시되었다. 이 이론들은 주로 사람들과의 관계가 성공적인 노화와 어떤 관련이 있는지를 밝히고자 하는 것들이다.

우선 **활동 이론**은 성공적인 노화를 결정하는 데는 생애의 이전 단계, 즉 젊은 시절부터 유지해 온 역할수행과 활동들을 노후가 되어서도 얼마나 계속할 수 있는지가 중요하다고 본다(Cavan, Burgess, Havighurst, & Goldhammer, 1969). 역할 수행에서는 상호작용의 빈도뿐만 아니라 상호작용의 질 또한 중요한 것으로 본다. 이런 이론들은 상호작용을 하는 수준과 노인의 삶에 대한 만족도 간에 높은 관련이 있다는 것을 보여 준다. 따라서 이 이론은 노후가 되어서도 개인이 자신의 역할을 계속 수행하는 것이 중요하다고 본다. 성공적으로 노화과정에 적응하는 사람들은 나이가 들어 자신의 역할이 변화되거나 어떤 변동이 생긴다고 해서, 상호작용을 하는 양이나 질적 수준이 줄어들지 않는다. 따라서 주위 사람들과 안정적이며 친밀한 관계를 유지하는 것이 성공적인 노화과정의 필수적인 요소라는 것이다.

이에 비해 **이탈 이론**은 다른 입장을 취한다(Cumming, Dean, Newell, & McCaffrey, 1960). 여기서 이탈이란 노인자신이 사회로부터 떨어져 나오는 것과 사회가 노인을 떨어뜨리는 것을 모두 포함하는 상호적인 것이다. 이 이론은 성공적인 노화란 사회적인 역할이나 지위로부터 점진적으로 벗어나는 것에 달려 있지 역할과 지위를 유지하려고 하는데 있는 것이 아니라는 입장을 취한다. 따라서 이런 이탈과정을 성공적으로 받아들이고 수용하는 사람이 성공적인 노화과정을 경험하는 사람이라고 본다. 이 결과로 사람들은 자기에 대해 더 집착하게 되고, 다른 사람들에 대한 정서적인 투자는 점점 줄이게 된다. 따라서 상호작용의 수가 줄어들더라도 이탈과정이 순조롭게 진행된다면 삶에 대한 만족감은 떨어지지 않는다고 본다.

성격에 따른 연속성 이론은 활동 이론과 이탈 이론을 종합해서 개인의 성격에 따라 성공적인 노화의 유무가 달라진다는 입장이다(Neugarten et al., 1968). 즉 개인이 활동적인 사람이었다면 계속해서 활동적인 관계를 유지하는 것이 바람직하며, 활동적이지 않고 자기 내면에 몰입하던 사람이라면 이후에도 이런 특성을 유지하는 것이 성공적인 노화가 된다는 입장이다. 이 입장에 따르면 성공적으로 노화과정을 경험하는 사람들은 개인의 특성에 따라 안정성을 유지할 수 있는 사람들이다.

최근 들어 노인의 심리적 특성(예: 정서경험, 정서조절, 행복감, 애착경험 등)이나 성공적인 노화를 설명하고자 하는 이론은 기본적으로 인간의 발달과정이 전생애에 걸친 과정(life span development)이라는 것을 전제로 한다(Antonuch, 1994; Baltes & Baltes, 1990; Carstensen et al., 1999). 또한 각각의 특성이 발달되는 근저에는 개인의 심리, 신체적 발달에 따른 적응과 사회문화적 환경에 적절히 적응하고자 하는 기제가 깔려 있다는 전제를 한다.

노화에 따른 심리적 특성을 설명하고자 하는 대표적인 이론을 이론의 발생 순으로 정리해 보면 다음 세 가지를 들 수 있을 것이다: 1) Toni C. Antonuchi가 제안한 방어막 이론(convoy theory), 2) P. Baltes와 M. Baltes가 제안한 선택적 최적화와 보상 이론(selective optimization with compensation), 3) 최근에 집중적으로 조명을 받고 있는 Laura Carstensen의 사회관계 및 정서 선택 이론(socio-emotional selectivity theory).

1) 방어막 이론

방어막 이론(convoy theory)은 개인에게 사회적 지지를 제공해 주는 사회적 상호작용이나 관계를 설명하고자 하는 이론적 시도로 제안된 이론이다. Antonuchi(1994)는 '사람들이 가지고 있는 사회적 상호작용이나 관계의 전체 틀'을 지칭하기 위해 방어막(convoy)이란 용어를 채용하였다. 이 방어막은 애착이론에서 애착인물(대개, 어머니)이 주위 세상에 대해 적극적인 탐색을 할 수 있게 해 주는 안정적인 기지의 역할을 제공해 주는 것처럼, 개인이 부딪히게 되는 힘든 시기나 힘겨운 일들에 대처하게 해 주는 안전한 통로(safe passage)로 작용하게 된다. 즉 이 방어막을 형성하는 인물들은 개인적인 위기상황이나 중요한 삶의 이벤트에 처하거나 발달상의 중요 이정표에 도달할 경우에 개인에게 도움을 주고 위기로부터 보호해 주는 역할을 하게 된다.

방어막은 밀접도의 수준에 따라 위계적으로 구성되어 있다. 가장 내면의 방어막은 부모, 배우자, 자식들로 구성된 방어막으로 가장 가까우면서도 중요한 관계를 나타낸다. 두 번째 방어막은 다른 친척이나 가까운 친구들로 첫 번째 방어막 보다는 못하지만 여전히 가까우면서 다양한 층을 구성하고 있으며 중간에 위치하고 있다. 세 번째로 가장 바깥에 위치한 방어막은 업무상 동료나 가까운 친척의 친구들로 특정 업무상 역할 관계로 만나게 되거나 다른 친구나 친척과의 연계 고리로 만나게 되는 사람들이다. 가장 내면의 방어막을 구성하는 사람들과 맺게 되는 관계가 1차적 애착관계이며 두 번째 방어막의 사람들과 맺는 관계가 2차적 애착관계를 구성한다. 세 번째 방어막의 사람들과 맺는 관계가 주로 개인의 사회적 관계를 형성하게 된다.

이런 방어막의 형성은 누적적이며 개인이 나이를 먹어감에 따라 달라지게 된다. 또한 이런 방어막을 구성하는 사람들과 형성하게 되는 애착관계에 의해 삶의 만족감이 달라지게 된다. 방어막 이론은 자신을 보호하고 지켜줄 만한 사회적 지지층을 얼마나 안정적으로 확보했느냐에 의해 개인의 성공적인 노화가 결정된다고 본다.

이 방어막 이론은 자신의 방어막에 대한 안정적인 애착을 형성할 수 있느냐가 개인의 성공적인 노화를 결정하는 요소라고 본다. 많은 연구들이 안정적인 애착을 형성하게 하는 요인을 찾고자 하였다. 지금까지 정리된 중요 변인으로는 부모의 반응성이 있다. 이는 아동 애착에 대한 연구들에서 도출된 결과다. 또한 통제감, 1차적 및 2차적 애착 인물들과의 지속적인 상호작용, 효능감, 애착 인물들로부터의 지지적이며 반응적인 피드백 등이 부모의 아동에 대한 반응성과 같이 상호 작용하여 안정적인 애착을 형성하게 해 준다(Langer & Lodin, 1976; Antonucchi & Jackson, 1987).

2) 선택적 최적화와 보상 이론

Baltes와 Baltes(1990)는 성공적인 노화를 결정짓는 특성에 대한 연구를 통해 일곱 가지 기본 전제를 도출하였다. 첫째, 정상적 노화, 최적의 노화와 병리적 노화 간에는 차이가 있다. 둘째 노화 과정은 개인에 따라 많은 차이가 있다. 셋째, 노화가 진행되어도 노인들은 많은 잠재적인 능력을 가지고 있다. 넷째, 잠재능력에도 불구하고 연령에 따른 손실이 존재한다. 다섯째, 지식이 기반이 된 실용능력과 기술활용 능력이 노화 진행과 관련되어 나타나는 쇠퇴를 보충해 준다. 여섯째, 나이가 들어가면서 노화로 인한 이득과 손실 간의 균형지수는 점차 덜 긍정적(마이너스 쪽으로 바뀜)이 된다. 일곱째, 자아는 노화가 진행되어도 탄력성을 잃지 않는다. 즉 자신에 대해 부정적인 생각을 가지지 않는다.

이들 일곱 가지 전제의 기본특성은 노화과정을 일종의 적응과정으로 본다는 것으로, 인간은 적응과정을 통해 노화의 진행으로 인해 발생되는 자신의 부족한 부분을 다른 영역에서 채움으로써 보충하려 한다고 본다. 이 전제들은 각기 별도로 떨어져서 존재하는 것이 아니라 상호 연계되어 작용하게 된다. Baltes와 Baltes는 이런 전제들을 토대로 성공적인 노화를 맞이하는 데 도움이 되는 다음과 같은 원리를 도출해내었다. 첫째, 병리적인 노화과정이 진행될 가능성을 줄이기 위해서는 건강한 생활스타일을 유지하는 것이 바람직하다. 둘째, 노화의 시작, 진행, 내용의 다양성으로 인해 개인마다 상당한 다양성이 존재하기 때문에 어느 한 가지 해결책을 제시하려고 하는 것은 바람직하지 않다. 셋째, 다양한 활동을 통해 개인의 잠재능력을 계속 키워주는 것이 바람직하다. 넷째, 젊은 이들보다 잠재능력에서 제한성이 존재한다는 것을 받아들이는 것이 중요하다. 다섯째, 노화과정의 진행에도 손실되지 않는 지식이나 기술의 보상적인 역할이 중요하다. 여섯째, 노화로 인한 이득과 손실 간의 균형관계가 변화한다는 것을 이해할 필요가 있다. 일곱째, 자아를 긍정적으로 바라보려는 것은 노화와 관계없이 유지되는 것이므로 이에 대한 이해가 필요하다.

이런 생각을 토대로 노화의 적응과정을 설명하기 위해 제안된 이론이 **선택적 최적화와 보상 이론**(selective optimization with compensation)

이론이다. 이 이론적 모델에서는 세 가지 기본개념이 등장한다. **선택**이란 개인의 생활세계를 보다 적은 수의 기능영역으로 축소시킨다는 것을 의미하는 것으로 개인의 전체적인 적응이라는 측면에서 볼 때 노화로 인한 손실에 대처하기 위해 최소 노력으로 최대 효과를 얻으려는 기제로 생기는 것이다. 보다 긍정적인 측면에서 본다면 몇 가지 핵심영역으로 관심의 폭을 집중시키는 것이고, 부정적인 측면에서 본다면 많은 가능성의 영역을 포기하는 것이라고 할 수 있다. 예를 들면 관심사를 좁히거나 특별히 가까운 사람들과만 관계형성을 하는 것을 들 수 있을 것이다. **최적화**는 자신의 일반적인 잠재능력을 키워주고 증진시켜 주는 행동에 참여하고 자신이 선택한 인생여정을 극대화 시키고자 하는 것을 말한다. 즉 선택한 영역에 대한 활동에 집중 또는 집착하려 하고 이 속에서 자신을 찾고자 한다. **보상**이란 특정 행동역량을 잃게 되거나 특정 기능에 요구되는 표준이하로 기능이 저하될 때 작동하는 기제이다. 이런 보상기제는 물리적인 손실에만 작용하는 것이 아니라 심리적인 손실에도 작용된다. 즉 어느 한 능력을 잃게 되면 이를 대체해 줄 다른 능력을 발달시키거나 이에 의존해서 자신이 부족한 부분을 채우려 한다는 것이다. 이는 열등감이 생기면 이를 극복하려는 힘이 생긴다는 원리와 상통하는 것이다.

3) 사회관계 및 정서 선택 이론

노인의 심리과정에 대한 최근의 이론 중에서 가장 대중적인 이론인 **사회관계 및 정서 선택 이론**(socio-emotional selectivity theory)은 세 가지 기본 전제를 가지고 출발한다. 첫째, 사회적 상호작용이 인간 생존의 핵심이다. 둘째, 인간은 기본적으로 능동적인 존재이고 목표실현을 위해 움직인다. 셋째, 인간은 동시에 다양한 목표를 가지고 있기 때문에 행동을 이끄는 것은 목표의 선택이다.

이런 전제 하에 이 이론은 두 가지 범주의 사회적 목표를 제시한다. 한 가지는 정서지향적인 것이고 다른 한 가지는 정보 및 지식 추구적인 것이다. 이 둘이 엄밀하게 서로 배타적인 것은 아니지만 이 이론은 주로 지식을 얻으려 하고 미래를 준비하는데 관심을 가지고 있는 사람과 정서적 욕구를 추구하는 데 일차적인 관심이 있는 사람을 구분한다. 또는 앞날을 준비하는데 관심이 있는 사람과 순간의 만족을 추구하는데 관심이 있는 사람을 구분한다. 특히 이런 성향의 차이는 생애발달의 관점에서 본다면 인간의 연령과 밀접한 관계가 있는데, 지식추구적인 경향은 청년기 후반부터 성인기 중반기까지에 있는 사람들에게 보다 많이 나타날 것이며, 정서추구적인 경향은 생애 초반기와 생애 후반기에 보다 지배적으로 나타나게 된다.

이 이론에 따르면 연령에 따라 사회적인 관계를 선택하고 정서경험을 추구하는 형태에서 변화가 나타난다. 연령에 따라 사회적 파트너를 선택하는 대상이 다르게 되는데, 생애 후반기에 처하게 될수록 사람들은 보다 정서적으로 의미 있고 편안한 정서를 느끼게 해 주는 사람들을 찾게 된다. 이에 비해 젊은 사람들은 정서적 만족보다 자신의 지적 욕구에 도움을 줄 수 있는 사람을 더 선호하게 된다. 이렇게 사회적 관계를 형성함으로써, 주위로부터의 부정적인 정서적 반응을 피할 수 있게 되고, 긍정적인 정서를 최적화시킬 수 있게 된다. 예컨대 나이가 들면서 보다 소수의 사람들과 상호작용을 하게 될 뿐만 아니라 자신과 잘 아는 사람들(예컨대 오래된 친구나 가족 구성원)과만 관계를 맺으려 하게 된다.

이 이론을 검증하고자 하는 연구들은 이런 가정들을 잘 확인시켜 주고 있는데, 주로 사회적 파트너의 선택, 정서 경험, 목표 선택 등에서 차이가 남을 보여 주고 있다. 최근에는 물리적인 연령과 주관적인 시간관념이 반드시 일치하지는 않는다는 것에 주목해서, 시간관점을 개방적이고 넓게 보는 사람과 좁고 제한적인 것으로 보는 사람 간에 사회관계 선택 및 정서적 선택에서 차이가 있다는 것을 보여 주고 있다.

3. 성공적 노화의 조건

최근 들어 국내 노인의 삶의 질을 연구하고자 하는 연구들이 많이 이루어지고 있다(고보선, 2004; 박기남, 2004; 박군석·한덕웅·이주일, 2004; 이주일, 2004; 임주영·전귀연, 2004; 윤현숙, 2003; 전귀연·임주영, 2002; 권중돈·조주연, 2000; 손화희·윤종희·김덕성·안령미, 2000; 김태현·김동배·김미혜·이영진·김애순, 1999; 원영희, 1995). 이런 연구들에서는 주로 노인들의 삶의 질 또는 행복감을 간단한 척도로 측정하고, 이런 삶의 질에 영향을 주는 요인을 분석하고 있다.

노인의 행복감을 측정하는 데는 정서적인 요소와 인지적인 요소가 다 포함되어 있다고 보는 Philadelphia Geriatric Center Morale Scale(PGCMS; Liang & Bollen, 1983; Lawton, 1975)가 자주 사용된다. PGCMS에는 노년기의 정서 상태를 측정하는 평정감 척도와 노화과정과 삶에 대한 인지적 평가정도를 측정하는 노화에 대한 만족감과 인생에 대한 만족감 척도가 포함되어 있다. 이와 더불어 안정적인 애착 또한 행복감의 한 요소로 볼 수 있을 것이다(이주일, 2004). 안정적인 애착 상태란 다른 사람들과 쉽게 가까워지고, 필요할 때 의존할 수 있으며 상대방과의 관계에 대해서 걱정하지 않는 상태로서(Hazan & Shaver, 1990), 행복감의 한 요소라고 볼 수 있기 때문이다. 안정적인 애착을 형성한 노인들은 가까운 주위 사람들에게 쉽고 편안하게 의지하고 이들과 친밀하고 깊은 관계를 형성할 수 있는 노인들이라고 할 수 있을 것이다.

구체적으로 노인의 행복감이란 자신의 삶에 대한 주관적 만족상태로서 자신의 삶 및 노화 과정을 긍정적으로 평가하고 현재 자신의 삶에 대해 평온하고 안전하다는 느낌을 갖고 주위 사람들과의 관계에 대해서도 편안하고 안전하게 느끼고 있는 상태라고 정의할 수 있을 것이다.

기존의 국내 노인들에 대한 연구들에서 노인의 행복감에 영향을 주는 것으로 밝혀진 요인들은 여러 가지가 있다. 그러나 각 연구자는 자신의 연구 관심에 따라 이들 요소 중의 일부에만 관심을 기울이곤 하였다. 노인의 행복감과 긴밀히 관련되는 것으로 밝혀진 이런 요인들을 크게 네 가지 유형으로 분류할 수 있을 것이다.

첫째는 많은 연구들에서 밝혀진 사회경제적 수준과 관련된 요인들이다. 예컨대 교육수준이나 경제적 수준이 높은 노인들은 그렇지 않은 노인들보다 더 행복함을 느끼는 것으로 나타났다(박군석 등, 2004; 김태현 등, 1999). 교육을 받은 기간, 가족의 생활수준, 용돈 수준과 같은 사회경제적 변인들이 여기에 해당될 것이다.

둘째는 건강이나 생활 습관과 관련된 요소들이다. 건강한 노인은 그렇지 않은 노인에 비해 더 행복한 것으로 나타났고 건강과 관련된 여가 활동을 하거나 운동을 규칙적으로 하는 노인들도 그렇지 않은 생활 습관을 가진 노인들보다 더 행복한 것으로 나타났다(박군석 등, 2004; 김태현 등, 1999). 이와 같이 건강이나 생활습관이 노후 행복과 관련이 있는 것은 당연할 것이다.

세 번째는 심리적 욕구 충족과 관련된 요인들이다. 생성감의 욕구가 충족되는 노인들이 그렇지 않은 노인들보다 더 행복감을 느꼈고(이은희 등, 2004), 부부와 또는 가족과 동거하는 노인이 더 행복하였다(김태현 등, 1999). 자존감의 충족이나 외향성 같은 성격요인도 행복감과 정적인 상관이 있는 것으로 나타났다(이은희 등, 2004). 따라서 개인이 가지고 있는 여러 욕구가 충족이 될 수록 행복감이 높아질 것이라고 예측할 수 있다. 심리적 욕구나 목표의 달성과 성공적 노화를 강조하는 연구들은 최근 노인의 정서적 삶의 질을 연구하거나 성공적인 노화의 심리적 차원을 밝히고자 하는 연구자들의 주요 관심사이기도 하다(Carstensen, Issacowitz, & Chales, 1999; Baltes & Baltes, 1990).

마지막으로 사회적 지지망의 구축과 관련된 요인들이다. 가까운 사람들과의 안전한 애착관계를 형성하는 노인들이 더 행복하였고(이주일, 2004; 전귀연·임주영, 2002), 자녀와 사회적 지원을 주고받는 노인이 더 행복하였다(고보선, 2004; 윤현숙, 2004). 또한 가족이나 친구들 및 이웃들과의 상호작용의 정도가 노인들의 삶에 대한 만족과 높은 상관관계가 있으며, 특히 친구들과의 상호작용이 많을수록 노인들의 삶의 만족지수는 높은 것으로 나타났다(Han, 1986). 사회적 지지망의 구축이 주는 효과는 노후의 행복을 연구하고자 하는 많은 학자들의 관심이 되었는데 앞서 설명한 활동 이론, 이탈 이론, 성격에 따른 연속성 가정 이론, 방어망 이론 등이 이에 해당된다고 할 수 있을 것이다.

이들 결과를 종합하면 행복한 노인들 또는 성공적으로 노년을 보내는 노인들은 그렇지 않은 노인들에 비해 사회경제적 수준, 건강이나 생활 습관 수준, 욕구충족 수준, 사회적 지지망의 구축 정도에서 모두 양호한 것으로 볼 수 있을 것이다. 이중 사회 경제적 요소와 건강 및 생활습관은 행복과 관련된 기본 토대가 되는 하부구조적인 요인이라고 할 수 있을 것이다. 이에 비해 사회적 지지망과 심리적 욕구충족 차원은 인지적 평가나 정신적인 토대가 되는 상부구조적인 요소라고 할 수 있을 것이다. 즉 상부구조와 하부구조 모두 양호해야 성공적인 노년을 영유할 수 있다고 볼 수 있을 것이다. 물론 개인이 처한 여건에 따라 이 네 가지 요소가 성공적인 노년을 결정하는 영향력에 차이가 생길 수 있을 것이다(**[그림 1-1]** 참조).

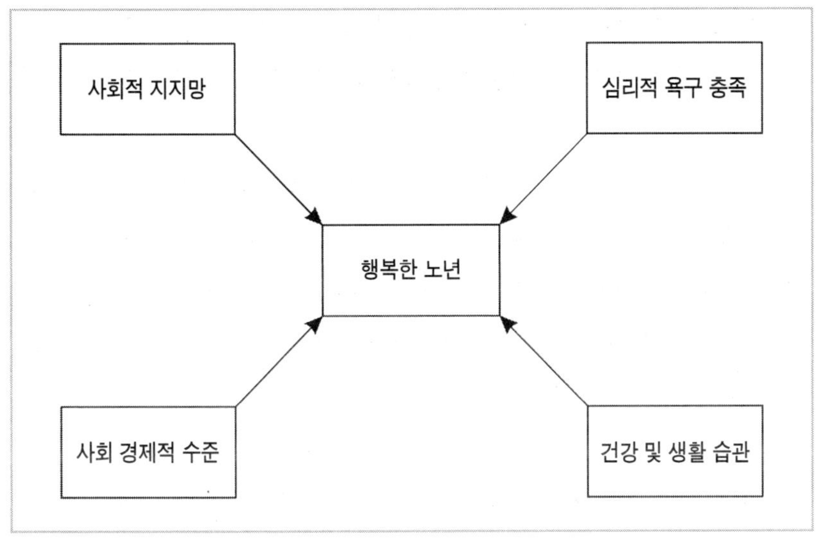

[그림 1-1] 행복한 노년의 결정요소

4. 본 책의 구조

본 책은 성공적 노년에 대한 개념화를 위한 질적 연구 결과를 토대로 구성하였다. 앞서 논의한 자료를 토대로 성공적 노인과 비성공적 노인을 개념화하고 성공적 노인과 비성공적 노인 간의 차이를 분석하고자 하였다. 본 연구는 한림대학교에서 그동안 진행해 온 학제 간 연구 성과를 토대로 심리학적 차원, 사회학적 및 사회복지학적 차원, 의학적 차원에서 각기 규정하는 성공적 노화의 기준을 충족시켜 주는 성공적 노인과 이 세 가지 기준에서 모두 미달하는 비성공적 노인에 대한 심층 인터뷰를 통해 자료를 구성하였다. 본 책의 구조를 설명하면 다음과 같다.

1장은 서론으로서 성공적으로 노년을 보낸다는 것의 의미를 규정하고자 하였다. 1장에서는 성공적 노년에 대한 몇 가지 개념들을 소개하고, 연구를 진행하게 된 계기와 각 장에 대한 간략소개를 하였다. 1장은 조직 및 성격 심리학을 전공한 한림대학교 심리학과 이주일 교수가 담당하였다.

2장은 연구 참여자들(조사 대상자들)의 생태학적 차이를 기술하는 것을 목표로 하였다. 2장에서는 연구 참여자들에 대한 구분 방법 및 주요 설문 내용을 소개하였고, 설문 조사에서 본 주된 인구학적·생태학적 차이들을 기술하였다. 2장은 사회심리학을 전공한 한림대학교 고령사회연구소의 박군석 박사가 담당하였다.

3장은 한국 노인이 보는 성공적 노화에 대한 개념 및 기준을 마련하고자 하는 차원에서 진행되었다. 3장에서는 한국 노인들이 보는 성공적 노년에 대한 개념은 무엇이고 어떤 차이가 있는지를 다루었다. 3장도 한림대학교 고령사회연구소의 박군석 박사가 담당하였다.

4장은 한국 노인이 경험하는 정서와 대처 방법을 다루었다. 한국 노인들은 주로 어떤 정서를 경험하고 이에 대해 대처하는 방법은 무엇인가? 성공적인 노인과 성공적이지 않은 노인은 어떻게 다른가가 주요 논의 사항이었으며 노인심리학을 전공한 한림대학교 심리학과의 유경 교수가 담당하였다.

5장은 한국 노인이 살아가는 방법 즉 일상생활의 모습을 기술하고자 하였다. 주요 내용은 성공적인 노인과 그렇지 않은 노인은 일상생활이 어떻게 다른가? 그리고 이 차이는 어떤 결과를 가져오는지와 이 차이를 가져오는 이유는 무엇인지를 다루었다. 5장도 한림대학교 심리학과의 유경 교수가 담당하였다.

6장은 한국 노인의 사회생활과 가족관계를 다루었는데 성공적인 노인과 그렇지 않은 노인은 사회 참여나 사회생활이 어떻게 다른가, 가족에서의 관계는 또 어떻게 다른가가 핵심 논의 주제였다. 6장은 사회학을 전공한 한림대학교 고령사회연구소의 김영범 교수가 담당하였다.

7장은 한국 노인의 나이 듦에 대한 인식을 다루었다. 성공적인 노인과 그렇지 않은 노인은 나이 든다는 것을 어떻게 다르게 인식하는가? 나이 든다는 것은 어떤 면에서 긍정적이고 어떤 면에서 부정적인가 등이 주요 논의 주제였다. 7장은 보건학을 전공한 서울대학교 보건환경연구소의 장숙랑 박사가 담당하였다.

8장은 한국 노인이 경험하는 인생 역경이 성공적 노년에 미치는 효과를 기술하였다. 인생에서의 역경과 이의 극복은 성공적 노년에 어떤 영향을 미치는가? 전쟁이나 사고 경험이나 어린 시절 역경의 경험이 성공적 노화에 미치는 효과를 분석하였다. 8장은 1장을 담당한 이주일 교수가 담당하였다.

9장은 한국 노인의 생애사로 성공적인 노인과 비성공적인 노인은 어떻게 다른 삶을 살아 왔고, 이것이 주는 효과는 무엇인가에 대한 논의를 하였다. 9장은 학술지에 게재한 논문을 편집해서 사회복지학을 전공한 한림대학교 사회복지학부의 윤현숙 교수와 한림성심대학 사회복지학과의 유희정 교수가 담당하였다.

10장은 한국 노인이 경험하는 인생의 보람과 후회를 다루었다. 성공적인 노인과 비성공적인 노인은 보람 있는 일과 후회스러운 일들을 어떻게 구분하고 있는가 등이 주요 논의 사항이었다. 10장도 학술지에 게재한 논문을 편집해서 윤현숙 교수와 유희정 교수가 담당하였다.

11장은 한국노인이 경험하는 질병과 성공적인 인생을 다루었는데, 한국 노인의 건강 수준과 주로 경험하는 질병이 무엇이고, 이들 질병과 신체적·정신적 건강 수준이 성공적 나이 듦에서 갖는 의미를 다루었다. 11장은 사회의학을 전공한 한림대학교 의과대학 사회의학교실의 김동현 교수가 담당하였다.

마지막으로 12장은 결론으로 노년이 아름다운 미래를 위해 사회는 어떤 준비를 하고 개인은 어떤 준비를 하여야 하는지를 다루었다. 아름

답게 노년을 맞이한다는 다는 것은 무엇이며 이의 선행조건은 무엇인가? 개인적으로 국가적으로 사회적으로 대비해야 할 것은 무엇이며 본 연구가 주는 시사점은 무엇인가 하는 문제를 논의하였다. 12장은 앞의 김영범 교수가 담당하였다.

참고문헌

고보선(2004). 제주노인의 사회적지지 유형 특성과 주관적 삶의 질 결정 요인에 관한 연구. **한국노년학**, 24(2), 145-162.

권중돈, 조주연(2000). 노년기의 삶의 만족도에 영향을 미치는 요인. **한국노년학**, 20(3), 61-76.

김태현, 김동배, 김미혜, 이영진, 김애순(1999). 노년기 삶의 질 향상에 관한 연구(II). **한국노년학**, 19(1), 61-81.

박군석, 한덕웅, 이주일(2004). 한국 노인의 신체건강과 주관안녕에 영향을 미치는 요인들. **한국심리학회지: 건강**, 9(2), 1-24.

박기남(2004). 노년기 삶의 만족도의 성별 차이. **한국노년학**, 24(3), 13-29.

손화희, 윤종희, 김덕성, 안령미(2000). 거동불편 노인의 주관적 안녕감에 관한 생태학적 접근. **한국노년학**, 20(1), 93-112.

원영희(1995). 동·별거 형태가 한국노인의 심리적 행복감에 미치는 영향. **한국노년학**, 15(2), 97-116.

윤현숙(2004). 노부모와 자녀간의 지원교환이 노인의 심리적 안녕에 미치는 영향. **한국노년학**, 23(3), 15-28.

이주일(2004). 노인의 대인애착 경향과 심리적 안녕감, 사회적 활동 및 지지적 관계의 추구. **한국심리학회지: 사회 및 성격**, 18(2), 11-29.

이은희, 김금운, 한규석, 주리애(2004). 노인의 안녕감에 미치는 생성감의 역할. **한국노년학**, 24(3), 131-152.

임주영, 전귀연(2004).노인의 주관적 안녕감에 영향을 미치는 변인 연구: 배우자 유·무를 중심으로. **한국노년학**, 24(1), 71-87.

전귀연, 임주영(2002). 노인의 애착유형과 사회적 지지가 주관적 안녕감에 미치는 영향. **한국노년학**, 22(3), 173-191.

Antonuch, T. C. (1994). Attachment in Adulthood and Aging. In M. B. Sperling & W. H. Berman (Eds.), *Attachment in Adults*. New York: The Guilford Press.

Antonuchi, T. C. & Jackson, J. S. (1987). Social support, interpersonal efficacy, and health. In L. L. Carstensen & B. A. Edelstein (Eds.), *Handbook of clinical gerontology*. Elmsford, NY: Pergamon Press.

Baltes, P. B. & Baltes, M. M. (1990). Psychological perspectives on successful aging: The model of selective optimization with compensation. In P. B. Baltes & M. M. Baltes (Eds.), *Successful Ageing*. New York: Cambridge University Press.

Carstensen, L. L., Isaacowitz, D. M. & Charles, S. T. (1999). Taking time seriously: A theory of socioemotional selectivity. *American Psychologist*, *54*, 165-181.

Cavan, R. S., Burgess, E. W., Havighurst, R. J., & Goldhammer, H. (1969). *Personal adjustment in old age*. Chicago: Science Research Associates.

Cumming, E., Dean, L. R., Newell, D. S., & McCaffrey, I. (1960). Disengagement: A tentative theory of aging. *Sociometry*, *23*, 23-35.

Han, S. H. (1986). *Social interaction and life satisfaction among the korean-american elderly*. Unpublished dissertation, Saint Louis University, U.S.A.

Hazen, C., & Shaver, P. R. (1990). Love and work: An attachment-theoretical perspective. *Journal of Personality and Social Psychology*, *59*, 270-280.

Langer, E. T., & Lodin, T. (1976). The effects of choice and enhanced personal responsibility for the aged: A field experiment in an institutional setting. *Journal of Personality and Social Psychology*, *34*, 191-198.

Lawton, M. P. (1975). The Philadelphia Center Morale Scale: A Revision. *Journal of Gerontology*, *30*, 85-89.

Liang, J., & Bollen, K. A. (1983). The structure of the Philadelphia Geriatric

Center Morale Scale: A reinterpretation. *Journal of Gerontology*, *38*, 181-189.

Neugarten, B. L., Havighurst, R. J., & Tobin, S. S. (1968). Personality and patterns of aging. In B. L. Neugarten (Ed.), *Middle age and aging*. Chicago: University of Chicago Press.

Schein, E. H. (1978). Career dynamics: Matching individual and organizational needs. In Williams & Savickas (Eds), *Developmental tasks of career maintenance*. MA: Addison-Wesley.

Warr, P. B. (1987). *Work employment and mental health*. Oxford: Clarendon.

제 2 장

성공적 노화의 구분 및 생태학적 특징 비교

박 균 석
(한림대학교 고령사회연구소)

1. 연구 참여자 선발

1) 대상자

본 연구에 참여한 사람들은 서울과 춘천에 거주하는 45세 이상의 장·노년들을 대상으로 2003년 초에 한림대학교 고령사회연구소가 실시한 1차 조사에 참여한 2,529명 가운데 2005년에 반복 실시된 2차 종단조사에도 참여한 1,805명이 1차 대상자들이었다. 그들 가운데 2005년 당시 65세 이상인 노인들로 그 범위를 다시 좁혔다. 2005년을 기준으로 65세 이상인 노인들 총 1,405명 가운데 의학, 심리학 및 사회학 분야에서 성공적 노화의 기준으로 판단하고 있는 각 영역별 기준들에서 공통적으로 상위에 포함되는 이른바 성공 노화 노인 집단 84명(31.6%)과 세 기준 모두에서 공통적으로 하위 기준에 해당하는 비성공 노화 노인 집단 69명(25.9%) 그리고 의학 분야에서 판단하는 기준, 심리학 영역에서 판단하는 기준 및 사회학 영역에서 판단하는 기준 각각에서 해당 분야만 상위 기준에 충족될 뿐 다른 영역의 기준에서는 하위 기준에 포함되는 집단들을 비교 집단으로 조사하기로 하였다. 이에 따라 의학적 기준에서만 상위에 포함된 14명(5.3%), 심리학적 기준에서만 상위에 포함된 50명(18.8%) 및 사회학적 기준에서만 상위에 포함된 49명(18.4%)을 추가로 선정하여 총 266명을 본 연구의 면접 대상군으로 삼았다.

이상의 선발 과정을 거쳐 최종적으로 본 연구에 참여할 1차 대상자들의 집단별 사전 분포 및 그 지역 분포는 〈표 2-1〉에 제시하였다.

본 연구에서 면접 대상군으로 삼은 266명을 2006년 8월 26일부터 동년 9월 15일 사이에 한국보건사회연구원에 소속된 전문 조사요원들이 먼저 참여 대상자에게 연락을 취해 직접 집으로 방문하여 1:1 심층 면접을 실시하였다. 심층 면접 내용은 모두 녹음되고, 그 가운데 일부는 연구 참여자의 동의하에 녹화되었다. 최종적으로 성공 노인 집단 49명, 비성공 노인 집단 37명, 의학적 요인에만 근거해서 성공한 노인 집단 4명, 심리학적 요인에만 근거해서 성공한 노인 집단 13명 및 사회학적 요인에만 근거해서 성공한 노인 집단 12명 등 총 115명에게서 성공 노년에 대한 기준 등에 관한 자료를 수집 완료하였다. 평균 연령(2006년 기준)은 성공 노화 집단이 72.0(5.44)세, 비성공 노화 집단이 73.6(5.55)세이었으며, 성별(남:녀) 구성은 성공 노화 집단이 38(77.6%):11(22.4%), 비성공 노화 집단이 11(29.7%):26(70.3%), 그리고 거주지역(서울:춘천) 구성은 성공 노화 집단이 18(36.7%):31(63.3%), 비성공 노화 집단이 18(48.6%):19(51.4%)이었다.

〈표 2-1〉 본 연구에 참여한 대상자들의 선발 지역 및 집단별 사전 분포

구분	지명	2003	(%)	2005 (%)	본 연구	(%)	비성공	의학 성공	심리 성공	사회 성공	성공
1	강남구	42	(1.7)	28 (1.6)	6	(2.3)	4		1	1	
2	강동구	41	(1.6)	28 (1.6)	2	(0.8)		1			1
3	강북구	40	(1.6)	30 (1.7)	2	(0.8)			1	1	
4	강서구	44	(1.7)	34 (1.9)	6	(2.3)	2	1		1	2
5	관악구	41	(1.6)	24 (1.3)	1	(0.4)					1
6	광진구	40	(1.6)	30 (1.7)	5	(1.9)		2	2	1	
7	구로구	43	(1.7)	30 (1.7)	6	(2.3)	1	1	2	2	
8	금천구	21	(0.8)	16 (0.9)	3	(1.1)	2				1
9	노원구	59	(2.3)	41 (2.3)	5	(1.9)	1		2	1	1
10	도봉구	40	(1.6)	25 (1.4)	3	(1.1)			1		2
11	동대문구	41	(1.6)	31 (1.7)	7	(2.6)	5		2		
12	동작구	40	(1.6)	29 (1.6)	2	(0.8)			2		
13	마포구	40	(1.6)	27 (1.5)	2	(0.8)				1	1
14	서대문구	47	(1.9)	32 (1.8)	7	(2.6)	2		2	2	1
15	서초구	36	(1.4)	31 (1.7)	4	(1.5)			1	1	2
16	성동구	40	(1.6)	29 (1.6)	3	(1.1)				1	2
17	성북구	43	(1.7)	30 (1.7)	4	(1.5)	2	1		1	
18	송파구	59	(2.3)	25 (1.4)	4	(1.5)	2		1	1	
19	양천구	37	(1.5)	22 (1.2)	3	(1.1)			2	1	
20	영등포구	39	(1.5)	22 (1.2)	3	(1.1)				1	2
21	용산구	40	(1.6)	28 (1.6)	6	(2.3)		1	1		4
22	은평구	40	(1.6)	24 (1.3)	6	(2.3)	5				1
23	종로구	31	(1.2)	23 (1.3)	7	(2.6)	1		1		5
24	중구	22	(0.9)	14 (0.8)	3	(1.1)	1				2
25	중랑구	43	(1.7)	28 (1.6)	2	(0.8)	2				
26	춘천	1520	(60.1)	1124 (62.3)	164	(61.7)	39	7	29	34	56
계		2529	(100)	1805 (100)	266	(100)	69	14	50	49	84

2) 성공적 노화 집단의 분류

본 연구에서 성공 노화 집단의 분류에 사용된 각 학문 영역별 기준을 구체적으로 살펴보면 다음과 같다.

첫째, 의학 영역에서 바라본 성공과 비성공의 기준은 이환질환 개수가 0개이고 활동장애도 없는('일상생활수행능력' 평가 점수가 만점) 건강한 노인을 '성공 노화' 집단으로 분류하였으며, 치명적인 질환이 하나라도 있거나(고혈압, 뇌졸중, 당뇨, 심장질환, 간경변, 암, 파킨슨병으로 진단받아 치료 중, 또는 진단받았으나 치료 받지 않았다고 응답한 자) 또는 활동장애로 거동이 불편한 노인('일상생활수행능력' 평가에서 한 분야 이상에서 의존적이라고 응답한 자) 또는 앞서 설명한 두 영역 기준에 모두 해당하는 노인들을 '비성공 노화' 집단으로 분류하였다.

둘째, 심리학 영역에서 바라본 성공과 비성공의 기준은 Philadelphia Geriatric Center Morale Scale(PGCMS)의 총점이 56점 이상(상위 34.2% 이내)인 노인을 '성공 노화' 집단으로 분류하였으며, 44점 이하(하위 32.5% 이내)인 노인을 '비성공 노화' 집단으로 분류하였다.

셋째, 사회학 영역에서 바라본 성공과 비성공의 기준은 '사회활동 6개 영역(종교모임, 동창회/향우회/종친회, 자원봉사/시민단체, 노인정/노인회관, 이익옹호단체, 여가/문화/스포츠 관련단체)' 가운데 2~5개 영역에서 활발한 활동을 하는 노인을 '성공 노화' 집단으로 분류하였으며, 아무 영역에도 참여하지 않는(0개) 노인들은 '비성공 노화' 집단으로 분류하였다. 단, 1개 영역에서만 활동하는 노인 집단은 분류 과정에서 제외하였다.

2. 주요 설문 내용

본 연구를 위하여 노인들에게 제시한 질문은 크게 세 부분으로 구성되어 있다. 첫째, 노인들의 일상생활을 알아보기 위한 9개 질문들, 둘째, 성공적 노화 모델을 개발하기 위한 10개 질문들, 셋째, 추가로 확인이 필요하여 마련한 5개의 기타 질문들(예: 전쟁 경험 등)이다. 총 24개 문항에 대해서 '표준화 면접 방법'에 따라 면접이 실시되었다. 보다 구체적인 질문 내용들은 다음에 각 부분별로 제시되어 있다.

1) 노인의 일상에 대한 질문

1. 어르신의 보통 하루 일과에 대해 말씀해 주십시오.

이 질문에 대한 응답이 이루어진 이후, 1) 기상 시간, 2) 오전에 하는 일, 3) 오후에 하는 일, 4) 저녁에 하는 일, 5) 취침시간 등 총 5개의 세부 단위별로 구분하여 각각 심층 질문을 추가로 하였다.

2. 최근 한 달을 돌아볼 때, 어르신께서 가장 많은 시간을 보내는 활동은 어떤 것이 있습니까?

이 질문에 대한 응답이 이루어진 이후, "그 활동을 하는 이유는 무엇입니까?"라는 추가 질문을 통하여 해당 반응에 대한 '이유'를 확인하는 심층 질문을 추가로 하였다.

3. 어르신께서 정기적으로 나가시는 모임은 몇 개입니까? __________개

이 질문에 대한 응답이 이루어진 이후, 언급한 모임의 순서대로 최대 5개까지에 대하여 "그 모임은 어떤 것입니까?" "그 모임에 나가시는 이유는 무엇입니까"라는 추가 질문을 통하여 각각의 모임에 참여하는 '이유'들을 세부적으로 확인하였다.

4. 지금까지 살아오시면서 가장 보람 있고 행복했던 일은 어떤 것이 있습니까?

이 질문에 대한 응답이 이루어진 이후, 언급한 내용에 대하여 보람을 느꼈거나 행복하다고 평가하는 '이유'에 대하여 심층 질문을 추가로 하였다.

5. 지금까지 살아오시면서 가장 후회스러운 일은 어떤 것이 있습니까?

이 질문에 대한 응답이 이루어진 이후, 언급한 내용에 대하여 후회스럽다고 평가하는 '이유'에 대하여 심층 질문을 추가로 하였다.

6. 기분이 좋지 않은 일이 생기면(예를 들어, 화가 나거나 속상한 일이 있을 때) 어떻게 하십니까?

이 질문에 대한 응답이 이루어진 이후, "왜 그렇게 하십니까?"라는 추가 질문을 통하여 해당 반응 결과에 대한 '이유'를 심층적으로 확인하였다.

이상과 같은 총 6개의 질문을 마치고나서 "이제부터는 살아가면서 느끼는 기분이나 감정에 대해 질문드리겠습니다."라는 지시를 말해 줌으로써 추후 제시되는 3개 질문에 대한 이해를 도왔다.

7. 어르신께서는 주로 언제 화가 많이 나십니까?

이 질문에 대한 응답이 이루어진 이후, "어떤 점 때문에 화가 나십니까?"라는 추가 질문을 통하여 해당 반응 결과에 대한 '근거'를 심층적으로 확인하였다.

8. 어르신께서는 주로 언제 불안을 많이 느끼십니까?

이 질문에 대한 응답이 이루어진 이후, "어떤 점 때문에 불안을 느끼십니까?"라는 추가 질문을 통하여 해당 반응 결과에 대한 '근거'를 심층적으로 확인하였다.

9. 일상생활에서 언제 기쁨을 많이 느끼십니까?

이 질문에 대한 응답이 이루어진 이후, "어떤 점 때문에 기쁨을 느끼십니까?"라는 추가 질문을 통하여 해당 반응 결과에 대한 '근거'를 심층적으로 확인하였다.

2) 성공적 노화 모델 관련 질문

1. 어르신이 생각하시기에 '행복하게 늙는 것', 또는 '잘 늙는 것'은 어떤 것이라 생각되십니까?"

이 질문에 대한 응답이 이루어진 이후, "왜 그렇게 생각하십니까?" "왜 그러한 점이 중요합니까?"라는 추가 질문을 통하여 해당 반응 결과에 대한 '근거'를 심층적으로 확인하였다. 이어서

1-1) '① 자식 복, ② 배우자 복, ③ 잘 죽는 복, ④ 마음 복'이란 세부 영역별로 그 의미나 이유를 알아봤다.

1-2) 그러면 '성공적인 노화' 혹은 '성공적으로 노후를 보내는 것'은 어떤 것이라 생각되십니까?

이 질문은 1번 질문에 대한 보충 질문식으로 이루어졌다. 이에 대한 응답이 이루어지면, "왜 그렇게 생각하십니까?" "왜 그러한 점이 중요합니까?"라는 추가 질문을 통하여 해당 반응 결과에 대한 '근거'를 심층적으로 확인하였다.

2. 어르신의 인생을 쭉 돌아볼 때, '이만하면 잘 살아 왔다' '행복하고 만족스럽다'는 생각이 드십니까?

이 질문에 대한 '예/아니오'란 응답이 이루어진 이후, "왜 그렇게 생각하십니까?"라는 추가 질문을 통하여 해당 반응 결과에 대한 '이유'를

심층적으로 확인하였다.

3. 행복한 노인이 되려면 무엇이 있어야 할까요? 세 가지만 말씀해 주세요.

이 질문에 대한 응답이 이루어진 이후, 응답한 내용들의 순서대로 최대 3개까지에 대하여 "왜 그렇게 생각하십니까?"라는 추가 질문을 통하여 각각의 해당 반응 결과에 대한 '이유'를 심층적으로 확인하였다.

4. 어르신이 생각하시는 어르신(자신/본인)에 대해 여쭙겠습니다.

4-1) 어르신이 생각하시기에, 자신(본인)의 가장 만족스러운 점은 어떤 것입니까?

4-2) 어르신이 생각하시기에, 자신(본인)의 모습 중 제일 바꾸고 싶은 것은 어떤 것입니까?

이상의 두 질문에 대한 응답이 이루어진 이후, 각 질문들에 대하여 "왜 그렇게 생각하십니까?"라는 추가 질문을 통하여 각각의 해당 반응 결과에 대한 '이유'를 심층적으로 확인하였다.

5. 어르신 자제분들에 대해 여쭙겠습니다.

5-1) 자제분들에 대해 만족하십니까?

5-2) 자식 때문에 섭섭한 적이 있으십니까?

이상의 두 질문에 대하여 각각 '예/아니오'란 응답이 이루어진 이후, 각 질문별로 "어떤 점이 만족(불만족)스러우십니까?" "어떤 점 때문에 섭섭하셨습니까?"라는 추가 질문을 통하여 해당 반응 결과들에 대한 '이유'를 심층적으로 확인하였다.

6. '나이 드는 것'에 대한 어르신의 생각을 여쭙겠습니다.

6-1) '나이가 들어간다'는 것이 어떤 면에서 좋은지 말씀해 주세요.

6-2) '나이가 들어간다'는 것이 어떤 면에서 나쁜지 말씀해 주세요.

이상의 두 질문에 대하여 각각 "어떤 점 때문에 그렇게 생각하십니까?"라는 추가 질문을 통하여 해당 반응 결과들에 대한 '이유'를 심층적으로 확인하였다.

이상과 같은 6개의 질문에 이어서

7. 나이가 들어서 못하게 된 일은, 어떤 것이 있으세요?
8. 젊은 사람들보다 더 잘 하실 수 있는 것이 있다면, 어떤 것일까요?
9. 여태껏 살아오시는 동안 꼭 해 보고 싶었지만 하지 못했던 일이 있다면, 어떤 것입니까?
10. 앞으로 가장 이루고 싶은 일이 있다면, 어떤 것입니까?

라는 4개의 추가 질문을 계속 진행하였다.

3) 기타 추가 질문

1. 언제 차별이나 괄시를 받는다고 느끼십니까?

2. 어르신이 살아오시면서 가장 크게 영향을 받은 사건은 어떤 것인가요?

이 질문에 대한 응답이 이루어지면, 응답한 내용에 대하여 "그 사건은 어르신 인생에 어떠한 영향을 주었습니까?"라는 추가 질문을 통하여 해당 반응 결과에 대한 '이유'를 심층적으로 확인하였다.

3. 어르신께서는 일제시대나 6·25 동란, 베트남 전쟁 등 전쟁 경험이 있으신지요?

이 질문에 대하여 '예/아니오'란 응답이 이루어진 이후, '예'라고 응답하신 분들 가운데 세 가지 사건 중 두 개 이상을 경험하신 분에 한하여 "가장 중요한 의미가 있는 전쟁(시대)은 무엇인지요?"라는 추가 질문을 하였다. 이어서

3-1) 참전했거나, 전쟁 때문에 피난했거나 또는 가족 중에 전쟁에 참여한

사람이 있으신가요? 있다면, 그때 상황을 자세하게 말씀해 주세요.

3-2) 전쟁은 어르신의 삶에 어떤 영향을 미쳤습니까?

3-3) 전쟁과 관련해서 가족 중에 사망하거나 다친 사람이 있는지요?

3-4) 전쟁으로 인해 가족과 헤어지셨나요? 지금까지도 찾지 못한 가족이 있으신가요?

라는 추가 질문을 통하여 한 개인의 전쟁 경험이 개인의 삶에 미친 영향을 다각적으로 알아보고자 하였다.

4. 어렸을 때 가정 형편이 어떠했는지 말씀해 주세요.

이 질문에 대한 응답이 이루어진 이후, 응답한 내용에 대하여 "그러한 가정 형편이 어르신의 성장에 어떤 영향을 주었다고 생각하십니까?" 라는 추가 질문을 통하여 아동기의 가정 형편이 한 개인의 삶 및 성장 과정에 미친 전반적 영향을 알아보고자 하였다.

5. 앞으로 얼마나 더 사실 거라고 생각하십니까? 앞으로 얼마나 더 사시고 싶으신가요?

이 질문에 대한 응답을 통하여, 한 개인의 미래 인생에 대한 조망을 엿볼 수 있었다.

3. 성공적 노화와 생태학적 특징 비교

1) 생태학의 정의

생태학(ecology)은 독일의 E. Haeckel에 의해 '생물과 무기적 환경 및 함께 생활하는 다른 생물과의 관계를 연구하는 학문'이라고 정의되었으나, '자연의 구조와 기능의 연구'이라는 정의가 사용되기도 한다. 생태학은 같은 종의 생물집단을 연구 대상으로 하는 '개체군 생태학'과, 같은 지역에서 함께 생활하는 복수종의 생물집단을 취급하는 '군집 생태학'으로 크게 나누어진다. 단, 생물의 생활은 다양하기 때문에 대상 생물에 따라서 동물, 식물, 미생물 및 인간생태학 등으로, 대상 장소에 따라서 해양, 하천, 삼림, 초원 및 도시생태학 등으로 나누기도 한다. 또한 연구 관점과 방법의 차이에 따라 식물사회학, 사회생물학(행동생태학), 진화생태학 및 생태계생태학 등도 성립된다. 그러나 흔히 생태학이라고 하면 인간생태학(human ecology)을 지칭한다.

인간생태학이 학문으로서 조직화되기 시작한 것은 20세기 초부터이며, 개념조직 및 이론으로서의 유효성 문제에 관해서는 아직도 많은 논쟁이 전개되고 있다. 인간생태학은 C. Darwin 이후의 동식물생태학에 기원을 두고 있기 때문에 역사가 길지만, 사회현상의 실증적 연구방법으로서 발전시키는 데 이바지한 학자는 1920～1930년대의 R. Park와 E. Burgess 등이 있다.

2) 연구 목적

이 절에서는 앞서 언급한 인간생태학적 관점에 기초하여 인간의 발달과정 특히 성공적 노화의 여부는 생태학적 요인들과 필연적으로 상호작용할 수밖에 없음에 주목하였다. 따라서 아래와 같은 가설을 설정하였다.

흔히 일반적으로 건강하고, 성공적인 노화의 달성은 모든 사람의 책임이다. 그러나 생태학적 모델에 근거하면 성공적 노화에 영향을 미치는 여러 다른 수준의 영역이 존재하고, 이들은 내부와 서로 다른 수준사이에서 상호작용한다고 가정할 수 있다. 다음 **〈그림 2-1〉**은 한 사회에서 성공적 노화에 영향을 주는 결정요인들의 상호관계를 보여 주고 있다.

생태학적 모형은 건강과 안녕을 도모하고 유지하는 중요한 지름길

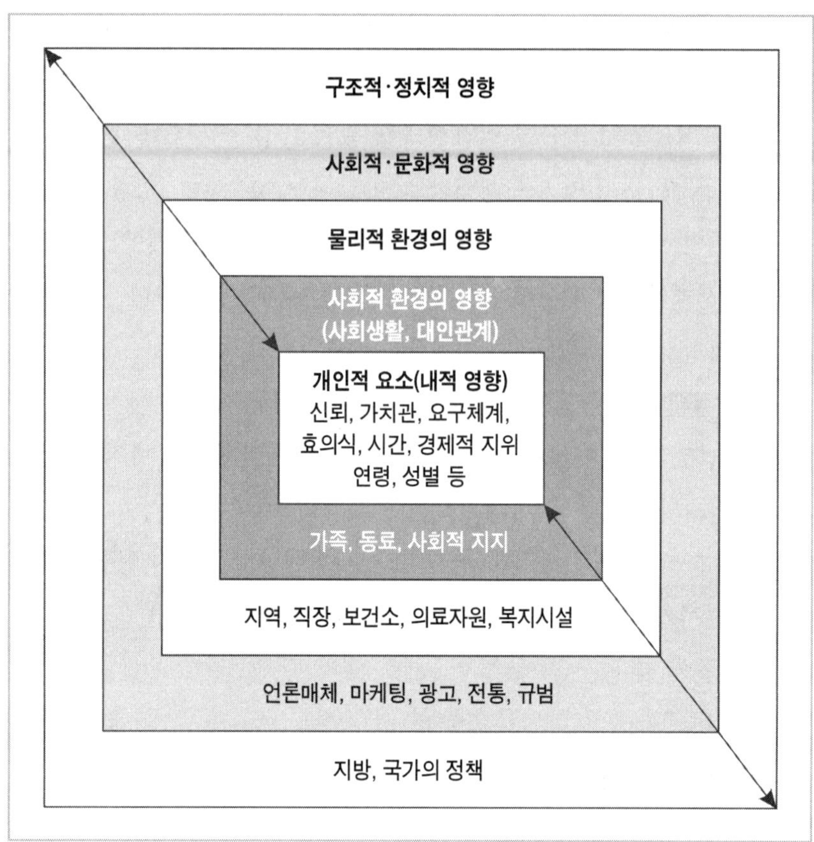

[그림 2-1] 성공적 노년에 관한 가설적 생태학 모형

을 찾도록 하는 데 도움을 준다. 여기에 제시된 생태학적 모형은 행동에 영향을 미치는 개인, 사회적·물리적 환경, 문화적·사회적·정치적 구조를 보여 주고 있다. 각 영역의 주요 구성 요인들을 살펴보면 다음과 같다.

첫째, 개인적 요소는 신뢰, 가치관, 개인적 욕구, 자기효능감, 지식, 유전적 요인, 나이, 성 등이 있다. 둘째, 사회 환경적 요소로는 친구, 동료, 파트너, 이웃 등의 지지 구조를 말한다. 셋째, 물리적 환경으로는 지역, 직장, 의료자원, 사회복지시설 등이 포함된다. 넷째, 문화적 환경으로는 전통, 규범 등이 있으며, 다섯째, 사회적·정치적·구조적 환경으로 지방자치, 광역자치, 중앙정부의 정책, 규율 및 법률 등이 있다.

본 절에서 제시하는 생태학적 모형에서 노인 개인은 각각의 환경수준과 상호작용하며 각 수준은 또한 서로 상호작용할 것으로 예상한다. 그러나 노인 개인이 지식, 기술, 필요한 자원 및 강한 의지를 가지고 있어서 성공적 노화에 영향을 미치는 모든 요인들을 관리할 수 있는 경우는 많지 않다. 대부분의 상황에서 정책입안자가 노인의 건강과 안녕을 위한 의사결정 및 이웃, 지역사회, 도시 및 사회 네트워크를 통해서 지지해 주지 않는다면, 노인들이 위해요인을 피하거나 막는 것은 불가능하다. 성공적 노화의 결정요인의 다양성을 고려해 볼 때 사회 구성원의 삶의 질을 가능한 수준까지 향상시키기 위해선 한 부문만의 책임이 아님은 너무도 분명한 사실이며 이에 대한 근거를 제시하는 연구가 필요하다. 특히 장수 프로그램을 갖춘 백수마을 육성을 주요 국가사업으로 추진 중인 현 시점에서, 해당 지역에 대한 전반적인 진단을 통해서 건강한 노후를 보낼 수 있는 생활환경을 갖춘 지역사회를 개발하기 위한 연구과정은 매우 중요하다.

따라서 지역사회 단위에서의 성공적 노화에 대한 생태학적 접근은 모든 사회 구성원들이 건강한 발달과정을 거쳐 성공적인 노후를 맞을 수 있도록 우리 사회의 다양한 측면의 문제들 가운데 우선순위를 확인하고, 노인인구 집단의 요구에 맞는 통합적인 문제 해결을 위한 접근 과정이 될 것이다([그림 2-1] 참조).

3) 연구방법

(1) 대상지역

본 연구에서는 '한국 노인의 성공적 노년에 관한 기초 연구: 다학제적 접근'의 일환으로 면접 조사된 노인들 가운데 성공 및 비성공 노화 집단으로 분류된 86명의 거주 지역(예: 시/구 단위)을 중심으로 생태학적 지표들을 조사하였다. 구체적으로 살펴보면 인구환경 관련 15개 지표, 경제 환경 관련 8개 지표, 보건환경 관련 3개 지표, 복지시설환경 관련 4개 지표 및 기타 환경 관련 6개 지표 등 총 36개이다.

각 거주 지역 시/구별로 생태학적 지표들을 알아내기 위하여, 통계청, 보건복지부, 경찰청, 도로교통공단, 서울통계연보 및 해당 지역 시/구청 등의 홈페이지에 탑재된 자료들을 검색하여 수집하였다. 일부 지표는 수집된 기초 자료들에 근거하여 계산하였다.

(2) 조사 내용

A. 인구환경 관련 지표

① 면적
② 전체 인구수
③ 전체 남자수
④ 전체 여자수
⑤ 인구밀도
⑥ 출생자 수
⑦ 사망자 수
⑧ 전체 세대수
⑨ 65세 이상 인구수
⑩ 80세 이상 인구수
⑪ 85세 이상 인구수
⑫ 65세 이상 인구비율
⑬ 80세 이상 인구비율
⑭ 85세 이상 인구비율

⑮ 세대 당 인구수

B. 경제환경 관련 지표

① 금융기관: 은행+새마을 금고

② 대형마트: 백화점+대형할인마트

③ 1인당 지방세

④ 국민기초생활 수급자 수

⑤ 지역(시/구) 전체 예산

⑥ 주택 보급률

⑦ 아파트 평당 가격(만원)

⑧ 재정자립도

C. 보건환경 관련 지표

① 종합병원+병원+의원+치과+부설의원+보건소(한방병의원은 포함되지 않음)의 수

② 약국 수

③ 1인당 의사 수: 전체인구/상근의사+비상근의사

D. 복지시설환경 관련 지표

① 아동보육시설

② 경로당: 경로당+노인교실

③ 노인복지회관: 노인복지시설

④ 사회복지회관: 사회복지시설(장애인+아동+노인 등)

E. 기타 환경 관련 지표

① 화재 발생 건수

② 자동차 등록대수

③ 공연장 수

④ 목욕탕 수

⑤ 대학교 수

⑥ 장수도〔=(85세 이상 인구/65세 이상 인구)×100〕

4) 결 과

다음 〈표 2-2〉에는 본 연구에서 구분하여 개인적 자료들을 면접 조사한 성공 노화 집단과 비성공 노화 집단의 노인들이 거주하는 해당 지역의 5개 생태환경 요인별 평균(표준편차)과 두 집단들의 평균 차이검증 결과가 제시되어 있다.

〈표 2-2〉를 보면 인구환경 관련 15개 지표, 경제환경 관련 8개 지표, 보건환경 관련 3개 지표, 복지시설환경 관련 4개 지표 및 기타 환경 관련 6개 지표 등 총 36개 지표들 가운데 성공 노화 집단과 비성공 노화 집단의 생태학적 지표가 통계적으로 유의한 차이를 보이는 것은 14개 지표였다. 즉 비성공 노화 집단의 생태학적 지표 수준들이 모두 높았다.

이를 자세히 살펴보면 '비성공 노화 노인 집단이 거주하는 지역'(이하 '비성공 노화 집단')에서는 '성공 노화 노인 집단이 거주하는 지역'(이하 '성공 노화 집단')보다 전체 인구수가 많았고 전체 남자수, 전체 여자수, 65세 이상 인구수, 80세 이상 인구수 및 85세 이상 인구수가 많았다. 인구밀도도 높았으며, 출생자 수, 사망자 수 및 전체 세대수도 많았다. 또한 비성공 노화 집단의 거주 지역에서는 자동차 등록대수, 병원, 약국, 및 아동보육시설의 수가 많았다. 비성공 노화 집단에서 병원이나 약국이 많은 것은 이러한 보건환경 관련 시설이 많아서 비성공 노화에 영향을 주었다기보다는 비성공 노화 노인들이 많이 거주하는 지역이기에 신체적으로 건강한 성공 노화 노인들이 많이 거주하는 지역에서보다 해당 관련 시설의 수가 더 많을 수 있음을 추정해 볼 수 있다.

〈표 2-2〉 성공 노화 집단과 비성공 노화 집단의 생태학적 특성별 평균과 집단 간 차이검증

특성	구분	*N*	평균	표준편차	*t*	*df*	유의수준
연령(2006년 기준)	비성공	37	73.57	5.55	1.31	84	.193
	성공	49	72.00	5.44			
면적	비성공	37	585.51	552.87	−1.10	84	.274
	성공	49	715.34	531.64			
전체 인구수	비성공	37	339586.81	129193.52	2.87	84	.005
	성공	49	273264.43	84841.70			
전체 남자수	비성공	37	168014.51	62943.24	2.87	84	.005
	성공	49	135469.10	42300.12			
전체 여자수	비성공	37	171572.30	66310.68	2.87	84	.005
	성공	49	137795.33	42587.69			
인구수: 65세 이상	비성공	37	27262.51	5591.19	2.33	84	.022
	성공	49	24642.06	4836.07			
인구수: 80세 이상	비성공	37	4705.38	1496.87	2.56	84	.012
	성공	49	4053.14	848.38			
비율: 65세 이상	비성공	37	8.76	1.92	−1.80	84	.075
	성공	49	9.44	1.55			
비율: 80세 이상	비성공	37	1.52	.37	−.82	84	.414
	성공	49	1.58	.32			
인구밀도	비성공	37	8680.56	9596.02	2.14	84	.035
	성공	49	4891.36	6792.25			
출생자 수	비성공	37	3009.97	1338.65	2.49	84	.015
	성공	49	2395.82	945.92			
사망자 수	비성공	37	1501.38	330.22	2.95	84	.004
	성공	49	1318.06	245.59			
전체 세대수	비성공	37	127593.81	48651.25	2.86	84	.005
	성공	49	102725.39	31736.88			
세대당 인구수	비성공	37	2.78	.09	.19	84	.853
	성공	49	2.77	.12			
화재 발생 건수	비성공	37	252.54	54.76	.31	84	.756
	성공	49	249.29	41.92			
자동차 등록대수	비성공	37	107454.00	46883.56	2.35	84	.021
	성공	49	89674.24	21710.77			
지방세(1인당)	비성공	37	871518.62	967912.67	.21	84	.838
	성공	49	828835.84	950675.71			
국민기초생활수급자	비성공	37	8987.65	3002.87	1.73	84	.087
	성공	49	7786.00	3308.42			
평당 가격(만 원)	비성공	37	784.70	696.08	.90	84	.369
	성공	49	670.10	480.62			

〈표 2-2〉 성공 노화 집단과 비성공 노화 집단의 생태학적 특성별 평균과 집단 간 차이검증 (계속)

특성	구분	*N*	평균	표준편차	*t*	*df*	유의수준
전체 예산	비성공	37	444195.51	154160.98	−.58	84	.566
	성공	49	464294.31	164319.24			
재정자립도	비성공	37	43.38	20.05	−.18	84	.876
	성공	49	44.04	18.62			
주택보급률	비성공	37	92.99	8.07	−1.28	84	.204
	성공	49	94.94	6.01			
공연장	비성공	34	18.41	19.34	.27	79	.790
	성공	47	17.34	16.55			
금융기관	비성공	37	94.35	92.82	.93	84	.354
	성공	49	78.88	60.99			
대형마트	비성공	37	14.54	10.93	.76	84	.452
	성공	49	12.73	11.01			
목욕탕	비성공	37	58.97	30.48	1.94	84	.056
	성공	49	48.80	17.74			
병원	비성공	37	372.22	353.29	2.45	84	.016
	성공	49	240.69	112.17			
약국	비성공	37	183.41	122.50	2.89	84	.005
	성공	49	128.47	45.04			
의사 1인당 인구수	비성공	36	687.47	394.89	.52	83	.608
	성공	49	646.47	337.89			
아동보육시설	비성공	37	156.22	59.29	2.78	84	.007
	성공	49	125.55	43.18			
대학교	비성공	36	4.03	2.52	−1.56	83	.123
	성공	49	4.80	2.02			
경로당	비성공	37	189.19	86.51	−.61	84	.545
	성공	49	200.88	89.65			
노인복지회관	비성공	37	1.76	.54	.85	84	.401
	성공	49	1.63	.76			
사회복지회관	비성공	37	7.68	3.13	−.09	84	.932
	성공	49	7.73	3.23			
인구수: 85세 이상	비성공	37	1740.73	427.59	2.12	84	.037
	성공	49	1568.14	326.23			
비율: 85세 이상	비성공	37	.57	.15	−1.71	84	.091
	성공	49	.62	.13			
장수도	비성공	37	6.38	.89	.10	84	.920
	성공	49	6.36	.57			

〈표 2-3〉 성공/비성공 집단 여부에 대하여 생태학적 14개 특징들의 중다회귀 분석

특징	*B*	*β*	*t*	*F*	R^2	수정된 R^2
전체 여자수	.007	7.360	1.723†	2.023*	.250	.126
인구: 65세 이상	−.081	−7.744	−1.788†			
인구: 80세 이상	.322	7.041	1.601			
인구밀도	.016	2.359	1.407			
출생자수	.172	3.619	1.480			
사망자수	−1.057	−5.690	−1.904†			
전체 세대수	−.002	−1.220	−.780			
자동차수	−.017	−11.012	−1.857†			
병원	−.649	−2.976	−1.766†			
약국	.343	.564	.817			
아동보육시설	−2.063	−1.966	−2.057*			
인구: 85세 이상	1.341	9.235	1.877†			

(주 1) †$p<.10$, *$p<.05$
(주 2) '전체 인구수'와 '전체 남자수' 요인은 분석 과정에서 탈락됨

〈표 2-3〉에는 '성공 노화 집단과 비성공 노화 집단 여부'에 각 생태적 지표들이 미치는 효과를 알아보기 위하여 통계적으로 유의한 평균 차이가 있는 지표들을 중심으로 중다회귀 분석을 실시하였다. 그 결과 아동보육시설의 수를 포함하여 전체 여자수, 65세 이상 노인의 수, 사망자수, 자동차 등록대수, 병원 수 및 85세 이상 노인의 수가 성공 노화 및 비성공 노화 집단의 여부를 25% 설명하고 있었다.

〈표 2-4〉에는 35개 생태학적 지표들과 본 연구에서 사용한 성공 및 비성공 노화 집단의 구분 그리고 장수지역 선정 시 활용되는 '장수도(대상 지역에서 65세 이상 전체 노인인구들 가운데 85세 이상 인구가 차지하는 비율)'의 상호상관을 알아보았다. 흔히 장수도라는 지수는 장수지역의 선정에 유력한 지표로 활용되고 있다. 그러나 본 연구에 사용한

〈표 2-4〉 생태학적 특징, 성공/비성공 노화 집단 구분 및 장수도와 상관관계

생태학적 특징＼구분	성공/비성공 노화 여부	장수도
성공/비성공 노화 여부	1.000	−.011
면적	.119	.294**
전체 인구수	−.299**	.087
전체 남자수	−.298**	.062
전체 여자수	−.299**	.111
인구: 65세 이상	−.246*	.040
인구: 80세 이상	−.269*	.584**
인구: 85세 이상	−.226*	.544**
비율: 65세 이상	.193	.000
비율: 80세 이상	.089	.195
비율: 85세 이상	.184	.429**
인구밀도	−.228*	−.496**
출생자수	−.262*	−.076
사망자수	−.307**	.099
전체 세대수	−.298**	.075
세대당 인구	−.020	.114
화재 발생수	−.034	.566**
자동차수	−.248*	.599**
지방세(1인당)	−.022	.127
국민기초생활 수급자	−.186	.170
평당가격(만 원)	−.098	.324**
전체예산	.063	.385**
재정자립도	.017	.398**
주택보급률	.138	.363**
공연장수	−.030	.619**
금융기관	−.101	.434**
대형마트	−.082	.047
목욕탕	−.207	.209
병원	−.258*	.454**

〈표 2-4〉 생태학적 특징, 성공/비성공 노화 집단 구분 및 장수도와 상관관계 (계속)

생태학적 특징\구분	성공/비성공 노화 여부	장수도
약국	−.301**	−.104
의사 1인당 인구수	−.056	−.472**
아동보육시설	−.290**	−.229*
대학교	.169	.162
경로당	.066	.395**
노인복지회관	−.092	.142
사회복지회관	.009	.390**
장수도	−.011	1.000

(주) $^{*}p < .05$, $^{**}p < .01$

성공 노화 및 비성공 노화라는 구분은 단지 생명의 연장이라는 장수의 의미를 떠나 건강하고 행복하며 활발한 이른바 성공 노화가 더 바람직한 요인일 수 있음을 가정하여, 단순하게 노인 인구비율만을 계산하여 산출하는 장수도의 의미와 직접 비교하기 위함이다.

그 결과, 성공/비성공 노화 집단 여부와 생태학 지표 14개 요인이 유의한 상관이 있었다. 즉 전체 인구수, 전체 남자수, 전체 여자수, 65세 이상 노인 인구수, 80세 이상 노인 인구수, 인구밀도, 출생자수, 사망자수, 전체 세대수, 자동차 등록대수, 병원 수, 약국 수, 아동보육시설 수, 85세 이상 인구수가 많을수록 비성공 노화 집단의 거주 지역 특징에 가까워진다고 볼 수 있다.

장수도는 생태학 지표 18개 요인과 유의한 상관이 있었다. 즉 거주 시 또는 구지역의 면적이 넓을수록, 80세 이상 노인 인구수가 많을수록, 인구밀도가 낮을수록, 화재 발생수가 많은 지역일수록, 등록된 자동차의 수가 많은 지역일수록, 아파트의 평당 가격이 높을수록, 전체예산이 많을수록, 재정자립도가 높을수록, 주택보급률이 높을수록, 공연장수가 많을수록, 금융기관이 많을수록, 병원이 많을수록, 경노당이 많을수록, 사회복지기관이 많을수록, 85세 이상 인구의 수나 비율이 높을수록 장수도는 높았다. 그러나 의사 1인당 인구수나 아동보육시설이 적을수록 장수도가 높아지는 결과를 볼 수 있었다.

4. 요약 및 결론

본 연구에 참여한 대상자들은 한림대학교 고령사회연구소에서 2003년과 2005년에 실시한 종단조사에 모두 참여하였으며, 서울과 춘천에 거주하는 65세 이상의 노인들이었다. 이들은 심리학, 의학 및 사회학 영역에서 판단하는 성공 노화, 비성공 노화 및 부분 성공 노화의 기준에 맞는 총 115명이었다. 그 가운데 본 장에서는 성공 노화 및 비성공 노화 노인 집단에 해당하는 86명의 자료가 사용되었다.

주요 설문 내용은 세 부분으로 구성되어 있는데, 노인들의 일상생활, 성공적 노화에 대한 입장 및 기타 질문 영역으로 총 24개 문항에 대하여 1:1 면접이 이루어졌다.

한편 성공 노화 집단과 비성공 노화 집단의 지역생태학적 지표들 가운데 거주 지역의 '전체 인구수'를 포함한 14개 영역에서 두 지역 간에 통계적으로 유의한 차이가 있었다, 그러나 '성공 또는 비성공 노화 집단 여부'와 '장수도'가 '35개 생태학 지표들' 가운데 통계적으로 유의한 상관을 공통적으로 보이는 지표들은 6개 지표들이었으며, 인구밀도와 아동보육시설 요인만을 제외한 4개 지표들은 그 방향성이 모두 반대였다. 즉 80세 이상 인구의 수가 많을수록 장수도는 높아지지만 성공 노화 집단에 이르는 것과는 반대였다. 이와 같이 자동차 등록대수, 병원 수 및 85세 이상 인구수가 많을수록 장수도는 높아지지만 역시 성공 노화 집단에 이르는 것과는 반대였다. 이는 단순한 생존의 의미인 '장수'와 행복 또는 성공과 관련된 '성공 노화'라는 개념 간에는 상당한 차이가 있음을 엿볼 수 있는 결과이다.

이상에서 볼 수 있듯이 정책수립의 근간 및 객관적 지표로서 단순한 생존 개념인 '장수'에 대한 분석 및 대처도 중요하지만, 건강하고 행복하고 활동적이며 생산적인 '성공 노화'를 위한 접근 방법을 더욱 적극적으로 모색할 필요가 있다.

이를 위해선 조사된 지역의 노인들에 관한 신체 및 심리적 지표 등을 포함하는 개인적 맥락과 사회, 복지, 경제 등 지역통계를 활용한 지역특성적 맥락에서 성공적 노화에 관한 다수준 분석을 심층적으로 실시할 필요가 있다. 이에 따라 성공적 노화 예측모형을 장수 노인에 적용해 봄으로써, 모형의 타당성을 검증하고, 더욱 정교한 복합적인 생태학 모형으로 발전시킬 수 있을 것이다.

제 3 장

한국 노인의 성공적 노화에 대한 개념 및 기준

박 균 석
(한림대학교 고령사회연구소)

1986년 미국노인학회에서 처음 소개된 이후 최근 들어 다양한 영역들에서 주목을 받는 용어는 성공적 노화(successful aging)이다. 다양한 관련 용어들(예: active aging, productive aging, positive aging, graceful aging, aging well 등)의 등장과 더불어 제반 학문 영역들에서 해당 개념의 정의를 분명히 할 필요성이 제기되고 있는 용어이다. 본 장에서는 심리학을 포함하여 의학 및 사회학적 영역에서의 분류 기준에 따라 구분된 소위 성공 노화 노인들과 비성공 노화 노인들이 판단하는 '성공적 노화'에 대한 관점을 알아보았다. 이와 더불어 그들이 생각하는 '행복하게 늙는 것'과 '행복한 노인이 되기 위해서 필요한 조건'에 대해서도 구체적으로 확인하기로 하였다. 또한 '자신의 인생을 회고해 볼 때 전반적인 만족 수준에 대한 주관적 평가 및 그 이유'도 알아봄으로써 다각적인 시각에서 '성공적 노화'에 대한 개념 정립을 하고자 하였다.

본 장에서는 기존의 많은 학자들이 제시하고 있는 이론적 개념이나 기준들과 달리, '한국 노인의 성공적 노년에 관한 기초 연구: 다학제적 접근'의 일환으로 면접 조사된 86명의 성공 또는 비성공 노화 노인들의 실제 응답 내용을 중심으로 정리하였다. 특히 성공 노화 모델 개발과 관련한 10개 질문들 가운데 성공적 노화의 개념 및 기준을 알아보기 위하여 마련한 4개 질문에 대한 응답 내용을 중심으로 제시하고자 한다.

1. '행복하게 늙는 것'에 대한 관점 비교

본 절에서는 "어르신이 생각하시기에 '행복하게 늙는 것', 또는 '잘 늙는 것'은 어떤 것이라 생각되십니까?"라는 질문에 대한 응답을 성공 노화 집단과 비성공 노화 집단에 속하는 노인들의 응답 결과를 정리하였다. 응답 내용들은 면접 녹취록에 기록된 해당 부분들을 가능한 그대로 옮기는 것을 원칙으로 하였다. 응답 내용을 집단별로 구분하여 요약 정리한 결과는 **〈표 3-1〉**에 제시하였다.

〈표 3-1〉 '행복하게 늙는 것'에 대한 응답 내용 요약

구분	성공 노화 집단	비성공 노화 집단	계
① 신체건강	15	15	30
② 정신건강	17	1	18
③ 경제/금전	5	0	5
④ 사회관계	7	2	9
⑤ 가정안정	5	11	16
⑥ 체념	0	8	8
소계	49	37	86

1) 성공 노화 집단

(1) 신체건강: 15명

- 가정이 편안하고, 건강하고, 그러고 음~ 친구관계가 잘 유지가 되고, 그렇지 머.
- 건강이지 뭐~, 그리고 아이들이 속 안 썩여서 마음이 편안하다는 거.
- 건강하게 늙는 게~.
- 건강하게 잘 살면서, 아무 풍파 없이 죽는 날까지 편안하믄~ 그게 다지 뭐.
- 건강하고 깨끗하게 늙는 게.
- 몸 건강하고, 자식들이 불화 없는 게 행복한 거지.
- 몸이 안 아프고요, 일 잘하는 것.
- 밥 잘 먹고 건강하며는. 난 그것밖에 없어.
- 병 없이 애들도 다 무고하고, 내 앞에서 얘기한 나쁜 일 안당하는 게~
- 부부가 해로하고, 건강하게. 받아들여야지 늙어가는 거를~.
- 살 때 까진 건강하고, 그래야지요 뭐~
- 술을 먹고도 건강한 것.
- 아프지 않고 잘 사는 거지.
- 자기 몸만 건강하게 되면, 그게 잘 늙는 거여.
- 잘 늙는 거. 이제는 그저 몸성히 있다 그저 잘 가면 그게 제일 좋을 것 같아요.

(2) 정신건강: 17명

- 곱게 늙어야지, 이런 생각하고 고운 마음도 쓰고. 그래야 남한테 추하게 안보이잖아.
- 그냥 보편적으로, 노후생활이 보통 이정도면 괜찮지 않나 그렇게 생각

해요.

- 근심 안하고 낙천적으로 사는 것.
- 낙천적으로 사는 거.
- 너무 과욕을 부리지 않으면 되잖아? 버리고 살면 편안한데 뭐~.
- 모든 일을 자기가 알아서, 시간적 여유가 없도록 만들어야 자연적으로다가 고민이 안 생겨.
- 뭐든지 긍정적으로 받아들여가지고, 막~ 그냥 그저 즐겁게 서로 노는 거.
- 아주 깨끗하게 하고, 잘 살고, 그래서 곱게 늙자.
- 욕심 안 내면 마음이 편한 거 같애요.
- 욕심을 비우고, 마음을 비워야지요.
- 인생, 자연, 시간, 공간에 대한 사색, 그리고 정서생활 음악이나 미술 이런 정서함양~.
- 자꾸 활동을 해야 되요. 그래야 마음이 편안하지.
- 잘 받아들이면서 주어진 대로 잘 살아야 된다는 거.
- 주는 대로 먹고, 돈 주는 대로 쓰고, 뭐~ 놀고~.
- 지금 생활이 지겹더라도 될 수 있으면 그런 생각을 버리고 무상무념 해야지.
- 마음이 즐겁게 사는 게, 평화로운 게, 그냥 행복한 거 아니예요? 항상~.
- 현실에 만족하고 너무 이상을 좇지 않는 거~.

(3) 경제/금전: 5명

- 가계가 안정해야 되고, 경제적으로 안정이 되고, 죽음에 대한 어~ 두려움이 없고.
- 경제적인 능력이 좀 있어야 돼.
- 남한테 빌리러 가거나, 없어서 애쓰거나 없고, 자슥들 속 안 썩이고 자

속들이 잘해 주면 .

- 내 주변의 일가친척 할 것 없이, 전부 다 생활이 어느 정도 균등하게 산다는 것.
- 자기 일에 만족하고 항상 근면하게 산다면~, 남의 신세 안지고~.

(4) 사회관계 및 타인에 대한 배려: 7명

- 곱게 늙어야 되겠는데, 자꾸 애를 쓰지, 누구한테 피해를 주지 말아야겠다.
- 나이를 먹으면 너그러운 소리도 많이 해야 제대로 늙는 것.
- 남한테 미움 안 받고 늙는 것.
- 대우받고 지내니깐.
- 돈 봉투라도 전달하면, 그 사람이 와서 이렇게 와서 참 고맙다고 할 때~.
- 마음자세를 잘 다듬어 가지고, 애쓰지 않고 베풀고 살아가는 거.
- 친구들하고 서로 의합해서 잘 지내는 게 좋지.

(5) 가정의 안정: 5명

- 가정을 화목하게 이끌 수 있는 거.
- 부부간에 서로들 위하면 좋은 거지 뭐~.
- 아들이 효자고, 며느리도 아들 따라서 시중을 하고, 그러고 우리 손자 손녀 성실한 것.
- 아무 별고 없이, 그냥 탈 없이 지내는 게 행복하게 늙는 거지.
- 애들 잘 되면 그게 행복한 거고~, 그거지 뭐가 있겠어요?

(6) 체념: 0명

2) 비성공 노화 집단

(1) 신체건강: 15명

- 몸이 안 아프면 낫고. 지금은 몸이 아프니께 행복한건 없어.
- 건강한 거지~. 아~ 건강을 잃으면 모든 걸 다 잃는 거 아니야?
- 그저 건강하게 사는 대로 살다가 죽는 게 그게 행복한 건데.
- 내가 몸 안 아프고, 내가 잘, 일을, 활동하고, 그럴 적에 웃고 재밌었을 때가 행복해.
- 몸 안 아픈거.
- 아프지 않고 늙는 거. 그니까 건강한 것이지.
- 아프지 않고 늙는 게 제일 행복한 거고, 내 몸이 첫째는 안 아파야 행복한 거지.
- 아프지 않고 늙으면 좋은데.
- 아프지 않고 죽었으면~.
- 아프지 않는 거.
- 안 아파가지고 돌아댕겨야~. 그게 젤로 부러.
- 안 아프면 좋겠어.
- 안 아프고, 맘 편하면 행복한 거지 뭐.
- 잘 돌아 다닐 수도 있고, 몸만 건강하면 그게 제일이지.
- 지금 아프지 말고, 그냥 잘 지내다가, 한 이 삼일 있다 그냥 참선해서 가는 게 꿈이에요.

(2) 정신건강: 1명

- 맘 편한 게 제일인 것 같애.

(3) 경제/금전: 0명

(4) 사회관계 및 타인에 대한 배려: 2명

- 보람 있는 일을 해야 행복한 게 아니에요? 남을 돕거나 남 일을 해 주거나 하는 거.
- 친구들이 와서 회관으로. 저~ 10원내기 화투치러갈 때, 놀으니깐~, 그저 행복하지 뭐.

(5) 가정의 안정: 11명

- 가족끼리 단합이 되면서, 화목하게 지내는 게 첫째예요.
- 가족이 있으니까 그 사람들은. 난 가족이 없으니까~.
- 다정하게 두 내외가 손잡고 댕기는 걸 보면, 저런게 행복하다~ 이렇죠.
- 며느리 잘 봐가지고 있는 게 행복이지. 딸 집에 와있는 게 행복은 무슨~.
- 서로 마음이 맞고 서로 다투지 않고 사는 것이 행복한 거지.
- 서로 자식들하고 같이 생활하고 화목하면 그게 인생을 사는 거지.
- 애들 속 안 썩이고, 지들끼리 잘 사는 거. 그게 그거지 뭐.
- 애들이 건강이나 잘 챙기시고 빚은 걱정하지 말라고 얘기할 때.
- 자슥들 속 안 썩이는 거. 내가 지금은 속 썩였으니까 병 생기고 그러지~.
- 자식들 손자하고, 그 뭐~ 제 집에서 사는 거, 그런 거 좀 부럽고~.
- 한 가정에서, 부부간에 불화가 없는 거.

(6) 체념: 8명

- 그냥 사니깐 살시~. 다 그지 그래.
- 그냥 저냥 사는 거.
- 그런 건 못 봤어. 그런 거, 그거에 대해서 잘 몰라요.
- 그런 것도 없고, 저런 것도 없고. 음~ 없어.

- 그런 생각은 못허지. 뭐~ 모임에 못 가니까.
- 그런 생각은 한 번도 안 해 봤어요.
- 복 있는 사람 복 있는 대로 또 사는 거고, 복 없는 사람은 없는 대로 사는 거지.
- 팍~팍~ 먹고 아무것도 생각 안 해요. 요샌 아픈 것도 죽겄는디 내가.

2. '성공적 노화'에 대한 관점 비교

본 절에서는 "그러면 '성공적인 노화' 혹은 '성공적으로 노후를 보내는 것'은 어떤 것이라 생각됩니까?"라는 질문에 대한 응답을 성공 노화 집단과 비성공 노화 집단에 속하는 노인들의 응답 결과를 정리하였다. 응답 내용을 구분하여 요약 정리한 결과를 〈표 3-2〉에 제시하였다.

1) 성공 노화 집단

1) 신체건강: 16명

- 건강하게 지내는 것이겠지.
- 건강하게 지내는 게 제일 낫지.
- 건강한 모습으로 열심히~. 남한테 조금 뭐 배려도 하면서 사는 게~.
- 건강해야 되고, 뜻대로 잘 되야 되고, 오래 걸리지 않고 죽는 것
- 그래 일하고 그저 건강한 게 행복하다고 생각해요.
- 내 몸을 움직이면서 활동을 해야.
- 내가 움직일 수 있을 때까지는 내 자신이 움직여서 활동을 해가는 게~.
- 내/외간에 건강하게 사는 것이 제일 행복하다 그러지.
- 배우자하고 오래도록 건강하게 사는 거지.

〈표 3-2〉 '성공 노화'에 대한 응답 내용 요약

구분	성공 노화 집단	비성공 노화 집단	계
① 신체건강	16	9	25
② 정신건강	9	4	13
③ 경제/금전	12	9	21
④ 사회관계	5	0	5
⑤ 가정안정	5	4	9
⑥ 체념	2	9	11
⑦ 기타	0	2	2
소계	49	37	86

- 병 없이 사는 것.
- 몸성히 잘 살고, 거시기~ 남한테 피해 안주고 사는 것.
- 아픈 데 없이 그저 자식들 편안하고 그러면 그걸 성공으로 보죠.
- 부부가 그저 건강하게 사는 거죠, 뭐~ 끝까지~.
- 죽을 때까지 움직이는 거~.
- 첫째는 건강해야 되고, 다음에는 애들이 불화 없이 잘 사는 거~
- 팔도강산에 마음 놓고 돌아 댕길 수 있는 거. 그러다 죽었으면 좋겠어요.

(2) 정신건강: 9명

- 그냥 서로 재미있게 얘기도 하고, 이렇게 지내다가 가면~.
- 그냥 편안하게 곱게 늙으면서, 그냥 편안하게 사는 게~.
- 예수 믿는 것이 행복한 삶.
- 이제 편안하게 살면 좋겠는데.
- 욕심을 부리지 않고, 그저 편안하게 사는 게 성공적인 노화지 뭐.

- 잘 얻어먹고, 잘 노는 게 그거지~. 설움 안 받고.
- 좀 더 승화된 내용 있는 삶이 되야 한다.
- 죽을 때까지 마음 편히 사는 거~.
- 하나님 말씀대로 순종하고 그저 남에게 본이 되며 삶을 사는 게.

(3) 경제/금전: 12명

- 경제적으로 여유 있어 가지고, 그러고 인제 부부가 참 손잡고 여행도 다니는 거.
- 금전도 있어야 되고, 뭐야 또~ 자식 건강해야 되고, 본인도 건강해야 되고.
- 남한테 피해 안끼치고, 뭐 있다가 죽는 거지. 근데 곱게 죽을는지 모르겠어.
- 노후 대책을 세워서 자식 눈치 안보면서 내 힘으로다가 이렇게 지내는 게~.
- 돈이 많으면 되는 거지 머~.
- 뭐든지 열심히 생각하고 조금이라도 낭비하지 않고 그렇게 해야지 성공하지~.
- 보편적으로 그렇게 여유 있게 사는 거.
- 일 해가지고 뭐, 먹고 지내는 게 성공적이지 뭐.
- 일해서 애들한테 손 안 벌리는 게.
- 자기가 젊어서 돈을 벌어놓던지, 연금을 타던지 해서 노후에 여유 있게 사는 거.
- 자녀들한테 신세를 안 지고, 타인한테 신세를 안 지니까
- 자식들한테 뭐 부담 안 되게 살았으면 좋은데~, 그게 잘 될지 잘 모르겠어요.

(4) 사회관계 및 타인에 대한 배려: 5명

- 공부라든가 축적한 지식을 사회에 활용하고, 더불어 살 수 있는 여건이 마련되는 거~.
- 남한테 한 가지라도 올바르게 가리켜 주는 게 좋아.
- 늙어서도 나한테 주어진 한은 남을 돕다가 가는 거야~.
- 봉사 활동을 많이 하는 게 좋은 거여.
- 우리 두 내우를 세워놓고 농민상 줄때가 제일~ 아주 좋았어요.

(5) 가정의 안정: 5명

- 가정이 편안하니깐 마음의 안정을 얻지요.
- 내 아들 딸이 나보다 더 세상을 잘 살아가는 거.
- 아들딸 훌륭하게 잘 키우고 나 건강하고 돈 그립지 않게 쓰고 그런 게.
- 영감, 할멈이 서로 속 안 썩이고 있으니까~ 뭐 제일 행복하게 늙겠지 그거야.
- 자식들 잘 되가지고 서로 화합하고 엄마한테도 잘 도와주고 이러면 그게 뭐~.

(6) 체념: 2명

- 나한테 닥치는 거니깐, 내가 참고 말아야지. 뭐 딴 거 없어요.
- 다 지복이겠지 뭐. 몰라~ 난 아무것도.

2) 비성공 노화 집단

(1) 신체건강: 9명

- 그저 안 아픈 게.
- 그냥 건강한 사람.

- 내가 건강해서, 내가 나가서 일을 해서 봉사를 하든지, 뭐를 해도 좋은 거구.
- 몸이 편한 거(건강).
- 병 없이 사는 거지.
- 병이 없으면 좋지 뭐.
- 아프지 않고, 그냥 가만히 가는 게 성공인 것 같아.
- 아프지 않고 늙는 거가~.
- 아프지 않고 죽는 게 원이에요.

(2) 정신건강: 4명

- 마음 편하고 몸 안 아프면 제일 저거 한 것 같애.
- 맘이 편한 거~.
- 살아온 것이 그만큼 가치가 있어야 된단 말이에요.
- 최대한 마음이 편안하게 늙는 거죠. 이게 성공적으로 늙은 거겠죠~.

(3) 경제/금전: 9명

- 경제적으로 좀 생활할 수 있는 거. 경제적인 여유~ 그럼 그렇지.
- 그냥 뭐 남한테 아쉬운 소리 안하고 살 정도면 괜찮은 거지.
- 내가 하루에 돈을 얼마씩 벌어서 생활을 했다는 거.
- 내 일을 해 가면서 의지하지 말고, 갈 수 있으면 좋겠다고 봐요.
- 우선에 물질적으로 죽을 때까지 먹고 사는 거.
- 자기가 노력해서 재산 모아가지고, 늙을 적에 편안하게 잘 먹고 잘 지내는 거~.
- 자식에 의존 해가지고. 경제적으로 아무 걱정 없이 살아가는 거.
- 젊어서 노후대책을 해 놨으면은 성공적이죠.
- 젊었을 때 열심히 일한 사람들이 뭐 성공적으로 사는 거고~.

(4) 사회관계 및 타인에 대한 배려: 0명

(5) 가정의 안정: 4명

- 그건, 자식들이 잘 해 주고 그래서, 편안하게 보내는 거.
- 자손들 잘 크고, 속 안 썩이고, 잘 살고, 손자도 잘 핵교도 댕기고, 그런 것이지 뭐~.
- 자식들 길러서 다 잘 되가지고 그냥 사는 게~.
- 자식들이 그저 부모 앞에 안 가는 게 그거지~.

(6) 체념: 9명

- 그 사람 복이 많아서 그렇다고 생각하지 뭐~.
- 그냥 사는 거지~ 무슨~ 이거 저거 아유~ 뭐~ 아유~.
- 그냥 이렇게 살다 죽는 거라 생각해야지~.
- 그저 죽는 복이나 잘 타고 그런거나~.
- 난 다 복이 없어~. 내가 원 참~그래 지겨워 죽겠어~.
- 마지못해 살고 있는 거지 뭐~. 내 이웃에는 다 그런 사람 없어.
- 생각도 안 해봐서 몰라.
- 없어요. 난 그런 것도~.
- 지금 내가 이 꼴로 살으니까는~ 자꾸 옛날 생각하면 머해요~.

(7) 기타: 2명

- 거~ 얘기하기도 곤란하고~.
- 시골가시 전원생활하고 그러는 거~.

3. '자신의 인생에 대한 전반적인 만족 평가' 비교

본 절에서는 "어르신의 인생을 쭉 돌아볼 때, '이만하면 잘 살아 왔다' '행복하고 만족스럽다'는 생각이 드십니까? __예 __아니오"라는 질문에 대한 응답을 성공 노화 집단과 비성공 노화 집단에 속하는 노인들의 응답 결과를 구분하여 정리하였다.

1) 성공 노화 집단

성공 노화 집단에 포함되는 총 49명의 노인들에 있어서, '자기 자신의 인생을 회고해 볼 때, 만족스럽다'는 질문에 31명(63.3%)이 긍정적인 반응을 보였다. 동일한 질문에 대하여 중간 혹은 보통의 의미로 응답한 노인은 11명(22.4%), 아니라는 부정적 반응을 보인 사람은 7명(14.3%)이었다. 다음에는 만족 여부에 대한 각 노인들의 반응 결과들이 괄호 안에 표시되어 있으며, 그렇게 대답한 세부적인 이유가 함께 제시되어 있다.

(만족) 그 뭐~. 편안히 먹고 지내니깐, 그게 행복한 거라 생각해요.

(만족) 그냥 뭐~ 피땀 흘려 내가 노력해서 돈을 벌어보지도 않고, 그렇게 살았는데~.

(만족) 그야 만족하지~. 왜냐면 자녀들 다 크고, 다 뭐 자기네들 헐 노릇 다 하니까.

(만족) 그저 잘 살았다 하고 살아야죠~.

(만족) 나 혼자 나와 가지고 자수성가했고, 지금은 어느 정도 이렇게 살다 보니깐~.

(만족) 남들은 고생을 많이 하고 거시기 하는데, 난 고생을 모르고 거시기 했으니깐~.

(만족) 남한테 구차하게 신세 안지고 생활할 수 있는 기반 닦아 줬으니깐 ~.

(만족) 남한테 악하게 안 하고 그냥, 선하게~.

(만족) 내 목표를 향해서 꾸준히 열심히 살아 왔기 때문에 후회하는 건 없어요.

(만족) 내 아내가 건강하게, 나와 살아준 거하고 4남매가 남 부럽지 않게 생활한다는 거~.

(만족) 내가 애들한테도 떳떳하지 뭐~. 나 이만큼 애들한테 했다~.

(만족) 내가 움직이면서 남한테 구애 안 받고, 피해 안 주고, 노력해서 행복하게 사니까~.

(만족) 내가 할 수 있는 한도 내에서 열심히 공부해서, 내가 할 수 있는 점까지 도달해서~.

(만족) 되돌아 봤을 때, 뭐~ 충분하죠, 그런데 젊을 때 많이 봉사 못했다는 게 좀 그렇죠~.

(만족) 만족하지는 않지만, 뭐 행복하게 살아 왔다고 봐야지.

(만족) 살아오면서 고생도 많이 했고, 그렇지만 뭐 더 욕심을 부려봐야, 이 정도면 뭐~.

(만족) 속 썩는 일이 없어요. 영감이고 자식들이 잘하니까~.

(만족) 신경을 쓸 일 없고, 아직도 잘 살아 왔으니깐 잘 살아온 거지.

(만족) 아 뭐~, 별 탈 없이 꾸준히 지내왔으니깐~.

(만족) 아~ 비교적 어~ 일생이 원만하니까.

(만족) 아~. 현재까지도 내외가 건강해서, 자식들 아무 탈 없이 그런 게 행복하다고 봐야죠.

(만족) 아직까지 남한테 욕먹거나, 또 해롭게 않게 했으니까. 우선은 만족하고~.

(만족) 왜냐며는 제가 어릴 때 꿈꿨던 거, 그거는 제가 다했다고 생각해요

~.

(만족) 우선은 뭐~ 돈이 많아서가 아니라 남편 사랑받고 화목한 가운데 사니까~.

(만족) 이만큼 사는 것도 행복하다고 생각해요.

(만족) 잘 살아온 거예요. 그런데 만족스럽지는 않아요.

(만족) 주위에서 얘기들 들어보면, 난 못살아 그렇게 한 줄 알았더니 잘 살은 거네.

(만족) 지금은 없으니깐 못하지만, 그땐 살만해서 없는 사람도 도와주고 뭐 이렇게~.

(만족) 체력이~ 고생, 또 식량난 다 겪어보고, 여태까지 살아서 잘 살아 왔다고 생각하고~.

(만족) 크게 고생을 안 하고 살았으니깐 만족하지~.

(만족) 후회는 없어. 안 아프고. 집안에 우환이 없고. 경제적으로다가 어렵게 살진 않으니깐~.

(보통) 그냥 잘 살은 거지 머~. 큰 고생은 모르니까.

(보통) 그런 거는 안 들고, 그냥 건강하니깐 그냥 즐겁게 살자 이런 생각이 들어~.

(보통) 나만 먹고 사는 것보다도 어려운 노인네들을 조금도 보살핌을 못했어요.

(보통) 또~ 저 사람 만나서, 또~ 그동안 잘 지내고~.

(보통) 만족은 못하지만 누구한테 나쁜 거 한 것도 없고, 만족이라고 할 것도 없죠.

(보통) 머~ 별로, 뭐~ 불행하고, 머~ 이건 느끼지 않아.

(보통) 사람들이 그만하면 잘 산거라고 그래. 난 내가 잘살았다고 느끼진 못하는데~.

(보통) 옛날부터 가정이 그 지랄하기 때문에 그게 불만이지. 딴 거야 불만 없어.

(보통) 잘 살지도 못하고, 못살지도 않으니까 그렇지.

(보통) 평범하게 살았다고 봐야지. 돈이 많고 행복했으면 모르는데~ 뭐~ 월급쟁이가~.

(보통) 행복하지도 않고 불행하지도 않고 평범하게 살았어요.

(불만족) 그래도, 남부럽지 않게 살아야 되는데, 자식까지 고생하고 살으니까~.

(불만족) 내가 목표했던 대로 안 되니까. 목표했던 대로 못살았으니까~.

(불만족) 내가 편안한 인생, 한 번을 이렇게 딛어 보지 못했다고~

(불만족) 더 추구를 하니까~.

(불만족) 만족하지는 못하는 건데. 그런데 이제 이만하면 최소한 도로~. 그쵸?

(불만족) 아니 난 그런 거 없어. 난 어릴 때 혼자되었거든~.

(불만족) 워낙 어려서부터 없이 고생을 많이 해서, 돌아보면 참 살아온 게 허무하고~.

2) 비성공 노화 집단

비성공 노화 집단에 포함되는 총 37명의 노인들에 있어서, '자기 자신의 인생을 회고해 볼 때, 만족스럽다'는 질문에 9명(24.3%)이 긍정적인 반응을 보였다. 동일한 질문에 대하여 중간 혹은 보통의 의미로 응답한 노인은 4명(10.8%), 아니라는 부정적 반응을 보인 사람은 24명(64.9%)이었다. 다음에는 만족 여부에 대한 각 노인들의 반응 결과들이 괄호 안에 표시되어 있으며, 그렇게 대답한 세부적인 이유가 함께 제시되어 있다.

(만족) 고만하면 됐지. 영감이 철저히 뭘 해 놨으니까, 애들은 걱정 안 해요.

(만족) 그냥 좋게 생각하죠. 아주~ 애들도 고생을 무척 많이 했어.

(만족) 그새는 고상 징그럽게 했는디, 지금은 막 편혀 응~.

(만족) 글쵸?. 저 자손들이 잘하니. 그럴 때 행복하게 잘 살았다. 며눌네가 첫 째 잘하니까.

(만족) 내가 벌어먹고 살아서 누구더러 뭐 꿔달라~ 그런 것은 없었어요. 그게 행복해요.

(만족) 아~. 그전에 살아간 게 만족허지.

(만족) 아이고~, 고생한건 말도 못하지만 지금은 행복하다고 생각해야지~, 이제.

(만족) 아직 내 앞에 나쁜 일이 없으니까, 이만하면 고저 괜찮다 싶어요.

(만족) 처음엔 아무것도 없다가, 살면서 쪼금씩 땅도 사고, 집도 사고, 그러니깐 행복한 거지.

(보통) 그건 그냥 보통으로 생각하지 뭐. 남한테 무시를 안 받고, 그렇게 살면 되는 거지.

(보통) 글쎄요~. 젊을 때 뭐~ 돈 뭐~. 쯧~. 뭐~ 그래요.

(보통) 만족이라는 거는 한이 없는 거지요.

(보통) 몰라~.

(불만족) 잘 살 때, 젊을 때, 돈도 많지, 지금 막 이러니까 좋지. 근데 지금은~.

(불만족) 고생을 많이 했기 때문에~. 자식들 가르치고 해야 되니까 혼자서~.

(불만족) 그건 젊을 때 말이고. 인자 무릎 아프고 허리 아프고~. 경제력이 없으니까~.

(불만족) 그런 게 어디 있어?

(불만족) 나는 자식 키울 적에 안 그랬는데~ 며느리가 그걸(내 마음을) 받아주지 못하니까~.

(불만족) 너무나 고생하고 평생을 진짜, 마음 고생, 몸 고생 다했지요.

(불만족) 만족스런 게 뭐가 만족스러워! 고생하고 살아 왔응께.

(불만족) 만족스럽지 않지. 할아버지가 속을 많이 썩였지. 맨날 여편네하고 돌아댕겼지.

(불만족) 만족스럽지도 않고. 나는 세상을 잘 못 살았다~ 이렇게 판단하고 있어요.

(불만족) 뭐, 그냥 살아 왔다. 뭐 어쩌고 어째 행복하게 살았다고 못 허지.

(불만족) 생각 안 해~

(불만족) 아유~ 살았어도 뭐 그저 그렇고, 죽었어도 그렇고 행복하긴 뭐 행복하우?

(불만족) 아이~ 만족치 못하지.

(불만족) 아이~ 힘드니깐 그렇지 그럼~, 힘들게 살았으니깐.

(불만족) 아픈 것 땜에 내가 속이 상한거지, 딴 거에 대해서 그렇게 불만은 없어요.

(불만족) 어~ 없어. 오늘날까지 재미나게 살은 일이 없어요. 그래서 그냥. 재미없죠.

(불만족) 어쨌거나 지지고 볶고, 그저 애들 오남매 낳아서 키우다가~. 이웃사람만도 못해.

(불만족) 없어요. 그런 거~.

(불만족) 영감도 억울하게 죽고, 남 좋은 일 하다가, 아들도 죽고~,

(불만족) 잘 못 사니깐 만족치 않지.

(불만족) 잘 못 살았어요. 모든 여러 가지 면에서 바보같이 살았고, 할 수 있는 것도 못했고.

(불만족) 지금 뭐~ 이 형편에 행복하다는 뭐~ 그런 게 있을 수 없는 거죠.

(불만족) 한~ 내가 35살부터 61까지 현장에서 살았으니까~ 일에 파묻혀서~.

(불만족) 허무하지 뭐.

4. '행복한 노인이 되기 위한 조건' 비교

본 절에서는 "행복한 노인이 되려면 무엇이 있어야 할까요? 세 가지만 말씀해 주세요."라는 질문에 대한 응답을 성공 노화 집단과 비성공 노화 집단에 속하는 노인들별로 정리하였다. 응답 내용을 집단 및 순위별로 구분하여 요약 정리한 결과를 〈표 3-3〉에 제시하였다.

〈표 3-3〉 '행복한 노인의 조건'에 대한 우선순위 요약

구분	성공 노화 집단				비성공 노화 집단				총계(%)
	1순위	2순위	3순위	계(%)	1순위	2순위	3순위	계(%)	
① 신체건강	15	6	5	26(20)	9	4	1	14(16)	40(19)
② 경제/금전	12	14	5	31(24)	14	12	3	29(34)	60(28)
③ 배우자	7	4	2	13(10)	1	3	0	4 (5)	17 (8)
④ 자녀행복	5	7	9	21(17)	8	5	4	17(20)	38(18)
⑤ 마음평안	4	5	2	11 (9)	1	5	1	7 (8)	18 (8)
⑥ 사회관계	3	3	4	10 (8)	0	0	3	3 (4)	13 (6)
⑦ 기타	3	2	3	8 (6)	3	2	4	9(10)	17 (8)
⑧ 사회봉사	0	4	3	7 (6)	1	1	1	3 (3)	10 (5)
소계	49	45	33	127(100)	37	32	17	86(100)	213(100)

1) 성공 노화 집단

(1) 1순위로 지목한 행복한 노인의 조건 분류

A. 신체건강: 15명

- 건강~.
- 건강~.
- 건강~.
- 건강~.
- 건강~.
- 건강이지 뭐~.
- 건강하고~.
- 건강하고~.
- 건강해야 되고~.
- 게이트볼 치고~. (*건강을 위한 운동을 의미함)
- 몸이 건강하고요~.
- 우선 건강이 있어야 되겠고~.
- 우선 건강해야 되겠지.
- 일단은 건강이지.
- 첫째는 몸이 건강해야 되고~.

B. 경제/금전: 12명

- 경제적으로 고통을 받으면 안 된다~.
- 금전적인거~.
- 돈 있어야 뭐든지 좋갔지~.
- 돈이 있어야 하고~.
- 손 안 벌리고 내가 자작해서 먹고~. 그렇잖아요? (*금전적 여유를 바

람)

- 어느 정도라도 용돈이 자연히 들어오고. 그런 게~.
- 우선 경제 문제고~.
- 우선 돈이 있어야겠지.
- 우선 돈이 있어야지.
- 의식주가 편안 해야되죠.
- 첫째 돈 있어야겠죠~.
- 첫째 돈이 있어야 되겠지.

C. 배우자의 생존 및 금슬: 7명

- 남편~.
- 내외가 같이 살아가지구, 그게 죽을 때까지 같이 있다가~.
- 배우자가 옆에 있어야지.
- 부부간에 정~.
- 부부간에 생각하고 사는 거~.
- 첫째가 부부~.
- 조건이 우선 금슬이 좋아야 될꺼고~.

D. 자녀의 행복: 5명

- 그저 애들 잘 되서 내 속 안 썩이면 그게 제일 행복한 거 같애요~.
- 세 가지가 있다면 자식, 첫째는 자식이고~.
- 자식들을 사랑하고 포용할 줄 알고 사랑하고~.
- 죽은 다음에는 어떤지 모르겠지만, 죽기 전에는 자식들이 인제 있으면 좋고~.
- 가정이 화목하고~.

E. 마음의 평안: 4명

- 속 안 썩고 살아나가는 게 행복한 거지.
- 아이~, 마음이 편안한 거지~.
- 욕심이 없어야 되고~.
- 현실에 만족하고~.

F. 사회관계: 3명

- 이웃에 다정한 친구가 있어야되고~.
- 주위사람들이 다 사랑해 줘야 돼~. 나를 따돌려 봐라 아무것도 아니지~.
- 행복이 뭐~ 이제 나이도 먹어가고, 남한테 욕 안 먹고 살다 죽는 게 행복하다~.

G. 기타: 3명

- 그냥 독서나 하면서 지내고. 무슨 지식 같은 거를 더 탐구하고~.
- 행복한 노인이 되려면 첫째 믿음이 있어야 되~. (*종교적 믿음을 의미)
- 다 그렇게 그렇게 살겠지.

H. 사회봉사: 0명

(2) 2순위로 지목한 행복한 노인의 조건 분류

A. 신체건강: 6명

- 건강이 있어야겠고~.
- 그 다음에 건강해야 하고~ 그리고. 된 거 같은데?
- 식사를 거르지 말고 편식하지 말고~.
- 아니, 뭐 몸 건강하면 다 편안한거고~.
- 이제 건강해야 되고~.

- 일 잘 하면은 그게 행복하다고 생각합니다. (*건강을 유지해서)

B. 경제/금전: 14명

- 그 다음에 경제적인 독립~.
- 그 친구들하고 똑같이 나가서 저거 할라면, 그래도 돈이라도 좀 있어야지.
- 그 다음에는 뭐 자식들한테 부담 안 가는 것이 좋고, 대강 그래요.
- 남한테 구걸 안하고~.
- 남한테 빌리러 가는 게 없어야 되고~.
- 내가 신용은 있어. 그러면 만족하는 거야. (*은행 대출시의 신용을 의미)
- 돈~.
- 돈이 있고~.
- 돈이 있어야 되겠지~.
- 둘째가 이제 돈~.
- 또, 하나는 우선 금전이 있어야 되겠지?
- 생활상 웬만해야 될 거 아니야?
- 일단 필요한 자금이 있어야 된다는 거~.
- 재력.

C. 배우자의 생존 및 금슬: 4명

- 네~ 둘째는 마누라가 있어야 내조를 해 주어야겠죠.
- 또 부부가 의리 좋게 살고~.
- 부부가 같이 저~. 같이 생존해야 되고~.
- 부인이 있어야겠지.

D. 자녀의 행복: 7명

- 아들 딸 잘 키워서 그러면 됐지 머~.

- 애들이 말도 잘 듣고 이렇게 살아주었으면 그것이 행복이라고 볼 수 있죠.
- 그 담에 자식들을 관리를 잘했어야 돼~.
- 자녀들이 건강하고~.
- 자식들 그냥 아주 하는 일 잘 되고~.
- 자식들이 속 안 썩이고~.
- 가정이 화목하니 내가 행복하잖아~.

E. 마음의 평안: 5명

- 마음을 비우고~.
- 마음이 편해야지.
- 사고 없이 사는 거~.
- 재미있게 사는 게, 이제 싫은 소리 안하고 사는 게 그게 행복한 거지요.
- 두 번째는 정서함양~.

F. 사회관계: 3명

- 노인들 모인 데 가서 서로 대화 나누고 그렇게 살면 되지~. (*친구들과의 교제를 의미)
- 또, 친구가 있어야 되고~.
- 같이 소통할 수 있는 친구도 있어야 하고~.

G. 기타: 2명

- 그 다음에 머~. 좋은 자연이 있어야 될 거 아냐? 자연을 구경하러 당기려면~.
- 나이가 들어서도 소일거리가 있어야 된다~. (*자연과 벗 삼아)

H. 사회봉사: 4명

- 남한테 거시기 하지 말아야지. 남한테 은덕을 뵈야지.

- 남한테 베풀 줄 알아야 되고~.
- 내가 저기 맘대로 움직이면서 하고 싶은 거 한다는 거~. (*봉사활동을 의미)
- 또~. 베풀어야 돼. 맛있는 거 하면 나눠 먹고~.

(3) 3순위로 지목한 행복한 노인의 조건 분류

A. 신체건강: 5명

- 건강~.
- 건강하문 되는 거지 뭐~.
- 그 다음에 내가 건강해야 되겠지.
- 나의 몸 건강을 찾아야죠. 활동을 해야 한다 그거지~.
- 반드시 잠을 일찍 자고 일찍 일어나야 한다는 거 그러면 건강에 좋지 않으냐~.

B. 경제/금전: 5명

- 그리고 또 셋째는 돈이 있어야, 이 다음에 뭐 마음대로 운영할 것 아닙니까?
- 그리고 재물이 있어야 되고~.
- 내가 벌어서 그게 잘 먹고 사는 게 행복한 거지.
- 생활하는데 불편 없이 재산도 있는 게 좋은 거지.
- 소일꺼리라도 있어야 하고, 그리고 죽을 때까지 자식한테 기대면 안 돼고~.

C. 배우자의 생존 및 금슬: 2명

- 고 다음은 부부간이지.
- 그 다음에 여자가 있어야 되고~.

D. 자녀의 행복: 9명

- 그리고~ 자녀가 속 안 썩이는 거. 그거.
- 이제 뭐 자녀들이지. 뭐~.
- 자녀들이 잘 사는 거~.
- 자손~.
- 자식. 그거지 뭐.
- 자식들이 속 안 썩이면, (헤헤헤~) 세 가지 뭐 있어?
- 가족관계~.
- 가족이 행복해야 되겠죠. 가족들이 잘 사는 거.
- 뭐 그렇게 하죠~ 가정, 그 다음에 가정~.

E. 마음의 평안: 2명

- 마음이 편안하고 즐겁게 사는 거.
- 셋째가 그~ 마음 편안한 거.

F. 사회관계: 4명

- 그 다음에는 뭐, 쩝~ 서로 인간관계겠지? 이웃이나 인간관계겠지 뭐~
- 인제 친구들이 또한~.
- 주위에서 나에게 필요 이상의 신경 안 써주게 하는 것.
- 친구들하고 우애좋게~.

G. 기타: 3명

- 그 다음에 사색~.
- 그 다음에 일에 대한 보람~.
- 사는 게 좋지~ 죽는 것보다는 사는 게 좋은데, 너무 오래 살 욕심은 없어요.

H. 사회봉사: 3명

- 외롭고 힘든 사람 서로 위로해 주고 그래야 돼~.
- 이 사회에 헌신할 때~.
- 정이 있어야지 뭐~.

2) 비성공 노화 집단

(1) 1순위로 지목한 행복한 노인의 조건 분류

A. 신체건강: 9명

- 건강~.
- 건강~.
- 몸 아프지 않고~.
- 몸이 성하면~.
- 몸이 첫째 건강해야 되고~.
- 아니~. 그저 건강한거만 제일, 건강한거만~.
- 안 아픈 거~.
- 안 아프고~.
- 첫째는 건강~.

B. 경제/금전: 14명

- 남한테 그~ 모~ 빚 같은 관계가 없으면 되고~.
- 돈도 있어야 되고~.
- 돈도 좀 있고~
- 돈이 많아야지 뭐.
- 돈이 있어야지~.
- 돈이겠지요.

- 돈이죠.
- 돈 있으면 행복하지!
- 물질적으로 자식들한테 손 안 벌리고 내가 죽을 때까지 그 거하는 거~.
- 밥 먹고 사는 거~.
- 이제 돈이죠.
- 자기 집 가지고 살고 그러는 게 행복이지.
- 잘 살아야지~.
- 첫째는 경제겠죠. 경제~.

C. 배우자의 생존 및 금슬: 1명

- 첫째는 부부가 같이 있어야죠.

D. 자녀의 행복: 8명

- 우선은 자손이 있고~.
- 자손 갖고~.
- 자손들 잘 되고~.
- 자손들이 효도하면 행복한 노인이죠 뭐~.
- 자식 있고~.
- 가족이 편해야죠. 자식들이 잘 되야죠. 뭐 딴 거 없잖아요?
- 첫째는 가족이고~.
- 그냥 다~ 집안이 우합하고 그래야 행복하게 산다~. (*가족화합/집안 화평을 의미)

E. 마음의 평안: 1명

- 마음이 편해야 혀.

F. 사회관계: 0명

G. 기타: 3명

- 시골에다~ 조그만 오두막집에서 상추라도 심고 그렇게 살으면~.
- 아! 모른다니깐~
- 아이구, 행복한 게 뭐가 행복해. 빨리 죽는 게 행복한 거지.

H. 사회봉사: 1명

- 첫째가 자기 행동이지~. (*자신만 생각하지 말고 남들도 고려한 행동을 할 것)

(2) 2순위로 지목한 행복한 노인의 조건 분류

A. 신체건강: 4명

- 그 다음에 건강~.
- 나 안 아픈 거~.
- 병이 없이 잘 있다 죽는 게 행복하죠. 뭐~.
- 아프지 말고, 건강하고~.

B. 경제/금전: 12명

- 경제~.
- 그 다음은 재산이 있어야 될 것 아이가~.
- 그냥 조그마한 거래도 내가 좀 쓸 수 있는 돈이 있어야 되고~.
- 금전적으로~.
- 돈 말고. 내가 밥걱정을 안 해야 할 거 아니에요.
- 돈~.
- 돈도 갖고~.
- 돈이 있어야 되고~.
- 돈이죠.
- 뒷받침~. (*돈을 의미)

- 뭐 병원에 갈 돈이 있으면 되는 거고~.
- 쌀도 있고~.

C. 배우자의 생존 및 금슬: 3명

- 부부지간이 있고~.
- 아~ 마누라하고 자식이 있어야지~.
- 영감 있고~.

D. 자녀의 행복: 5명

- 아들 있는 거.
- 애들이 잘 자라서 시집가면 행복하고 그렇지 뭐.
- 자녀들이 잘 살고, 좀 서로 왔다갔다하고 해야 좋은데 모르지 뭐.
- 자식들 하고 살면 되는 거지 뭐.
- 자식이 있어야 된다고 그랬고~ 또~.

E. 마음의 평안: 5명

- 둘째는 자기를 외롭게 하지 않는 거.
- 마음 편하게 지내는 거.
- 사람들도 다 자기가 좀 편안하게 살면은~.
- 사랑이겠지 뭐~.
- 속 안 썩이고~.

F. 사회관계: 0명

G. 기타: 2명

- 그리고 남한테 무슨 손가락질 받지 말고 살아야겠고~.
- 죽을 때 고통 안 받고 한 번에 탁 죽는 거.

H. 사회봉사: 1명

- 그 다음에는 이제 사회에~. 그 봉사하는 면~.

(3) 3순위로 지목한 행복한 노인의 조건 분류

A. 신체건강: 1명

- 담은 장수하고 뭐 다 가족이 다 건강하면 되고~.

B. 경제/금전: 3명

- 근심 없을람 그런 것 좀 있어야만 행복할 텐데. 뭐~ 있어야지! 아무것도 없는 걸 뭐.
- 돈이라도 있으면~.
- 돈 있고~.

C. 배우자의 생존 및 금슬: 0명

D. 자녀의 행복: 4명

- 그 다음에는 자식들이 잘 하는 거지.
- 아~ 자식들 건강하고~.
- 아들 딸 잘 되고, 그게 행복한 거지 뭐.
- 자손도 있어야 되고~.

E. 마음의 평안: 1명

- 맘 편케 살면 행복하지 뭐.

F. 사회관계: 3명

- 뭐 남보기에 말이야 그 노인 괜찮다~그런 사람이 되어야 좋지. (*남들로 부터의 인정)
- 이웃 간에 화목하고 의리 있게 이렇게 지내면 그냥 행복한 거죠.
- 친구가 많아야 되겠지~ 그럼.

G. 기타: 4명

- 여행 좀 가고 싶고~.
- 이제 여행이나 떠나고 그런 게~.
- 쫌 내가 가고 싶은 데를 쫌 다니다가. 세상을 돌았으면 좋겠어요.
- 자다 죽는 거, 얼릉 자다 죽는 거.

H. 사회봉사: 1명

- 없는 사람한테두 좀 해 주구 싶구~.

5. 요약 및 결론

성공 노화 집단과 비성공 노화 집단으로 구분하여 성공적 노화 개념에 대한 한국 노인들의 입장과 그 기준을 알아보고자 개인별 면접을 통하여 알아보았다. 이를 위하여 '성공적 노화'에 대한 직접적 질문 이외에도 '행복하게 늙는 것 또는 잘 늙는 것' 및 '인생에서의 전반적인 만족도'에 대한 평가를 하도록 요구하였으며, 마지막으로 '성공적 노화에 대한 충족 기준'에 대하여 세 가지 이내에서 응답하도록 요구하였다.

그 결과, 전체적으로 성공적 노화는 신체 및 정신적 건강과 아울러 경제적인 요인이 뒷받침되어야 하는 복합적 요인들로 설명할 수 있는 개념으로 나타났다. 성공 노화 집단과 비성공 노화 집단의 비교 결과, 비성공 노화 집단은 체념이나 자포자기적 성격의 특성을 더 많이 보여 성공 노화 집단과 대조를 이루었다.

이와 아울러 성공적인 노화에 대한 개념과 행복하게 늙는 것에 대한 개념을 구성하는 요인들에 대한 응답 내용도 크게 다르지 않아 성공 노화와 행복 노화는 기존의 이론적 흐름에서 용어 정의에 관한 논란에서 혼용 가능성에 대한 중요 근거로 작용할 수 있었다.

성공 노화가 이뤄지기 위한 선결조건으로 응답한 내용들을 살펴보면 성공 노화에 대한 개념의 구성요인들과 크게 다르지 않는데, 다만 정신건강 요인보다는 자녀들의 안정이나 행복이 노인들의 성공 노화를 결정짓는 조건으로 바라본 점이 달랐다. 그러나 자녀의 행복요인은 노인 자신의 정신건강과 금전적 여유가 필요함에 대한 이유들과 직접 연결되어 있었다. 비성공 노화 집단은 성공 노화 집단과 달리 금전적 여유에 관한 조건을 가장 중요하게 평가했으며 그 비중 또한 컸다. 그들은 현재의 고단함이나 비성공 노화로 분류된 이유를 경제적 여유가 없거나 금전적인 부족으로 삼고 있었으며, 그에 따른 보상심리의 작용에 따라 경제 요인에 대한 집착을 보인 것으로 평가된다.

한편, 사전에 의학, 사회학 및 심리학 전문가들의 분류 기준에 따른 성공 및 비성공 노화 집단의 분류도 노인 자신들의 평가와 다르지 않은 정확 분류율을 나타내는 것으로 나타났다. 즉 성공 노화 집단으로 분류된 노인들이 자신의 인생에 대한 전반적인 만족도 평가 및 그 내용에 있어서 70% 이상이 긍정적으로 평가하였으며, 비성공 노화 집단으로 분류된 노인들의 경우에서도 자신의 인생에 대한 전반적인 만족도 평가 및 내용에 있어서 70% 이상이 부정적으로 평가하고 있었다.

이상의 논의를 요약하여 성공적 노화의 개념 및 결정 요인들을 살펴보면 다음과 같은 조건들이 충족되거나 고려된 상태에서 설명되어져야 할 개념으로 나타났다: 첫째, 노인 자신의 '신체적 건강' 유지 및 증진, 둘째, 자신의 생활유지와 자녀들을 포함한 가족 구성원의 행복 증진 및 관계성 유지에 필요한 '경제적 요인', 셋째, 다른 세 가지 요인들의 원인과 결과 요인으로 작용하게 되는 자녀들의 안정이나 행복 및 부부간의 금슬이 포함된 '가정의 안정', 마지막으로 본인 자신의 마음이 평안하고 즐거우며 활기찬 상태를 유지하는 '정신건강' 요인이다.

제 4 장

성공적 노년의 정서적 삶의 질

유 경
(한림대학교 심리학과)

1. 노년기 행복과 정서적 특성

1) 노년기 정서적 특성

과거 노년기에 대한 심리학 연구들은 주로 노화로 인한 인지적·신체적 능력의 감퇴 혹은 심각한 질병이나 빈곤으로 고통 받는 노인들에 대한 것이 많았으나, 최근에는 노년기에도 주관적 안녕감(subjective well-being)을 유지하면서 즐겁게 살아갈 수 있는 긍정적 특성에 대한 연구와 이론들이 제안되고 있다. 이러한 연구 결과에 따르면, 심각한 질병에 걸리거나 사회경제적 수준이 매우 열악한 노인들을 제외하면, 대다수의 노인들은 젊은 사람들보다 더 행복하고 덜 외롭고 자신을 둘러싼

세상에 대해 꽤 만족하고 있었다. 여러 연구에서 노인들은 젊은이들에 비해 정서적 기능이 여러 가지 측면에서 연령 증가에 따른 급속한 감소를 보이지 않았으며 심지어 향상되는 경우도 있었고(Carstensen, Isaacowitz, & Charles, 1999), 정서 조절을 다른 연령 집단에 비해 더 잘 하였고(Gross, Carstensen, Pasupathi, Tsai, Gotestam-Skorpen, & Hsu, 1997), 상대적으로 더 행복하였고(Diener & Diener, 1996), 삶의 만족도 또한 더 높았다(Herzog, Rodgers, & Woodworth, 1982).

노인이 되면 노화로 인해 신체적 기능이 약화되고 여러 가지 질병에 감염되거나 만성질환으로 인해 장기간 고통을 받을 가능성도 증가한다. 또한 주변의 가까운 친척이나 친구, 배우자와 같은 소중한 사람들의 죽음을 경험하면서 삶의 어두운 부분을 자주 경험하게 되고 자신의 죽음이 얼마 남지 않았다는 생각에 우울한 감정에 쉽게 빠져들 수 있는 취약성도 지니고 있다. 하지만 이러한 상황에도 불구하고 많은 노인들은 나이가 든다고 해서 갑자기 우울해지거나 불행해지는 것은 아니다. 즉 나이가 들어 발생하는 노화과정에서 경험하는 여러 가지 사건이 노인의 삶을 우울과 좌절로 이끄는 것은 아니라는 것이다. 그렇다면, 노인이 이러한 여러 가지 취약성을 가지고 있음에도 불구하고 노년기에도 자신의 삶에 대한 긍정적 태도를 유지하고 행복을 경험하며 삶에 대해 만족할 수 있도록 해 주는 것은 무엇일까? 정서 대처 기술의 변화로 설명해 볼 수 있을 것이다. 나이가 들어감에 따라 노인들은 생활의 경험을 통해 혹은 주변 사람과의 상호작용을 통해 힘들고 어렵거나 불쾌한 일에 대해 효과적으로 대처하는 방법을 터득하게 된다, 특히 불필요하게 자신의 심적 신체적 에너지를 낭비하지 않으면서 현실에 잘 적응할 수 있는 방법들을 적용하여 사용할 수 있는 노인들은 그렇지 못한 노인들에 비해 훨씬 더 편안하고 행복한 노년을 보낼 수 있을 것이다. 이와 같이 노년기의 정서 대처 능력의 영향이 노년기의 삶에 미치는 영향을 밝히기 위한 여러 연구들이 심리학자들에 의해 실시되었다.

Lawton과 동료들(Lawton, 1989; Lawton, Kleban, Rajagpal, & Dean, 1992; Lawton, Van Haitsma, & Klapper, 1996)은 주관적 안녕감 유지에 정서조절(emotion management)이 전 생애에 걸쳐 중요한 역할을 하는 것으로 설명했다. 사회적 맥락에 적절하고 생활 사건들의 변화에 잘 맞춰서 반응하고 적응할 수 있도록 정서 조절에 노력을 기울이는 특성은 생애 후기에 이르러 더욱 중요한 역할을 하게 되어 노인들은 정서 최적화(affective optimization)를 위한 정서 조절을 시도한다. 즉 부적 정서경험을 되도록 피하고 될 수 있는 한 정적 정서 경험을 많이 할 수 있는 사회적 상황을 선택함으로써 자신의 주관적 안녕감을 유지하기 위한 능동적이고 적극적인 노력을 기울이는 것이다. 이와 관련하여, Carstensen(1992, 1995; Carstensen, Pasupathi, Mayr, & Nesseloade, 2000; Lang & Carstensen, 2002)은 노년기의 정서 최적화 특성을 **사회정서적 선택 이론**(socioemotional selectivity theory)으로 설명한다. 국내에서는 유경과 민경환(2003, 2005a, 2005b)의 연구에 의해 우리나라 노인들의 정서최적화 특성이 확인되었는데, 노년기에도 정적 정서를 더 많이 경험하고 부적 정서를 덜 경험하려는 정서최적화 특성이 나타나며 노년 집단은 특히 심리적 동요를 줄이기 위해 정서 강도가 상대적으로 낮은 정서를 더 많이 경험하는 경향을 보였다. 또한 다른 연령집단에 비해 사회적 목표 중 정서를 조절하여 행복한 감정을 유지하는 목표를 중요하게 여김으로써 정서최적화를 통해 주관적 안녕감을 유지하려는 노력을 한다는 것을 확인했다.

2) 노년기 정서 대처 특성과 적응

중년에서 노년에 이르는 시기의 정서 경험 조절과 대처능력에 대한 선행 연구들에서는 노년에 이를수록 정서 통제와 조절 능력이 향상되며, 특히 상황을 억지로 바꾸기 위해 과도한 노력을 기울이기보다는 상황을 있는 그대로 받아들이고 자신의 생각을 바꿈으로써 상황에 적응하고자 하는 노년기 특유의 정서 조절대처 방식들이 있다고 설명한다(Brandtstädter, 1986; Brandtstädter & Rothermund, 2002a, 2002b; Brandstädter, Wentura, & Greve, 1993; Diehl, Cole, & Lavouvie-vief, 1996; Heckhausen, 1997; Lawton, Kleban, Rajagopal, & Dean, 1992; Lawton, Kleban, & Dean, 1993; Mcconatha & Huba, 1999; Schulz & Heckhausen, 1996). 노년기 초기에는 적극적인 노력을 통해 대처를 하지만, 노화가 진행될수록 삶을 통제하는 것이 쉽지 않다는 것을 점점 더 경험하게 되고 적극적인 대처가 어렵다는 것을 인식하면서 상황을 받아들이게 된다. 스스로의 정서를 조절하고, 직면한 문제에 대해 통제할 능력이 있는지를 판단한 후 그에 따라 적절한 대처를 하게 된다.

노년기 적응에 정서대처 양식이 미치는 영향을 확인하기 위해 실시한 유경과 민경환(2005a, 2005b)의 연구에서는 노인들이 유능감을 갖고 대처하려 하고 포기하지 않고 문제를 해결하려는 문제중심적 대처 양식도 사용할 수 있으나 특히 하향 비교를 하거나 상황을 받아들이고, 유머를 통해 문제를 해결하려는 자기방어적 대처 양식을 상대적으로 더 많이 사용하는 것으로 나타났다. 이러한 대처 양식의 사용은 노년기에 정서적 동요나 불쾌한 감정 유발로 인한 에너지 손실을 줄이고 정서 최적화를 유지하려는 특성이 반영된 것으로 볼 수 있다. 노인 참가자들은 정서 동요나 갈등이 유발되는 상황에서 자신이 해결할 수 있는 문제인지 혹은 해결 가능한 것인지를 판단한 후, 상황에 가장 적절한 대처양식을 선택하여 사용한다. 문제중심적 대처, 인지적 대처는 대처자원이 풍부할 경우 사용하고, 제한된 에너지와 심리적 자원을 보호하기 위한 수단으로써 자기방어적 대처를 선택적으로 사용함으로써 주관적 안녕감과 정서최적화를 유지하는 것으로 나타났다.

노년기 긍정적 특성을 밝히는 최근의 연구들을 통해 설명되는 노년기 정서최적화 특성은 노년기 주관적 안녕감 유지에 정서가 하는 역할이 상당히 중요하다는 점을 강조해 준다. 하지만 정적 정서를 더 많이 경험하고 부적 정서를 덜 경험하려는 정서최적화 특성은 비단 노년기에만 두드러지는 특성은 아니며, 인간의 전 생애에 걸쳐 중요하게 유지되는 특성이기도 하다. 더 중요한 점은 연령에 따라 정서최적화를 이루려는 특성이 상이하게 나타난다는 점인데 특히 노년기와 같이 연령 증가로 인한 신체적·심리적 에너지가 쇠퇴하는 경우에는 가지고 있는 에너지를 효율적으로 사용하기 위해 불필요한 에너지 낭비와 정서적 동요를 막으려는 특성이 강해진다. 이러한 특성은 정서에 대한 자기-보호적 접근(self-protective approach to emotion)으로 설명될 수 있다(민경환·유경·김민희, 2004). 에너지를 소모하며 적극적으로 문제를 해결하기 위해 전력을 기울이는 것은 실패할 경우 손실이 많기 때문에 노화로 인해 제한될 수밖에 없는 에너지를 효율적으로 이용하기 위해서는 회피나 하향비교와 같은 자기 방어적 대처를 사용하고 직접적인 정서표현이나 과도한 갈등상황은 피하는 것이 적절하다. 그러나 이러한 특성은 수동적이고 퇴행적인 특성으로 보기 어렵다. 노년 집단도 적극적 대처와 직접적인 표현을 할 수 있지만, 상황에 따라 선택적으로 적절한 방법을 적용하는 것이므로 정서 동요에 대해 자기 보호적으로 접근하는 특성은 능동적이고 유능한 적응 능력 중 하나로 보는 것이 더 타당할 것이다. 즉 노년기에는 신체적·심리적 쇠퇴가 일어나 대인관계가 축소되고 주관적 안녕감이 저하될 수 있지만 이러한 상황도 개인의 대처와 노력에 의해 젊은 시절보다 훨씬 유연하게 대처하고 적응할 수도 있다는 것을 보여 준다.

2. 노년기 정서 경험: 성공 집단 vs 비성공 집단 내용 분석

노년기 정서 경험에 대한 연구들은 대개 정서 단어를 제시하고 해당 정서를 얼마나 자주 경험하는지에 대해 질문하는 형식을 취한다. 연령 증가에 따른 특정 정서 경험의 빈도의 변화를 확인하기에는 적절하지만 실제로 노인들이 어떤 정서를 얼마나, 자주, 어떤 상황에서 경험하는지 알아보기에는 부족함이 있다. 노인들이 실제로 특정 정서를 어떤 상황에서 경험하는지 내용을 질문하고 그에 대한 분석을 실시한 결과, 흥미로운 내용들이 많이 발견되었다. 이와 같이 노인들의 정서 경험의 원인을 분석하는 것은 노인들이 일상생활에서 경험하는 정서들과 관련된 상황들을 이해할 수 있도록 도와주기 때문에 이러한 결과는 노인들에 대한 이해를 돕고 의사소통을 촉진시켜 주는 중요한 자료가 된다.

질적 면접에 포함된 질문은 기분이 좋지 않을 때 어떻게 대처하는지에 대한 것과 정서 경험의 원인을 파악하기 위해 기쁨, 분노, 불안을 느낄 때는 언제인지 질문하였다. 본 연구에서는 특히 노인 응답자를 심리학적·의학적·사회학적 기준으로 구분하여 성공 집단과 비성공 집단으로 나눈 뒤 이 두 집단이 경험하는 정서와 그 상황적 특성을 비교하였다.

1) 기쁨

기쁨은 우리가 살아가는 동안 자주 경험하면 경험할수록 주관적 안녕감과 행복을 높여 주는 긍정적인 정서이다. 기쁨의 경험의 빈도는 중년기까지 유지되고 노년기에도 크게 저하되지 않는 것으로 밝혀졌다. 하지만 기쁨을 경험하는 원인은 세대에 따라 차이가 있었다. 노인들이 어떠한 상황에서 기쁨을 경험하는지 알아보는 것은 노인에 대한 이해를 돕고, 노인들이 일상생활에서 기쁨을 더 많이 경험할 수 있도록 적절한 도움을 주는 중요한 정보가 된다.

성공 집단이나 비성공 집단이 경험하는 기쁨의 빈도는 차이가 있었다. 성공 집단은 대부분 기쁨을 경험한다고 응답했으나, 비성공 집단의 경우에는 기쁨을 경험할 일이 거의 없다는 응답이 52.35%를 차지했다. 두 집단 모두 가족이 기쁨의 원인이 되는 경우가 가장 많았다. 우리나라 노인들의 경우, 가족 중 특히 자녀의 성공과 행복은 노인들의 기쁨의 원천이라는 것을 확인할 수 있었다. 하지만, 성공 집단의 경우에는 개인적 성취가 기쁨의 원인이 된다는 응답이 13.46%이었다. 성공 집단의 경우에는 노년기에도 자신이 원하는 일을 하고 그로 인해 성취감과 자신감을 느끼게 되는 일들이 삶의 기쁨이 된다는 것을 보여 준다.

〈표 4-1〉에 제시된 바와 같이 성공 집단의 경우 기쁨의 원인 중 가장 많은 부분을 차지하는 것은 가족에 대한 것이었다. 가족들이 함께 모여서 맛있는 음식 먹고 손자들이 재롱 피울 때, 자녀가 공부 잘하고 대학 잘 들어갈 때 기쁨을 느낀다고 응답했다. 자식들뿐만 아니라 손자들에

〈표 4-1〉 성공 집단의 기쁨 경험의 원인

기쁨 경험 원인	n	%
1. 가족(자식, 손자들일 공부 잘하고 하는 일 잘 할 때, 가족들이 모여서 함께할 때)	35	67.31
2. 성취감(하던 일 잘되고, 농사지어서 수확하고, 남에게 도움을 주고, 자신의 일에서 자신감 느낌)	7	13.46
3. 대인관계, 친구	3	5.76
4. 항상 기쁘다. 감사하며 살아간다	2	3.85
5. 자연, 음악, 예술	2	3.85
6. 기타	3	5.76
전체	52	100

대해서도 많은 애정과 사랑을 보여 주었다.

〈응답 예 1〉

면접자: 언제 기쁨을 많이 느끼세요?

성공 노인 2: 기쁨이 내가 생각하기에 그저 며느리 아들 잘 사는 것이지. 우리 손녀딸이 ㅇㅇ대 들어갔거든. 손자 고등학교 2학년이고. 그것들만 보고 있으면 대견하고 쳐다보면 믿음직스럽고 그려. ~ 볼수록 이쁘고 미더워~.

면접자: 어떤 점 때문에 그렇게 믿음직스럽고 기쁘고 그러세요?

성공 노인 2: 그냥 그려. 쳐다보면 아주 좋아. 나만 손자 둔 것 같아.

면접자: 그래요. **대 들어갔으니 얼마나 좋으세요.

〈응답 예 2〉

면접자: 언제 기쁨을 많이 느끼세요?

성공 노인 16: 자식들이나 손주들이 잘 되었을 때 기쁨을 느끼지요. 좋은 일을 했으니까 기쁠 수밖에 없지요. 남한테 칭찬을 받았다든지, 표창을 받았다든지, 승진을 했다든지~. 집안이 다 화목하고 마음이 편안하고 기쁘지 뭐~.

〈응답 예 3〉

면접자: 언제 기쁨을 많이 느끼세요?

성공 노인 32: 아이들이 와서 명절 때나 일주일에 한 번씩 우린 교회 갔다가 집으로 와요. 그래서 슈퍼 가서 시장 봐가자고 와서 다 먹고 헤어지지요. 그게 제일 좋지. 주일날 저녁이 제일 행복하죠. 토요일 날이나 주일날은 온 아이들이 다 오니까. 열아홉 식구라니깐.

면접자: 대단하시다.

성공 노인 32: 영감님 돌아가셔서 내가 5남매에 애들이 손주가 여덟이거든.

두 내외 해서 19명. 5남매에 손주가 여덟!

면접자: 다 모여 있으면 어떤 점이 가장 좋으세요?

성공 노인 32: 그냥 뭐 아이들이 웃고 애기하고 같이 밥 먹고 얼마나 그러는 게 좋아. 제일 즐겁죠. 건강한 모습으로 와서 이야기하고 웃고 같이 밥 먹는 거. 그게 좋은 거지 뭐~. 이쁘고 하니까.

성공 집단의 경우, 기쁨의 원인 중 자신이 원하는 일을 하여 목표를 이루었을 때 성취감을 느끼고 자신감을 느끼는 것이라고 응답한 경우가 있었다. 노년기에도 자신이 하는 일이 있고 그 일로 인해 성취감도 느끼고 주변 사람에도 도움을 줄 수 있다는 것이 기쁨이 원천이 된다는 사실은 우리에게 많은 시사점을 준다. 자신이 가진 자원과 능력을 후 세대(또는 타인)를 위해 전달해 줌으로써 경험할 수 있는 생산성(generativity)이 노년기의 행복에 중요한 요소가 된다는 것을 다시 한 번 확인시켜 주는 결과로 볼 수 있겠다.

〈응답 예 4〉

면접자: 언제 기쁨을 많이 느끼세요?

성공 노인 24: 내가 1년 동안 하는 일에 뭐든 수확을 봤을 때, 그때가 제일 푸짐하고 기쁘지.

면접자: 어떤 점 때문에 기쁘신 거예요?

성공 노인 24: 논농사를 지어도 탈곡 같은 거 해서 들어오고, 매상하면 통장애 또 돈 들어오고 하니까. 그런 때 가장 흐뭇하고 좋지 뭐.

〈응답 예 5〉

면접자: 언제 기쁨을 많이 느끼세요?

성공 노인 35: 이거 내가 하는 일이나 내가 생각한 것처럼 되면은 기쁘지~.

면접자: 최근에 어떤 일을 하셨는데요?

성공 노인 35: 어어 정원 가꾸는 거. 고게 내뜻대로 되면 괜찮지. 첨에는 그저 화분 분재들도 많이 했었어. 그랬는데 이제 나이가 80에 가까워지잖우. 그러니깐 너무 힘들어서 전부 정리하고 그랬어요. 화분도 많았었는데 다 처분했지뭐야. 그러니깐 예전에는 국화를 길러가지고 국화전시도 하고 했거든. 그랬는데 그때 전시한 게 맘에 들면 아주 기분이 좋은데 상당히 좋고 기쁘지. 그게 그니깐 봐주고 손질하고 그런데 하나가 꽃이 피면 아주 좋지. 뭐 말할 것도 없어. 하여튼 꽃이 잘 피면 좋아.

〈응답 예 6〉

면접자: 언제 기쁨을 많이 느끼세요?

성공 노인 21: 기쁜 거? 응 여름에 농장을 해가지고 어려운 학생들이나 노인들에게 나눠줄 때.

면접자: 아, 농작물 나눠줄 때 기쁘시다구요?

성공 노인 21: 아, 내가 젊었을 때 그렇게 못했으니깐. 여기 와가지고 내가 나이가 들었어도 근력이 있어서 내가 활동해서 참 내손으로 만든 것을 주니깐 기쁘지.

이 외에도 대인 관계 및 친구와 함께 할 때 기쁘다든지 늘 기쁘게 살아간다는 응답도 있었다. 노인들도 일상생활에서 충분히 기쁨을 경험하고 있으며 성공 집단의 응답을 분석해 볼 때 노년기에도 친밀한 가족 관계와 대인관계를 유지하고 자신이 할 수 있는 일을 하며 살아가는 것이 중요하다는 점을 확인할 수 있었다.

이와는 대조적으로, 비성공 집단의 경우(〈표 4-2〉 참조)에는 절반 이상이 기쁨을 느낄 일이 없다고 응답하였다.

〈표 4-2〉 비성공 집단의 기쁨 경험의 원인

기쁨 경험 원인	n	%
1. 기쁨을 느낄 일이 없다.	19	51.35
2. 가족(자식이나 손자들이 와서 기쁘게 해 줄 때)	15	40.54
3. 기타	3	8.11
전체	37	100

〈응답 예 7〉

면접자: 언제 기쁨을 많이 느끼세요?

비성공 노인 19: 없어. 물어보지마. 죽겠어. 힘들어서~. 그냥 그렇게 하루 하루 사는 거지 기쁨이 다 뭐야.

〈응답 예 8〉

면접자: 언제 기쁨을 많이 느끼세요?

비성공 노인 25: 기쁜 일이 뭐가 있어? 나 그런 거 몰라.

면접자: 사시면서 기쁜 일이 없으셨어요?

비성공 노인 25: 기쁠 때도 없었어. 내가 벌어먹고 사느라고 밤낮 눈물로 ~. 힘들어~. 힘이 많이 들어.

기쁨을 느낄 때가 있다고 응답한 경우, 대부분은 자녀나 손자 등 가족 때문에 기쁨을 경험한다고 응답했다. 특징적인 것은, 비성공 집단의 경우에는 현재 삶에서의 자녀로 인한 기쁨 보다는 과거에 현재보다 좀 더 좋았던 시기들을 회상하며 응답하는 경우가 많았다는 점이다. 현재 생활에서 기쁨을 찾아보기가 어렵다는 점을 간접적으로 나타내는 것으로 볼 수 있다.

〈응답 예 9〉

면접자: 언제 기쁨을 많이 느끼세요?

비성공 노인 8: 젊었을 때 애들 키울 때 그때 기분이 제일 좋았었지.

〈응답 예 10〉

면접자: 언제 기쁨을 많이 느끼세요?

비성공 노인 13: 우리 딸내미 키울 적에. 그때가 제일 기뻤어.

노년기는 인생의 다른 시기에 비해 시간적 여유가 상대적으로 많아지는 시기이다. 따라서 그 시간을 어떻게 보내느냐에 따라 노년기에도 기쁨을 많이 경험하며 즐겁게 살아갈 수 있는지의 여부가 달라진다. 성공 집단의 노인은 배우자, 자녀, 손자녀 등 가족을 통해 기쁨을 경험하기도 했지만 자신의 일을 통한 성취감이나 자신감이 기쁨의 경험을 증가시켜 주는 것으로 나타났다. 노년기에도 자신의 주변 사람들과 생활에서 기쁨을 경험하며 즐겁게 살아가는 성공 노인들의 모습은 현재의 삶에서 기쁨을 찾지 못하고 과거의 기쁜 경험을 되새김질 하는 비성공 노인들과 차이를 보인다. 이와 같은 결과는 성공 집단의 노인들이 노년기를 충분히 즐기며 자신의 존재감을 찾을 수 있도록 이들을 위한 다양한 사회적 활동 참여와 자신의 흥미 찾기에 주변의 지원이 있어야 한다는 것을 보여 준다.

2) 분노

분노는 자신의 목표가 성취되는 것을 방해 받거나 좌절되는 경우, 또는 자신의 권리가 침해당했다고 판단될 때 경험되는 대표적인 부적 정서이다. 선행 연구들에 의하면, 노인들은 젊은이들에 비해 부적 정서 중 섭섭함이나 속상함과 같이 각성 수준(arousal level)이 낮은 정서에 비해

〈표 4-3〉 성공 집단의 분노 경험

내용	n	%
1. 분노를 좀처럼 경험하지 않는다.	16	30.77
2. 자식/며느리 때문에	9	17.31
3. 배우자와의 불화	8	15.38
4. 사회적 상황(정치적·사회적 문제)	6	11.54
5. 대인관계(내 마음을 몰라줄 때)	6	11.54
6. 할 일이 없을 때, 해야 할 일을 하지 못할 때	7	13.46
전체	52	100

상대적으로 각성 수준이 높은 분노 경험을 적게 하는 것으로 알려져 있다. 분노를 젊은 시절보다 적게 경험하더라도 분노를 일단 경험하게 되면 심리적·신체적으로 과도한 에너지 소비를 유발하므로 노인들이 어떤 상황에서 분노를 경험하는지 알아보는 것은 중요한 과제다. 따라서 본 연구에서는 노인들이 분노를 경험하는 상황은 어떤 것이며, 성공 집단의 노인과 비성공 집단의 노인들의 분노 경험 원인은 어떠한 차이가 있는지 알아보았다.

그 결과, 성공 집단은 분노를 경험하지 않는다는 응답이 30.77%로 나타났다(〈표 4-3〉 참조). 화낼 일이 별로 없으며, 화를 내면 달라질 것도 없고 문제만 더 생길 수 있으므로 화를 내지 않는다는 응답이 많았다.

〈응답 예 11〉

면접자: 주로 언제 화가 많이 나세요?

성공 노인 7: 그런 거 없어. 몰라, 나는~. 모 일이 다 그쪽에 다 젊었을 적 얘기지~. 지금 난 뭐 화날 것도 하나도 없다고.

〈응답 예 12〉

면접자: 주로 언제 화가 많이 나세요?

성공 노인 13: 화난 적 없는데. 그런 거 없어.

면접자: 살면서 화나실 때가 없으세요?

성공 노인 13: 예. 없어요. 아 그저 화를 안내면 되는 거지 화낼 일이 뭐가 있어.

분노를 경험한다고 응답한 경우에는 자녀 때문에 분노를 경험한다고 17.31% 정도였다(**〈표 4-3〉** 참조). 자녀들의 경우에는 의견이 맞지 않아서 갈등이 생기는 경우, 부모의 의견을 존중해 주지 않을 때, 부모의 의견제시에 대해 자녀가 세대차 때문에 이해가 어렵다고 할 때 화가 난다고 응답했다. 자녀들이 출가했는데 부부사이가 좋지 않아 문제가 생기는 경우, 도움을 줄 수 없는 경우, 며느리와 갈등이 생기는 경우 화가 난다고 응답했다.

〈응답 예 13〉

면접자: 주로 언제 화가 많이 나세요?

성공 노인 24: 화가 날 때? 화가 날 때는 아들 장가보낼 때 며느리가 맘에 안 들더라고. 암튼 모든 것이 맘에 안 들더라고~.

면접자: 며느리 때문에 화가 나셨나봐요.

성공 노인 24: 나한테 너무 불만스럽게 하고, 너무나 맘에 안들어. 내가 뭐 기대한 것보다 너무 맘에 안들어. 우리세대하고 그 사람 세대하고 참 틀리더라고. 그래 그 차이점이 있으니까 그러지. 내가 말도 못하고 나 혼자 속썩고 고민하고 참고 그런 때가 많았어.

면접자: 요즘도 그러세요?

성공 노인 24: 지금은 인제 아주 의식이 돼서. 그러려니~. 살구. 그냥 무슨 일이 생기면 내가 큰소리 안 나게 다독거리고 하지~.

15.38%는 배우자 때문에 분노를 경험한다고 응답했다. 특히 부부간의 의사소통의 문제로 인해 화가 난다는 응답이 많았다.

〈응답 예 14〉

면접자: 주로 언제 화가 많이 나세요?

성공 노인 2: 마누라가 나를 몰라 줄 때. 부부간에 의견 충돌이 생겨서 의견이 정반대 됐을 적에 나로서는 뜯어 고칠 수 없는 상황인데 여자는 여자로서 자기 주관을 관철하려고 하고, 나는 또 나대로 내 생각대로 밀고 나가려다 보면 화가 나지~.

〈응답 예 15〉

면접자: 주로 언제 화가 많이 나세요?

성공 노인 31: 이제 부부간에 살다보면, 뜻이 안 맞는 때도 있지. 내가 뭘 하려고 하는데 그게 잘 안 될 때.

면접자: 어떤 부분 때문에?

성공 노인 31: 내가 뭘 하려고 할 적에 자꾸 잔소리를 하고 그러니까. 올바른 일을 하느라고 했는데 공없이 딴길 갈 땐 화나지.

특히 남자 노인들의 경우에는 사회적 상황에 대해 분노를 경험한다고 응답한 경우가 많았다. 현재 우리 사회의 문제점이나 시사적인 문제점을 제시하며 강한 분노를 표현하는 경우도 있었다.

〈응답 예 16〉

면접자: 주로 언제 화가 많이 나세요?

성공 노인 18: 인간이 인간답게 살지 못하는 걸 보면 제일 울화통이 터지지. 요새같이 저 ~ 바다이야기 때문에 국민이 다 바다에 빠져 죽게 생겼잖아. 이게 뭐야. 온당치 못한 세상이지.

〈응답 예 17〉

면접자: 주로 언제 화가 많이 나세요?

성공 노인 41: 쳐먹는 놈만 마냥 쳐먹고, 못먹는 놈은 만날 못먹는 거. 이런 거 정말 화가 나지.

그 외에 다른 사람하고 관계에서 자신의 마음을 몰라줄 때 야속하고 화가 난다고 응답했다. 또한 자신이 하려는 일이 뜻대로 잘 되지 않거나 할 일이 없는 경우도 화가 난다는 응답이 있었다. 노인들이라도 자신이 하는 일이 있고, 하는 일이 잘 되고 뜻대로 잘 풀려야 하는데 실제로 그렇지 못한 경우에 분노를 경험하는 것으로 나타났다. '할 일이 없는 것'에 대해서도 분노를 경험한다는 응답이 흥미로웠는데, 성공 집단의 노인들은 무엇인가 지속적인 자신의 일을 함으로써 존재감을 느끼고 원하는 목표를 성취해 나가는 과정에서 안정적으로 살아갈 수 있다는 것을 보여주는 결과였다.

〈응답 예 18〉

면접자: 주로 언제 화가 많이 나세요?

성공 노인 21: 일을 하다가 상대방이 이해를 못할 때. 이야기를 해도 상대방이 이해를 못하면 상당히 저 자신을 자책하게 됩니다. 순화를 시켜서 이야기를 해야 하는데, 공부를 많이 안 해서 그런가. 공연히 화가 납니다.

〈응답 예 19〉

면접자: 주로 언제 화가 많이 나세요?

성공 노인 46: 모든 것이 뜻대로 되지 않을 때 마음이 상해요.

면접자: 어떤 일 때문에요?

성공 노인 46: 우리가 농사짓는 거. 잘 안 되면 속상하지. 화가나.

〈표 4-4〉 비성공 집단의 분노 경험

비성공 집단-분노 경험 원인	n	%
1. 화날 때 없다.	8	21.62
2. 자식/며느리(끝도 없이 도와줘야 하는 일, 돈문제)	7	18.92
3. 신체적 불편	7	18.92
4. 배우자 불화/사망	6	16.21
5. 경제적 문제	3	8.10
6. 기타	6	16.21
전체	37	100

〈응답 예 20〉

면접자: 주로 언제 화가 많이 나세요?

성공 노인 28: 일이 잘 안 될 때. 일거리가 없다든지 하면 화가 나지.

앞에서 살펴본 성공 집단은 분노를 좀처럼 경험하지 않는다는 응답도 있었는데 그 경우, 화를 낼 일도 잘 없지만 화가 나도 스스로 기분을 조절하고 생각을 바꿈으로써 화를 내지 않으려고 한다는 응답이 많았다.

비성공 집단의 경우에도 분노를 경험하지 않는다는 응답이 21.62% 있었다(〈표 4-4〉 참조). 하지만 이 경우에는 성공 집단과 달리 자신의 기분을 이해하지 못하고 있거나 삶에 대한 포기 또는 체념으로 인해 분노를 경험하지 않는다고 응답하는 경우가 많았다.

〈응답 예 21〉

면접자: 주로 언제 화가 많이 나세요?

비성공 노인 12: 화나는 거 없어. 난 몰라. 그냥. 힘들어.

〈응답 예 22〉

면접자: 주로 언제 화가 많이 나세요?

비성공 노인 8: 그런 거 없어. 내나 그저 살다가 한 사나흘 그저 앓아서 얼른 죽어야 할 텐데. 그저 그 생각뿐이야. 아무 근심도 없고 뭐.

비성공 집단의 노인들은 자식이나 며느리 문제가 분노의 원인으로 나타났다. 비성공 집단의 경우 자식들이 제대로 자신의 역할을 하지 못하고 부모에게 경제적으로 의존하거나 항상 문제를 일으키는 경우가 많아 자식 문제로 인한 고민을 많이 이야기 했다.

〈응답 예 23〉

면접자: 주로 언제 화가 많이 나세요?

비성공 노인 16: 아들이 저 잘한다고 하지만 나는 좀 서운하지. 나는 주로 딸네 집에 와있거든.

면접자: 그게 화가 나세요?

비성공 노인 16: 딸네 집에 와 있응께 아들을 금지옥엽으로 키웠는데 내가 집에 못 있고 여기 와 있는 게 그게 한이 맺힌 거야.

〈응답 예 24〉

면접자: 주로 언제 화가 많이 나세요?

비성공 노인 23: 언제나면. 저, 내가 생각지 않은 일이 그런 일이~.

면접자: 그러니까 어떻게요? 좀 구체적으로~.

비성공 노인 23: 자식들 도와주잖어. 집 같은 거 사주면 그걸 뭐 다 그냥 없애버린단 말이야. 그게 화가나는 거지.

비성공 집단의 경우, 신체적으로 불편하거나 질병을 갖고 있는 경우가 많아서 이로 인해 여러 가지 활동의 제약을 받고 고통을 경험하는 것을 분노의 원인으로 이야기 하는 경우가 있었다.

〈응답 예 25〉

면접자: 주로 언제 화가 많이 나세요?

비성공 노인 27: 내 마음대로 몸을 못가누니까~.

〈응답 예 26〉

면접자: 주로 언제 화가 많이 나세요?

비성공 노인 19: 변소 가고 싶을 때 맘대로 못 먹고, 변소 갈라 그러면 계단 몇 개나 넘어가야 하는데~. 여기다 싸고 가고 그러기 주책스럽잖아.

배우자와의 불화는 할머니들의 경우에는 할아버지의 술주정이나 반복되는 문제 때문에 화가 난다는 응답이 있었고 대부분 서로 자신의 주장만 하는 것이 화가 난다는 응답이었다. 할아버지가 일찍 돌아가신 경우에는 할머니 혼자 모든 것을 책임지고 너무 고생스럽게 살아온 것이 억울하고 화가 난다는 응답이었다.

〈응답 예 27〉

면접자: 주로 언제 화가 많이 나세요?

비성공 노인 30: 우리 할아버지가 술잡숫고 되풀이 할 적에

면접자: 어떤 점 때문에 그렇게 화가 나시는 거에요?

비성공 노인 30: 왜 화가 나냐면, 술만 많이 먹으면 헌소리 하고, 또하고~.

〈응답 예 28〉

면접자: 주로 언제 화가 많이 나세요?

비성공 노인 8: 할멈이 하자는 대로 안하넌 화가 나지. 만날 말을 해도 못알아 먹고~.

이외에 경제적 문제로 인해서 하고 싶은 일들을 하지 못하고 항상 힘들게 사는 것에 대한 분노를 표현하는 경우가 있었다. 아무리 노력해

도 나아지지 않는 상황에 대한 한탄과 분노가 섞여서 나타났다.

〈응답 예 29〉

면접자: 주로 언제 화가 많이 나세요?

비성공 노인 33: 언제 화가 나나면, 가만히 생각해 보면요. 나를 속이고, 금전적으로 도와준거 다 가지고 도망가버렸어. 그거 인제 내가 너무 힘들잖아요. 살기가 어려우니까. 그리고 아프니까 너무 화가나.

배우자, 자녀는 우리가 살아가는데 기쁨의 원천이 되기도 하지만 그렇기 때문에 원하는 만큼 친밀한 관계가 이루어지지 않으면 분노의 근원이 되기도 한다. 성공 집단과 비성공 집단 모두 자녀가 부모의 뜻을 거스르고 배우자가 자신의 뜻을 알아주지 못하면 화가 나고 속상하다는 응답이 많았다. 또한 성공 집단은 비성공 집단에 비해 신체적 불편이나 사회경제적 어려움으로 인한 분노 경험은 상대적으로 적게 하는 것으로 나타났고 오히려 자신이 하고 있는 일이 잘 안 되거나 할 일이 없을 때 분노를 경험하는 것으로 나타났다.

노년기에 분노 경험을 줄이기 위해서는 부부간, 세대 간 의사소통이 매우 중요하다는 점을 확인할 수 있었다. 특히 자식과 며느리 간의 불화의 근원을 세대차이로 생각하는 노인들이 많았는데 이러한 차이를 좁히기 위한 노력이 자녀 세대나 부모 세대 모두에게 필요한 것으로 보인다. 또한 노부부끼리만 살아가는 세대가 많아지면서 부부간의 의사소통의 중요성은 더욱 커지는 것으로 보인다. 인생의 황혼기를 함께 살아가는 동반자와 여생을 함께 행복하게 살아가기 위해서는 서로에 대한 배려와 이해가 필요할 것으로 보인다.

3) 불안

일상생활에서 우리는 갖가지 불안을 경험한다. 우리가 살고 있는 집에서 가스나 전기누전으로 인한 화재가 발생할 수도 있고 차를 타고 가다 교통사고가 날 수도 있다. 어느 날 갑자기 병에 걸려 쓰러질 수도 있고 내 가족 중 누군가 다치거나 죽을 수도 있다. 이러한 반갑지 않은 일들은 예고를 하고 찾아오는 것이 아니므로 우리는 크고 작은 불안을 안고 살아간다. 노인의 경우에는 젊은 시절에 비해 신체적·심리적 에너지가 저하되고 순발력이나 탄력성이 떨어져 급작스럽게 닥치는 문제 상황에서 빠르게 벗어나는 것이 어렵게 된다. 노인들은 젊은이들에 비해 불안을 더 자주 경험할 것이라 생각하여 노인들에게 어떤 상황에서 불안을 경험하는지 알아보았다. 하지만 예상과 달리 성공 노인의 경우에는 불안을 거의 느끼지 않는다는 응답이 70% 이상 차지했다.

〈응답 예 30〉

면접자: 불안할 때가 있으신가요? 언제 불안을 많이 느끼세요?

성공 노인 5: 난 불안해하지 않아요. 왜냐면 그냥그냥 편안히 살다가 가면 그만이다. 이런 생각이지 안타깝게 그걸 보채거나 그러지 않아요.

일부 불안을 느끼는 성공 집단 노인들의 경우, 몸이 아프거나 갑자기 준비 없이 죽게 되는 것에 대한 불안을 이야기 했다.

비성공 집단의 경우에는 성공 집단에 비해 불안을 느끼는 경우가 더 많고 다양했다. 특히 몸이 아픈 경우 불안을 많이 느끼고 경제적 어려움에 대한 불안이 큰 것으로 나타났다.

〈응답 예 31〉

면접자: 불안할 때가 있으신가요? 언제 불안을 많이 느끼세요?

비성공 노인 19: 사람들이 10시쯤 되면 많이 왔다갔다 해요. 그때 이제 내가 한쪽을 못쓰니까 거기서 좀 불안감을 느끼지.

〈응답 예 32〉

면접자: 불안할 때가 있으신가요? 언제 불안을 많이 느끼세요?

성공 노인 22: 혼자 있으면 항상 불안해. 왜냐하면, 내가 마음대로 움직이질 못하잖아. 옷도 마음대로 못 입고 그러기 때문에 만약에 여기서 불이 났다거나 그러면 내가 어떻게 하나 그런 생각을 하지요.

〈응답 예 33〉

면접자: 불안할 때가 있으신가요? 언제 불안을 많이 느끼세요?

성공 노인 35: 자꾸 나이가 먹어가니까 날 돌봐줄 사람도 없고 몸이 건강한 것도 아니고 이제 아프면 죽어서 내가 어떻게 죽든 신고할 사람도 없으니~. 그런 게 좀 불안하고 항상 이게 뭐 몸이 뭐 이 정도라도 해가면 괜찮겠지만 이전보다 못하믄 돌봐줄 사람도 없으니~.

전반적으로 성공 집단의 노인들은 일상에서 불안을 적게 느끼고 있었으며 노인들은 청년들에 비해 불안을 많이 느낄 것이라는 예상은 비성공 집단에만 해당되었다. 비성공 집단은 신체적·경제적 불안이 많고 성공 집단에 비해 혼자 생활하는 경우가 많아 일상에서 일어나는 여러 가지 일에 있어서 불안을 많이 경험하는 것으로 나타났다.

노인들이 일상에서 기쁨, 분노, 불안 등의 정서를 얼마나 경험하고 어떤 상황에서 경험하는지 알아본 결과, 성공 집단의 노인들은 비성공 집단의 노인들에 비해 기쁨을 더 많이 경험하고 분노나 불안은 상대적으로 덜 경험하는 것으로 나타났다. 단순히 빈도를 비교하는 것에 비해 내용 분석을 실시한 결과 노인들이 경험하는 정서의 원인들을 구체적으로 더 잘 알 수 있었으며 성공 집단과 비성공 집단의 차이를 확인할 수 있었다.

3. 정서 대처 방식의 차이: 성공 집단 vs 비성공 집단 내용 분석

일상생활에서 좋지 않은 일이 생기거나 기분이 상했을 때 건강하고 효과적으로 대처하는 방법은 어떤 것이 있을까? 많은 학자들이 건설적인 대처 방식을 제안하고 있지만 노년기는 다른 연령 집단과 달리 노년기에 특별히 적합한 대처 방식이 있다. 청년기에는 문제 상황을 피하거나 상황을 바꾸기보다는 자신의 생각을 바꾸는 간접적인 대처를 자주 사용하는 것은 적응에 부정적인 영향을 주게 된다. 문제를 직면해서 핵심을 파악하고 이를 해결하기 위한 구체적인 노력을 하는 것이 건강한 대처로 알려져 있다. 하지만 노년기에 가장 중요한 목표는 제한된 신체적 심리적 에너지를 과도하게 소비하지 않으면서 정서적 동요를 막는 것이므로 청년기에는 적응에 부적합한 대처로 인식되는 억제(흥분을 잠시 가라앉히고 즉각적인 반응을 삼가함)나 회피가 노년기에는 오히려 적응적인 것으로 확인되었다. 하지만 상황에 대한 이해나 능동적인 대처양식의 적용이 없이 수동적으로 감정을 부정하거나 억제하고 타인에게 의존하는 수동적인 대처 양식은 모든 연령 집단에서 적응에 부정적인 것으로 나타났다(유경·민경환, 2005a, 2005b).

위와 같은 연구들은 대개 정서 대처 질문지를 제시하고 어떠한 대처양식을 자주 사용하는지 자기보고식 방법으로 노인들이 사용하는 정서 대처양식을 측정하게 된다. 하지만, 본 연구에서는 노인들이 어떠한 정서 대처 방법을 사용하는지 개방형 질문을 제시하고 이에 대해 노인들이 자신의 언어로 응답한 내용을 분석하였다.

성공 집단의 경우, 기분이 좋지 않거나 나쁠 경우에 어떻게 대처하는가에 대해 대부분 '참는다'는 응답이 전체 59.6%로 나타났다. 참는 이유에 대해서는 각기 다른 설명이 있었는데, '화를 내면 손해이므로 참는

〈표 4-5〉 성공 집단의 부정적 정서경험에 대한 대처방식

내용	n	%
I. 참는다		
1. 화를 내면 나만 손해니까 참는다.	13	25.00
2. 인지적 재해석(상대방 입장 고려, 긍정적 재해석)	13	25.00
3. 화를 내도 소용없으니 체념한다.	2	3.84
4. 기도를 통해 마음을 정리한다	3	5.76
II. 주의를 다른 곳으로 돌린다.		
1. 다른 일을 한다: 운동, 등산, 산책, 낚시 등	11	21.15
2. 술을 마신다	3	5.76
III. 기분 나쁜 것을 표현한다.	4	7.69
IV. 기타	3	5.76
전체	52	100

다'가 25%이고, 상대방 입장에서 다시 생각해 보고 이해해 주려고 하며 긍정적인 재해석을 하는 경우가 25%였다. 화를 내도 소용없고, 기도로 마음을 달랜다는 응답도 있었다(〈표 4-5〉 참조).

성공 집단은 전반적으로 화가 나도 스스로 마음을 삭이고 정리하는 내용이 많았고, 각자 상황에 대한 재해석을 통해 마음을 다스리는 것으로 나타났다. 이러한 방법은 과도한 심리적 동요를 막고 평정감을 유지하는 데 도움을 줄 수 있으며 노인의 한계를 인정한 수동적 특성이 아니라 자신의 에너지를 능동적이며 효과적으로 사용하기 위한 자기-보호적 대처방법이라 볼 수 있다.

〈응답 예 34〉

면접자: 기분 좋지 않은 일이 생기면 어떻게 하세요?

성공 노인 11: 참지요.

면접자: 왜 참으세요?

성공 노인 11: 내가 참으면 싸울 필요가 없는 거에요. 왜냐 사람마다 각기 개성과 수준이 있잖아요. 내가 아무리 옳다고 해도 옳은 거는 내의견이고, 뭐 날 위해서 하는 거는 자기 나름대로 자기 세계가 있는 것인데, 그 상대로 그게 떨어진다고 내가 마음대로 버릇을 고칠 수도 없는 것이고~. 참고 좋게, 마음 상하지 않게 하는 거지.

면접자: 마음 상하지 않게요? 어떻게요?

성공 노인 11: 상대방 마음에 상처를 주지 않게 내가 참는 거예요.

〈응답 예 35〉

면접자: 기분 좋지 않은 일이 생기면 어떻게 하세요?

성공 노인 16: 참지요. 뭐 화풀이 할 사람이 누가 있어? 참는 거지~.

면접자: 화나거나 속상한 일이 있으면 어떻게 하세요?

성공 노인 16: 우리 집에서는 다 인정 다 하거든. 그것도 세월이 가면서 소위 그 감각적 경험이라는 것은 그것이 기분 나쁜 일이냐 아니냐는 것은 상황 따라 다른 거지. 스트레스를 받는 다는 것은 내가 스트레스로 스트레스를 만든다는 얘기와 통하고, 그래서 말을 좀 안하고 있다가 그냥 풀어지는 그런 식으로 되는 거지. 스트레스는 꼭 남이 주는 게 아니라 받아들이는 사람이 만드는 것일 수도 있지. 구태여 나쁜 쪽으로 생각해가지구 그럴 필요가 있는가 생각을 하게 되더라구.

또한 마음을 달래기 위한 방법으로 운동을 하거나 등산, 산책, 낚시 등 구체적인 활동을 한다는 응답이 21.15%였다. 기분이 상했다는 것을 당사자에게 직접적으로 표현한다는 응답도 7.59%로 나타났다.

〈응답 예 36〉

면접자: 기분 좋지 않은 일이 생기면 어떻게 하세요?

성공 노인 26: 아 뭐 돌아댕기면서 풀지. 나가 돌아댕겨요.

면접자: 왜 그렇게 하세요? 밖에서 나가 돌아 댕기면 풀리셔요?

성공 노인 26: 예. 집에 들어 앉아 있으면 안 되지요. 돌아댕기면서 풀어야 해.

〈응답 예 37〉

면접자: 기분 좋지 않은 일이 생기면 어떻게 하세요?

성공 노인 49: 들에 한 바꾸. 돌아 댕기는 게.

면접자: 산책을 가시는 거에요?

성공 노인 49: 예.

면접자: 왜 그렇게 하세요?

성공 노인 49: 바람 쐬는 게 좋은 거죠.

면접자: 왜 좋아요?

성공 노인 49: 바람 쐬면 마음이 시원한 게 후련하지.

비성공 집단은 부정적 정서를 경험하면, 아무 것도 할 수 없고 그저 가만히 있는다는 응답이 29.72%로 나타났다(**〈표 4-6〉** 참조). 또한 자

〈표 4-6〉 비성공 집단의 부정적 정서경험에 대한 대처방식

내용	n	%
I. 화를 내도 소용없으니 체념한다.	8	21.62
II. 주의를 다른 곳으로 돌린다.		
무작정 집을 나가 돌아다닌다.	10	27.03
자거나, 담배, 술, TV	6	16.22
종교에 의지(무조건 의존)	2	5.41
III. 아무것도 할 수 없다.	11	29.72
전체	37	100

신이 어떻게 한들 해결될 일이 아니므로 체념하고 그냥 참는 다는 응답도 21.62%였다. 자신의 기분의 변화를 위해 적극적으로 노력하기보다는 수동적이고 무기력한 모습을 나타냈다. 성공 집단과 동일하게 '참는다'는 응답이 있었으나, 비성공 집단은 성공 집단에 비해 수동적이고 의존적이며 무력한 모습을 많이 보였다.

불편한 상황을 피하기 위해 주의를 다른 곳으로 돌리는 경우에도 성공 집단은 실제로 주의를 돌리는 활동(예: 등산, 산책 등)이 구체적으로 제시했으나 비성공 집단의 경우에는 무작정 집을 나가 돌아다니거나 자고, 담배 피고 술을 마시고, 또는 아무 생각 없이 TV를 보는 '발산(venting)'방식을 많이 취하는 것으로 확인되었다. 기도를 하는 경우에도 성공 집단은 기분의 조절을 위한 방식으로 기도를 적용하지만, 비성공 집단은 기도나 종교가 문제를 해결해 줄 것이라는 의존적인 기대를 가지고 종교적 행동을 하는 것으로 나타났다.

〈응답 예 38〉

면접자: 기분 좋지 않은 일이 생기면 어떻게 하세요?

비성공 노인 25: 그냥 뭐 앉아서 울지.

〈응답 예 39〉

면접자: 기분 좋지 않은 일이 생기면 어떻게 하세요?

비성공 노인 30: 그냥 가만히 있던지 바깥을 확 나갔다 들어오던지 그러지.

면접자: 그럼 밭에 나가서는 마실 갔다 오세요? 누구네 집에 가서 놀고 오세요?

비성공 노인 30: 그냥 바람 쐬고 들어오죠. 어디 가서 수다 떨 줄도 몰라. 내가 생긴 게 그렇게 생겨 먹었어.

〈응답 예 40〉

면접자: 기분 좋지 않은 일이 생기면 어떻게 하세요?

비성공 노인 16: 어떻게 해? 가만히 앉아 있지.

면접자: 가만히 앉아계세요? 왜 그냥 가만히 앉아 계세요?

비성공 노인 16: 그럼 뭐라고 한담? 하기 싫어서 할 것도 없슈. 나는 이렇게 가만히 앉아 있지.

성공 집단 노인들은 자신의 기분의 동요를 막고 평정감을 유지하기 위해 불편한 기분에서 벗어나기 위한 적극적인 노력을 기울이며 참는 경우에도 상황의 긍정적인 부분에 집중하거나 다른 사람의 입장을 생각하는 등 인지적 재평가를 통해 대처하는 것으로 나타났다. 하지만 심리적 자원이 부족하고 자존감이 상대적으로 낮은 비성공 집단의 노인들은 문제 해결에 대한 기대가 없고 무력감으로 인해 자신의 기분을 조절하기보다는 포기하고 체념해 버리는 방법을 취하는 것으로 나타났다.

또한 불편한 상황에서 벗어나기 위해 주의를 돌리는 방법을 사용하는 경우에도 성공 집단은 산책이나 등산 등의 구체적인 활동을 통해 마음의 안정을 취하려고 하지만 비성공 집단의 경우는 구체적인 목표나 활동 없이 그 상황을 피하는 방식을 나타냈다. 마음을 달래기 위해 종교 활동을 하는 경우에도 무조건 신에게 의지하고 해결해 주기를 바라는 마음을 드러냈으나 성공 집단의 경우에는 불편한 마음을 조절하는 방식으로 기도나 명상을 사용하여 종교를 통해 마음을 조절하지만, 보다 능동적이고 적극적인 방식을 취하는 것으로 밝혀졌다.

성공 집단과 비성공 집단의 정서 대처 방식을 비교한 결과, 동일한 대처방식을 사용하더라도 그 목적이나 의도에 차이가 있다는 것을 확인했다. 앞에서 살펴본 바와 같이 스스로 불편한 기분에서 벗어나기 위해 능동적으로 생각을 바꾸며 참는 것과 달리 할 수 있는 일이 없어서 참을 수밖에 없는 것은 상당히 다른 결과를 가져온다. 노년기에 나타나는 신체적 심리적 변화로 인해 경험하게 되는 여러 가지 부정적인 사건들을 능동적으로 대처하여 자신의 기분을 적극적으로 조절하는 성공 집단은 노년기에도 젊은 시절과 마찬가지로 주관적 안녕감을 유지하며 행복하게 잘 살아갈 수 있지만 자신의 기분조차 스스로 조절할 여력을 갖지 못하는 비성공 집단의 경우에는 노년기의 행복을 유지하는 것이 어려울 것이다. 이와 같이 부정적인 사건으로 인해 경험하는 불편한 기분에서 스스로 벗어날 수 있는 대처양식들을 가지고 적절히 적용하는 경우에는 신체적 노화로 인해 활동이 제한되는 노년기에도 자신의 행복을 유지할 수 있을 것이므로 행복한 노년을 보내기 위해서는 자신에게 적합하고 효과적인 정서 대처 양식을 찾아서 적용할 수 있어야 할 것이다.

4. 요약 및 결론

노인들의 삶에서 정서가 차지하는 비중은 젊은 시절에 비해 더 크다. 개인적으로나 사회적으로 다양한 과업(task)을 실행해야 하는 청년과 중년 시절에는 자신의 기분을 살피기보다는 성취 지향적으로 행동해야 하므로 자신의 주관적 안녕감이나 만족에 대해 주의를 두기 어렵다. 하지만 노년기에는 시간적인 여유가 많고 의무적으로 해야 하는 일들이 적기 때문에 행복하고 즐거운 기분을 유지하는 것이 매우 중요한 목표가 된다. 수명이 늘어나 상대적으로 노년기가 길어지고 있고, 연장된 노년기 동안 행복하게 지내기 위해서는 무엇보다도 노인 자신의 정서적 삶에 대한 관심이 필요하다. 즉, 스스로의 기분을 잘 조절하여 과도한 심리적 동요를 막고 평정감을 유지하는 것이 매우 중요해진다.

본 연구에서는 노인들이 실생활에서 어떤 상황에서 기쁨, 분노, 그리고 불안을 경험하는지 알아보았고 기분이 좋지 않을 때 어떤 방식으로 부적 정서에 대처하는 지 개방형 질문에 대한 노인들의 실제 응답을 내용분석 하였다. 특히 성공 집단과 비성공 집단을 구분하여 각 집단을 비교하여 분석한 결과, 흥미로운 사실을 확인할 수 있었다.

성공 집단의 노인들은 자녀와 배우자 등 가족과 함께할 때, 자신이 하고 싶은 일을 하면서 성취감을 느낄 때 기쁨을 경험한다고 보고했으며, 분노나 불안은 상대적으로 덜 경험하는 것으로 나타났다. 가까운 가족이나 배우자와 의견 충돌이 있거나 갈등이 있는 경우에 분노를 경험하며, 불안은 거의 경험하지 않는 것으로 나타났다. 이에 비해 비성공 집단 노인들은 기쁨을 거의 경험하지 않는다는 응답이 많았으며 분노나 불안은 자주 경험하는 것으로 나타났다. 성공 집단과 비교하여 기쁨을 경험하는 예는 한정적이었으나 분노와 불안을 경험하는 상황은 상대적으로 더 다양했다. 특히 신체적 제한과 경제적 어려움으로 인한 분노와 불안이 많았다.

정서 대처의 경우 노인들은 '참는다'는 응답이 많았지만 그 이유는 성공 집단과 비성공 집단이 매우 달랐다. 성공 집단은 상대방의 입장을 배려하거나 상황을 악화시키는 것이 비합리적인 생각이라는 판단 하에 참는 것이지만 비성공 집단은 달리 할 수 있는 일이 없어 참는 것이었다. 불편한 상황을 피하기 위해 주의를 돌리는 방법도 동일한 방법을 두 집단 모두 사용하는 것으로 나타났으나 성공 집단은 구체적인 활동을 언급했고, 비성공 집단은 무작정 상황을 피하는 방법을 사용하는 것으로 나타났다.

앞의 결과를 종합해 볼 때, 성공 집단은 노년기에 노화로 인한 심리적·신체적 변화에도 불구하고 젊은이 못지않게 적극적으로 살아가는 모습을 확인할 수 있었고, 사람들이 대개 노인에 대해 가지고 있는 무기력하고 우울한 이미지는 찾아보기 어려웠다.

성공 집단의 노인들의 정서적 특성을 살펴본 결과, 성공적으로 행복하고 여유로운 노년기를 보내기 위해서는 자신과 가까운 사람들과 원만하게 지내며 하고 싶은 일을 찾아 꾸준히 노력하는 것이 중요하다는 것을 알 수 있었다. 특히 이런 활동을 통해 일상생활에서 기쁨을 자주 경험하게 되면 행복하고 편안한 노년을 보내는 데 도움이 될 것이다. 또한 좋지 않은 일이 생겨서 마음이 불편할 때 자신의 기분을 달랠 수 있는 효과적인 대처방법을 갖고 있는 것이 중요하다. 다양한 대처방법을 가지고 상황에 맞는 방법을 적용하게 되면 일상에서 경험하는 스트레스의 부정적 효과를 줄이고 행복한 노년기를 보낼 수 있을 것이다.

본 연구 결과를 바탕으로 행복하고 성공적인 노년을 위한 제안을 해보면 다음과 같다. 첫째, 자기-방어적 대처를 사용할 필요가 있다. 노년기에는 해결할 수 없는 문제에 과도한 심리적·신체적 에너지를 낭비하거나 되돌릴 수 없는 과거의 일에 집착하여 후회하는 것은 가장 삼가야 할 일이다. 따라서 심리적 부담을 주거나 불편한 상황을 유발시키는 사람과의 만남은 줄이고 갈등으로 인해 심리적 동요가 유발되었을 경우에는 평정감을 되찾기 위한 노력을 기울여야 한다. 상대방의 입장에서 생각을 하거나 상황의 긍정적인 면에 초점을 둠으로써 자신의 생각을 변화시키는 방법도 효과적이며 잠시 갈등상황을 피해서 안정을 취하고 문제해결의 대안을 생각할 여유를 갖는 것도 효과적이다. 마음의 불편함을 덜기 위해 노래를 부르거나 친구와 수다를 떠는 것도 효과적일 수 있다. 이러한 활동을 통해 에너지를 최대한 보존하면서 마음의 동요를 안정시킬 수 있을 것이다.

둘째, 진정한 의사소통을 위한 노력이 필요하다. 노인들의 기쁨과 분노의 원천은 역시 가장 가까운 가족이다. 부모자녀 간의 의사소통은 물론이고 부모와 자녀 사이의 의사소통이 원만하지 못한 경우 가장 속상하고 화가 날 수 있다. 사회가 고령화될수록 노부부만 사는 가정이 점점 더 많아질 전망이므로 부부간의 원활한 의사소통은 매우 중요한 이슈가 된다. 또한 부모 자녀 간의 의사소통이 잘 이루어지면 가정 내 갈등이 현저히 줄어들 것이며 나이든 자녀 때문에 부모가 걱정을 해야 하는 상황도 감소할 것으로 보인다. 따라서 부부간, 세대 간 의사소통을 도울 수 있는 여러 가지 프로그램이 개발 및 실행되어야 한다.

셋째, 자신의 욕구에 대한 관심이 필요하다. 노인 세대는 자신이 원하는 것을 찾아서 할 수 있었던 환경에서 자라지 못했다. 자신의 욕구보다는 의무로 주어진 역할에 충실해야 했고 먹고 살기에 바빴던 터라 자신이 원하는 것이 무엇인지 살펴볼 틈도 없이 앞만 보고 달려왔다. 이러한 세대가 노년기에 접어들게 되면 무엇을 해야 할지 모르고 당황하게 된다. 자신이 원하는 것이 무엇인지 생각해 본 적이 없으므로 실제로 능력이 없어서 일을 하지 못하는 것이 아니라 무슨 일을 해야 할지 몰라 어려움을 겪게 되는 경우가 많다. 따라서 성공적인 노년기를 보내기 위해서는 성인 초기 또는 중기부터 노년기에 자신이 해야 할 일, 하고 싶은 일들을 찾아 계획하고 실천할 수 있도록 노력해야 한다. 자신이 원하는 일을 찾아서 하고, 그로 인해 기쁨을 느끼게 될 때 진정으로 행복하고 즐거운 노년을 보낼 수 있을 것이다.

노년기 준비는 경제적 여유로움, 신체적 건강만 필요한 것이 아니다. 정서적 삶의 질을 높이기 위한 노력과 준비가 더해져야 비로소 보다 성공적인 노년기를 보낼 수 있을 것이다. 이를 위해 정서적 삶의 질에 대한 관심을 높이고 이를 향상시키기 위한 체계적이고 지속적인 노력이 더해져야 할 것으로 보인다.

참고문헌

민경환, 유경, 김민희(2004). 노년기 정서적 삶의 특성. **한국발달심리학회 2004추계 심포지움 자료집**(풍요로운 노년기 삶을 위하여-노년기 발달적 변화와 적응), 71-97.

유경, 민경환(2003). 노년기 정서 경험과 적응의 특성: 정서최적화. **한국심리학회지: 일반**, 22(2), 81-97.

유경, 민경환(2005a). 연령 증가에 따른 정서최적화 특성의 변화: 정서 경험과 사회적 목표 중심으로. **한국노년학**, 25(2), 211-227.

유경, 민경환(2005b). 정서대처양식과 정서인식이 장노년기 주관적 안녕감에 미치는 영향. **한국심리학회지: 사회 및 성격**, 19(4), 1-18.

Brandtstädter, J. (1986). Personal and socail control over development: Some implications of an action perspective in life-span developmnetal psychology. In P. B. Baltes & O. G. Brim, Jr. (Eds), *Life-span development and behavior* (Vol, pp. 1-32). NY: Academic Press.

Brandtstädter, J., & Rothermund, K. (2002a). International self-development: Exploring the interfaces between development, intentionality, and the self. In L. J. Crokett (Ed.). *Nebraska Symposium on Motivation: Vol. 48. Agency, motivation, and the life course* (pp. 31-75). Lincoln: University of Nebraska Press.

Brandtstädter, J., & Rothermund, K. (2002b). The life-course dynamics of goal adjustment: A two-process framework. *Developmental Review, 22*, 117-150.

Brandstädter, J., Wentura, D., & Greve, W. (1993). Adaptive resources of the aging self: Outlines of an emergent perspective. *International Journal of Behavioral Development, 16*, 323-349.

Carstensen, L. L. (1999). A life-span approach to social motivation. In J. Heckhausen & C. Dweck (Eds.), *Motivation and self regulation across the life-span* (pp. 341-364). Cambridge, England: Cambridge University Press.

Carstensen, L. L., Isaacowitz, D. M., & Charles, S. T. (1999). Taking time seriously: A theory of socioemotional selectivity. *American Psychologist, 54*, 165-181.

Carstensen, L., Pasupathi, M., Mayr, U., & Nesselroade, J. (2000). Emotional experience in everyday life across the life span. *Journal of Personality and Social Psychology, 79*(4), 644-655.

Diehl, M., Cole, N., & Labouvie-Vief, G. (1996). Age and sex differences in strategies of coping and defense across the life span. *Psychology and Aging, 11*, 127-139

Diener, E., & Diener, C. (1996). Most people are happy. *Psychological Science, 7*, 181-185.

Gross, J. J., Carstensen, L. L., Pasupathi, M., Tsai, J., Skorpen, C. G., & Hsu, A. Y. C. (1997). Emotion and aging: Experience, expression, and control. *Psychology and Aging, 12*(4), 590-599.

Heckhausen, J. (1997), Developmental regulation across adulthood: Primary and secondary control of age-related challenges. *Developmental Psychology, 33*, 176-187.

Herzog, A. R., Rodgers, W. L., & Woodworth, J. (1982). *Subjective well-being among different age groups* (Research Report Series). Ann Arbor: University of Michigan, Institute for Social Research.

Lang, F. R., & Carstensen, L. L. (2002). Time counts: Future time perspective, goals and social relationships. *Psychology and Aging, 17*, 125-139.

Lawton, M. P. (1975). The Philadelphia Geriatrics Center for Morale Scale: A Revision. *Journal of Gerontology, 38*, 181-189.

Lawton, M P., Kleban, M. H., Rajagopal, D., & Dean, J. (1992). The demensions of affective experience in three age groups. *Psychology and Aging, 7*, 171-184.

Lawton, M. P., Van Haitsma, K., & Klapper, J. (1996). Observed affect in nursing home residents with Alzheimer's disease. *Journal of Gerontology, Psychological Sciences, 51B*, 3-14.

McConatha, T. J., & Huba, H. M. (1999). Primary, secondary, and emotional control across adulthood. *Current Psychology: Developmental, Learning, Personality, Social, 18*, 164-170.

Schulz, R., & Heckhausen, J. (1996). A life span model of successful aging. *American Psychologist, 51*, 702-714.

제 5 장

노인의 일상생활과 성공적 노화

유 경
(한림대학교 심리학과)

1. 노인의 일상생활에 대한 이해

Rowe와 Kahn(1998)에 의하면 성공적인 노화란 '늙지 않는 것'이 아니라 '잘 늙는 것'을 의미한다. 우리가 보통 어떠한 일에 성공하기 위해 계획을 세우고 노력하는 것과 마찬가지로 성공적인 노년을 위해서는 미리 노년기에 대한 계획을 세우고 해야 할 일들이 무엇인지 준비하여 인생의 후반을 기쁘고 건강하게 그리고 행복하게 보낼 수 있도록 노력해야 한다. 이것이 바로 성공적 노화이며 이는 개인의 준비와 노력 여하에 따라 달라질 수 있는 문제다.

최근 우리 사회에서는 전 세계적으로 유래를 찾아볼 수 없을 만큼 빠르게 고령 사회가 되어가는 현실 앞에서 노년기의 삶에 대한 관심이 높아지고 있다. 노년기에 신체적·심리적·사회적으로 건강하고 행복하게 잘 지내고 싶은 마음은 누구나 갖고 있는 소망이다. 따라서 어떻게 해야 성공적이며 행복한 노년기를 보낼 수 있을 것인가에 대한 연구가 많이 이루어지고 있다.

노년기에도 남은 생애 동안 담당해야 할 역할이 있는데, 이는 체력 및 건강 쇠퇴에 대한 적응, 퇴직과 경제적 수입 감소에 대한 적응, 배우자의 죽음에 대한 적응, 동년배 사람들과의 친밀한 관계 유지, 사회적 및 시민의 의무를 다하고, 생활에 적합한 물리적 생활환경을 조성하는 것이다(Havighurst, 1961). 노년기에 이러한 역할을 잘 할 경우에는 과거와 현재를 포함한 자신의 인생 전체를 긍정적으로 수용할 수 있는 능력이 형성되므로 이와 같은 통합능력을 가진 사람은 성숙함을 보이고, 자아실현을 계속하며, 죽음도 수용할 수 있지만 통합 능력이 결여되면 후회, 원망, 절망감이 높아질 수 있다(최정신, 1999).

성공적 노년과 비성공적 노년을 구분하는 가장 큰 지표는 신체적 건강이다. 건강하게 일상생활을 영위할 수 있다는 것은 다른 사람에게 의존하지 않고 독립적인 생활이 가능하다는 것이다. 적극적인 사회적 활동에 참여하여 다른 사람들과 친밀한 관계를 유지하는 것은 노년기 삶의 만족을 높여 준다. 은퇴 후 재취업은 적극적인 사회적 활동을 할 수 있게 해 주므로 고립감을 느끼지 않고 무엇인가 일을 하고 있다는 것이 노인에게 존재감을 줄 수 있어 노인의 삶에 매우 긍정적인 영향을 준다. 지역사회의 교육이나 복지프로그램에 참여하는 과정에서도 소속감과 사회적 통합감을 경험하게 되며(Thoits, 1995), 직장생활 및 지역사회의 적극적인 활동뿐만 아니라 종교생활은 성공적 노화에서 중요한 요소로 간주될 수 있다(손용진, 2007; 홍현방, 2002; Crowther, Parker, Achenbaum, Larimore, & Koenig, 2002).

노인의 일상생활에 대한 연구는 주로 노인의 **일상생활 행동**(Activity

of Daily Living; ADL)이라 하여 각 개인이 매일의 일상생활을 유지하는 데 절대적으로 필요한 동작으로서, 식사, 이 닦기, 머리감기, 목욕, 활동 및 일하기, 수면, 대소변보기, 옷 입기 등 간단한 동작과 복잡한 동작을 포함하여 노인의 기본적인 일상생활 능력을 평가하는 데 초점을 두고 이루어졌다. 하지만, 일상생활에 저해를 받을 정도의 질병으로 시달리는 노인들 외에 스스로 자신의 생활을 알아서 건강하게 잘 꾸려가는 노인들도 많기 때문에 일상생활의 개념을 가능/불가능으로 구분해서 보는 것은 한계가 있다. 따라서 본 연구에서 사용하는 '일상생활'의 개념은 기본적인 생활 능력을 평가하는 개념이 아니라 실제로 삶을 살아가면서 건강한 노인들이 어떤 일들을 하며 여가를 보내고 무엇을 목표로 갖고 있는지 확인하는 등 노인들의 평소 생활하는 모습에 대해 알아보려는 것이다. 성공적 노화의 개념을 분석하고, 성공적 노화에 영향을 주는 요인들을 찾아내는 연구들은 많았지만 노인들이 심리 척도 상에 보고한 결과 외에 실제로 노인들이 매일의 일상을 어떻게 살아가는지 확인한 연구는 거의 없었다. 따라서 본 연구에서는 노인들이 일상생활에서 몇 시에 일어나서 몇 시에 자는지, 하루 동안 어떤 활동들을 하는지 알아봄으로써 노인의 삶에 대한 이해를 돕고자 연구를 실시하였다. 또한 성공 집단과 비성공 집단을 구분해서 이들의 생활 패턴을 비교분석하여 적응에 긍정적 영향을 주는 생활 습관이나 태도는 어떠한 것이 있는지 알아보고자 하였다.

2. 일상생활의 차이: 성공 집단 vs 비성공 집단

성공 집단과 비성공 집단의 하루 일과를 비교해 본 결과, 성공 집단의 경우에는 아침에 일어나서 오후, 저녁, 잠자리에 들기 전까지 비교적 규칙적으로 일상이 이루어지고 있었다. 기상 시간도 규칙적이며, 대개 4~5시 정도로 일찍 일어나 아침 식사 전에 농사일을 하거나 운동을 하고, 책을 읽는 등 규칙적으로 하는 일이 있었다. 아침 식사 후 오전, 점심 식사 후 오후에 하는 일도 집안일이나 농사일 등 일상적인 일에 대해서도 구체적으로 자신이 하고 있는 일을 보고했으며, 저녁 식사 후에는 TV를 보거나 책을 읽은 후 9~10시쯤 일찍 잠자리에 드는 것으로 나타났다.

〈응답 예 1〉

면접자: 어르신의 하루 생활에 대해 여쭤볼께요. 아침에 보통 몇 시에 일어나세요?

성공 노인 5: 보통 6시에 일어나지요.

면접자: 오전에는 뭐하세요?

성공 노인 5: 식사하고, 그리고 시대적인 정보를 얻기 위해서 컴퓨터를 하지. 정보 찾고, 뉴스, 각 신문, 시사정보, 부동산 전망 같은 거 보지.

면접자: 오후에는요?

성공 노인 5: 선으로 다녀요. 서울 인근 관광지에도 가고 미술관도 가고. 고궁, 근교 산, 일주일에 한 번씩은 먼데 등산도 가지.

면접자: 저녁에는요?

성공 노인 5: 저녁에는 주로 저녁먹고 TV를 보지요. 그러고 한 10시쯤 자.

〈응답 예 2〉

면접자: 어르신의 하루 생활에 대해 여쭤볼께요. 아침에 보통 몇 시에 일어나세요?

성공 노인 18: 보통 5시 반에 일어나요.

면접자: 오전에는 뭐하세요?

성공 노인 18: 하우스에 가서 오이 손질 하고. 오후에도 점심먹고 저녁 먹기 전까지 오이 손질 하지.

면접자: 저녁때는 어떤 일 하셨어요?

성공 노인 18: 텔레비전 보고, 애들이 오고 하니까 같이 텔레비전 보고 이야기하지. 그리고 나서 10시 안 되서 자요.

〈응답 예 3〉

면접자: 어르신의 하루 생활에 대해 여쭤볼께요. 아침에 보통 몇 시에 일어나세요?

성공 노인 32: 4시에 일어나서 4시 반에 운동하지. 매일 걷기 운동. 한 시간 오십분 정도 하고 약 8킬로 걷지.

면접자: 오전에는 뭐하세요?

성공 노인 32: 걷고 나서 아침 먹고 청소하지. 이불 정리하고 화장실 청소. 고추하고 파하고 화분에 심은 거 물주고 아침밥 먹고 이삼십분 정도 잠깐 눈도 붙이고~. 오후에는 책보고 글도 쓰지. 책 한 권 내려고 매일 글을 써.

면접자: 저녁에는 뭐하세요?

성공 노인 32: 저녁밥 먹으면서 술 한잔. 소주 반병. 텔레비전 보고. 보통 열시 정도에 자는데 늦어도 11시에는 자.

〈응답 예 4〉

면접자: 어르신의 하루 생활에 대해 여쭤볼께요. 아침에 보통 몇 시에 일어나세요?

성공 노인 15: 다섯 시에 일어나서 아홉시쯤 잔다우.

면접자: 오전에는 뭐하세요?

성공 노인 15: 우선 일어나면 아침 기도 하고 게이트볼도 하고 아침운동해요. 그다음에는 걷기도 하고. 아침 먹고 나서 정원에 가서 일좀 하고.

면접자: 오후에는 뭐하세요?

성공 노인 15: 응. 밭이 이 앞인디~. 나는 그 약을 안쳐서 저기 풀 뽑고 하는 게 많아요. 그리고 나면 친구도 좀 만나기도 하지.

면접자: 저녁에는요?

성공 노인 15: 저녁에 또 기도 드리지. 반성하면서 그날 생각도 하면서 인제 기도도 드리고 그다음에 뉴스도 보고. 집에서 성서도 좀 보고.

〈응답 예 5〉

면접자: 어르신의 하루 생활에 대해 여쭤볼께요. 아침에 보통 몇 시에 일어나세요?

성공 노인 26: 5시에 일어나요.

면접자: 오전에는 뭐하세요?

성공 노인 26: 작물 심은 거 따고, 호박도 따고.

면접자: 오후에는 뭐하세요?

성공 노인 26: 차가 물건 실으러 오면 그거 실어 주면 일과는 끝나는 거지.

면접자: 저녁에는요?

성공 노인 26:쉬는 거지. 9시 30분 되면 자. 저녁에는 컴퓨터 가지고 인터넷도 하고 뉴스보고, 심심하면 고스톱 게임도 한 번 하고.

성공 집단의 노인들은 비교적 일찍 잠자리에 들고 일찍 일어나서 아침 식사 전에 규칙적으로 하는 일이 있었고, 평균 6~8시간의 수면을 유지하는 것으로 확인되었다. 규칙적으로 밭일을 하거나 운동을 하는 것은 건강 유지와 생활 만족도 향상이 도움이 된다. 김남진(1999)의 연구에 의하면, 노인들이 규칙적으로 운동에 참여하는 경우 참여하지 않는 노인에 비해 자신의 삶에 대한 애착이나 성취감, 자아개념, 낙관성 등이 높은 것으로 나타났다. 이와 같이 성공적 노인 집단은 규칙적인 생활과 적극적인 활동을 통해 삶의 만족도를 유지하고 있었다. 또한 노년기에도 지속적으로 직업 활동을 유지하는 경우가 있었는데, 노년기에 직업 활동을 유지하는 것은 여러 가지 측면에서 적응에 도움을 준다.

종교 활동을 통해 사람들을 만나면서 사회적 활동을 유지하는 경우가 많았는데, 이는 Crowther, Parker, Achenbaum, Larimore, 그리고 Koenig(2002)가 강조한 바와 같이 종교 활동도 성공적 노화의 중요한 요소가 된다는 것을 보여 주는 것이다. 이들은 노인의 종교 활동은 노인의 삶에 있어서 긍정적 요소를 강화해 줄 뿐만 아니라 부정적 요소를 최소화시켜 줄 수 있는 중요한 요소로 강조한다. 실제로 많은 노인들이 종교 활동을 통해 영성과 친목을 도모하며 시간을 규모 있게 사용하고 있다는 것을 확인할 수 있었다.

성공 집단과 대조적으로, 비성공 집단의 경우에는 하루 일과에 대해 질문하면, 특별히 하는 일 없이 시간을 보낸다고 응답하는 경우가 많았다. 기상 시간도 일정하지 않고 성공 집단에 비해 늦은 7~8시가 많았다. 밤에 잠자리에 드는 시간도 12시 이후가 많아 성공 집단에 비해 늦었고, 잠자리에 드는 시간이 때에 따라 다르다는 응답이 많았다. 비성공 집단은 일상생활이 불규칙적이고 거동이 불편하고 건강이 좋지 않은 경우가 많아 자신의 의지대로 다양한 일을 할 수 없다는 제약으로 인해 불편함과 무료함을 경험하는 것으로 나타났다.

성공 집단의 경우에도 TV 시청은 노인들의 일상에 중요한 일과이지만 늦은 밤까지 오래 시청하는 것이 아니므로 문제가 되지 않지만 비성공 집단의 경우에는 아침에 일어나 특별하게 해야 할 일이 있다거나 규칙적으로 하는 일이 없으므로 늦게까지 TV 시청을 하다 늦게 일어나는 경우가 많았다. TV가 예전과 달리 24시간 방송을 하게 되면서, 노인들이 가장 쉽게 시간을 보낼 수 있는 방법이 TV를 보는 것이므로 장시간 수동적 시청을 하게 되는 현상이 생기고 있다. TV를 오래 볼수록 움직임은 줄어들고 다른 사람과의 상호작용이 줄어들어 여러 가지 측면에서 노년기 적응에 부정적인 영향을 줄 수 있는 문제가 있어 노인들에게도 TV 시청 지도가 필요할 것으로 보인다.

〈응답 예 6〉

면접자: 어르신의 하루 생활에 대해 여쭤볼께요. 아침에 보통 몇 시에 일어나세요?

비성공 노인 28: 6시

면접자: 오전에 주로 뭐하세요?

비성공 노인 28: 아침 먹고 주로 놀아. 아무 일도 안 해.

면접자: 오후에는 뭐하세요?

비성공 노인 28: 그냥 왔다갔다 이러져. 저녁에는 텔레비전 보고 그냥 자지. 대개 밤 한시나 돼서 자.

〈응답 예 7〉

면접자: 어르신의 하루 생활에 대해 여쭤볼께요. 아침에 보통 몇 시에 일어나세요?

비성공 노인 19: 아침에는 홀딱 샐 때도 있고 보통 아홉시~.

면접자: 오전에는 주로 어떤 일 하세요?

비성공 노인 19: 아무것도 안 해요. 주로 앉아서 텔레비전이나 보고.

면접자: 오후에는 주로 뭐하세요?

비성공 노인 19: 텔레비전이나 본다니깐. 그냥 옷이나 빨아 입고 돌아댕기다 들어와. 복지회관에 가끔 들려요.

면접자: 저녁에는 뭐하세요?

비성공 노인 19: 텔레비전이나 보고 … 하투나 혼자 치다가 … 사는 건 밤 홀딱 샐 때가 많아요.

〈응답 예 8〉

면접자: 어르신의 하루 생활에 대해 여쭤볼께요. 아침에 보통 몇 시에 일어

나세요?

비성공 노인 12: 6시나 7시쯤 돼서.

면접자: 오전에 주로 뭐하세요?

비성공 노인 12: 뭐할게 있어? 아침에 일어나면 아침 준비를 해야지.

면접자: 아침 드시고 나면?

비성공 노인 12: 좀 몸이 괜찮으면 바깥에 한 번 걷고. 운동을 해야지.

면접자: 걷고~. 예 그러시고 나면 들어오셔서?

비성공 노인 12: 그냥 있지뭐.

면접자: 점심 드시고 나면 주로 어떤 일 하세요?

비성공 노인 12: 공상만 하죠.

면접자: 그 사이에는 무슨 활동을 하세요? 점심 드시고 나서.

비성공 노인 12: 활동하는 거는 뭐. 공상만 하죠.

면접자: 그러면 저녁 드시고 나서 주로 어떤 거 하세요?

비성공 노인 12: 아, 저녁때 할 게 뭐가 있어? 텔레비전이나 뉴스보고 8시에는 자야지. 될 수 있는 대로 9시 전에는 자려고 하지~. 그래도 9시에는 자.

성공적 집단에 비해 비성공 집단 노인들이 특별히 하는 일 없이 시간을 보내고 무료함을 호소하는 것은 노인을 위한 프로그램이나 일자리가 턱없이 부족하다는 현실을 반영하는 것일 수도 있다. 노인들이 자신이 가지고 있는 능력을 발휘할 수 있도록 장을 마련해 주는 것도 중요하지만 노년기에도 자신을 위해 스스로 노력하는 사람이 건강하고 행복한 노년기를 맞이할 수 있다는 인식의 변화가 시급해 보인다.

3. 주요 활동 차이: 성공 집단 vs 비성공 집단

노인들의 일상생활에 대해 알아본 결과 노인들이 성공 집단의 경우에는 규칙적으로 하는 일이 있었으나 비성공 집단의 경우에는 규칙적으로 하는 일이 없다는 응답이 많았다. 노년기에는 구체적으로 반드시 해야만 하는 의무적인 과업(task)이 주어지지 않으므로 스스로 자신이 하고 싶은 또는 해야 하는 일을 찾아보려는 노력을 하지 않으면 여가를 효과적으로 활용하는 일이 쉽지 않다. 실제로 나항진(2004)의 연구에 의하면 우리나라의 대다수의 노인들은 여가로부터 소외된 삶을 살고 있다. 그 원인으로, 우리나라 노인 대부분이 삶 자체를 일하는 것과 동일시하여 살아 왔다. 즉 젊은 시절부터 노동의 가치가 여가의 가치를 훨씬 능가하는 문화에서 살아 왔다. 이로 인해 다양하고 의미 있는 여가 경험이 부족하며, 여가를 활용할 수 있는 기회가 충분하지 않았고, 여가를 향유할 수 있는 능력(leisure competency)도 지니고 있지 못하다. 더욱이 노인들은 자신들이 그토록 중요시하던 노동 및 사회활동으로부터 배제되고 있다. 이로 인해 적지 않은 노인들이 원치 않는 여가가 충만한 것(full-time leisure) 때문에 고통을 받고 있는 실정이다. 또한 노인은 여가와 관련이 없다거나 노인은 여가를 향유할 능력이 없다는 등의 노인에 대한 잘못된 신화(myth)는 노인의 여가에 관한 부정적 인식을 확대 재생산하고 있다(나항진, 2003).

노인들은 여가 활동에 참여함으로써 개인적 요구를 충족시키고, 삶의 만족도도 증진되고 심리적 안정감이나 행복감을 극대화할 수 있다는 연구 결과가 축적되고 있으며 Deriver, Tinsley, 그리고 Manfredo(1991)는 여가 활동을 통해 참여함으로써 개인적 재능을 사용하고, 타인들의 재능을 인식함으로써 자기 표현력을 증대시킬 수 있다는 것을 밝혔다. 또한 타인들과 어울리면서 동료의식을 키워나가며, 사회적 상황을 통제할 수 있다는 자신감, 새롭고 평범하지 않은 것을 경험함으로써 직접, 간접적인 보상을 얻는다고 한다. 지속적으로 장기간 무엇인가에 몰두하는 것은 개인에게 안정감을 주고, 혼자 있지 않고 여러 사람이 함께 하면서 고독감이 줄어든다고 한다. 이러한 측면에서 본다면, 노년기의 여가활동 참여는 삶의 질을 높이고 심리적 안정감을 높이는 데 필수적이라 할 수 있다.

많은 선행 연구들이 노인의 여가활동을 조사하고 노인들이 참여하는 프로그램의 효과를 알아보는 데 치중해 왔다. 하지만 실제로 노인들이 주로 하고 있고 좋아하는 활동이 무엇인지에 대해서는 구체적으로 밝혀진 바가 없다. 또한 성공 집단의 노인들이 주로 어떤 활동을 하고 있으며, 비성공 집단과 어떠한 차이가 있는지 밝힌 연구는 없었으므로 이러한 차이를 알아보기 위해 연구를 실시했다.

지난 한 달 동안 주로 참여한 활동은 무엇인지 질문한 결과, 성공 집단과 비성공 집단의 차이를 확인할 수 있었다. 성공 집단의 경우에는 농사일을 하거나 자신의 일을 했다는 응답이 51.92%였다(〈표 5-1〉 참조). 특히 농사일을 많이 하는 것으로 나타났는데, 농사일을 하는 이유가 소득 때문인 경우도 있지만 노후에 소일거리를 하기 위해 농사일을 한다는 반응이 많았다. 농사를 지어 다른 사람에게 자신의 수확물을 나눠주

〈표 5-1〉 성공 집단의 주요 활동 분야

내용	n	%
1. 일(농사, 사업, 상업)	27	51.92
2. 친목활동(친구 모임, 종교단체)	12	23.07
3. 등산, 산책, 운동	3	6.41
4. 기타	10	19.23
전체	52	100

는 일, 매일 할 수 있는 일이 있다는 점이 감사하다는 응답도 있었다. 성공 집단의 노인들은 자신이 해야 할 일을 찾아서 지속적으로 일을 하고 있었으며 규칙적인 활동을 통해 심리적·신체적 건강을 유지하고 있는 것으로 보인다.

동창회, 종친회, 종교단체 등에 정기적으로 참석해서 지인들과 만나서 즐거운 시간을 보내는 경우가 23.07%였다. 정기적인 모임에 참석하는 경우 모임의 총무나 회장 등의 책임을 맡고 있는 경우가 많았으며, 종교적 활동을 통해서도 다양한 일을 하고 있었다. 이 외에도 운동을 하거나 봉사활동을 한다는 응답도 있었다.

〈응답 예 9〉

면접자: 최근 한 달 동안 가장 많은 시간을 보내신 일은 뭐에요?

성공 노인 26: 요새 복숭아 출하기라 바빠요. 그거해요. 아침서부터 복숭아 따가지고 포장해서 서울로 납품하는 거 해요.

면접자: 왜 그 일을 하시죠?

성공 노인 26: 노는 거 보다는 소일거리가 있다는 거 자체가 중요하다고 보죠.

〈응답 예 10〉

면접자: 최근 한 달 동안 가장 많은 시간을 보내신 일은 뭐에요?

성공 노인 3: 책하고 컴퓨터

면접자: 어느 것에 더 시간을 많이 보내세요?

성공 노인 3: 컴퓨터

면접자: 왜 컴퓨터 하세요?

성공 노인 3: 시대적인 감각을 기르고, 재산 증식에 대한 정보를 얻으려고.

〈응답 예 11〉

면접자: 최근 한 달 동안 가장 많은 시간을 보내신 일은 뭐에요?

성공 노인 41: 아침에, 낮에 청소 한 번 하고, 밭에 풀 뽑으러 가고. ~ 한 달에 한 번 친구들 모임 가서 맛있는 거 먹구오구.

면접자: 그 활동을 하는 이유는?

성공 노인 41: 하는 일 없이 사람이 사는 저거니까 뭐라도 꿈지락거려야지 사는 저거지. 죽은 송장이 아니니까. 재미로도 하고 의무적으로도 하고. 안하면 너무 심심하고.

성공 집단은 노년기에도 활발한 사회활동을 유지하고 있었고, 대부분 상당한 시간을 투자하는 활동들을 하고 있었다. 활동에 참여하는 목적과 이유에 대해서도 구체적인 설명을 할 수 있었다. 특별한 활동을 하지 않는다는 응답은 단 한명에 불과했다.

성공 집단 노인들은 자신의 여가를 활용하여 다양한 활동에 스스로 참여하여 적극적으로 살아가고 있었고, 이러한 활동을 통해 다양한 사람들과의 만남, 새로운 목표와 성취를 경험하며 활기찬 노년기를 보내고 있었다.

비성공 집단의 경우에는 40.54%에 해당하는 응답자가 특별한 활동을 하고 있지 않다고 응답했다(〈표 5-2〉 참조). 실제로 특별히 하고 있는 일이 없을 수도 있지만 그 중에는 하고 있는 일이 있는 경우에도 그 일에 대한 중요성을 인정하지 않아서 '하는 일이 없다'고 응답하는 경우도 있었다. 비성공 집단의 응답자 중 여성의 비율이 높아서 상대적으로 집안일을 하고 시간을 보낸다는 응답이 16.22%가 있었다. 비성공 집단도 운동을 하거나 사람들과 만나서 화투와 같은 오락을 즐기는 경우도 있었으나 소수에 불과했다.

〈표 5-2〉 비성공 집단의 주요 활동 분야

내용	n	%
1. 특별한 활동을 하지 않음	15	40.54
2. 집안일	6	16.22
3. 운동	4	10.81
4. TV시청, 화투	3	9.11
5. 기타	9	24.32
전체	37	100

〈응답 예 12〉

면접자: 최근 한 달 동안 가장 많은 시간을 보내신 일은 뭐에요?

비성공 노인 2: 여기서 뭐 하는 거 없는데? 여기서 그냥 경로당에 사람들 오면 그냥 같이하고. 장기 뛰고 뭐 바둑도 뛰고 화투도 치고.

면접자: 예. 바둑 하고 화투 하시는 이유는 뭐에요?

비성공 노인 2: 시간 보낼려고 하지.

〈응답 예 13〉

면접자: 최근 한 달 동안 가장 많은 시간을 보내신 일은 뭐에요?

성공 노인 30: 아니 뭐 텔레비전 보는 거지 뭐. 내 몸이 불편해서 나가질 못하니깐 텔레비전 보느라 시간 많이 보냈지.

노인들이 일상에서 주로 하는 활동을 성공 집단과 비성공 집단으로 나누어 비교해 본 결과, 실제 활동의 종류에서도 차이가 있었지만, 노인들이 자신이 하고 있는 일이나 활동에 대한 태도와 생각이 더욱 차이가 있었다. 활동 자체가 수준이 높고 의미가 있는 것이어야 한다기보다는, 무엇을 하든 자신이 하는 일에서 의미를 찾고 열심히 참여하고 즐기려는 태도가 더 중요한 것으로 보인다.

4. 요약 및 결론

노인이 되어서도 매일 아침 일어나 할 일이 있다는 것, 갈 곳이 있다는 것은 큰 축복을 받은 것이라는 이야기가 있다. 노인들의 일상생활을 살펴보면, 앞의 이야기가 사실이라는 점을 부정할 수 없게 된다. 성공 집단의 노인들은 자신이 매일 무슨 일을 해야 하는지, 어떻게 해야 하는지, 왜하는 지에 대해 잘 알고 있었다. 성공 집단 노인들이 비성공 집단 노인들에 비해 다양한 활동을 지속하며 잘 살아갈 수 있는 이유는 비단 신체적 건강 때문만은 아니다. 자신의 삶에 대한 준비와 계획, 그리고 태도에서 큰 차이가 난다. 노년기에 나이가 들었지만 무엇인가 할 수 있는 일을 찾아서 하고 있다는 것은 노년기에 들어서만 나타나는 특성이 아니고 젊은 시절부터 가지고 있었던 특성일 가능성이 높다.

Rowe와 Kahn(1998)이 강조한 바와 같이, 성공적 노화는 노년기 신체적·심리적·사회적 영역에서의 성공을 포괄한다. 질병이 없는 상태에서 신체적·인지적 기능이 유지된다면 이는 사회적 활동 참여로 이어질 수 있다. 적극적인 사회활동 참여는 생산적인 활동의 참여와 다른 사람과의 적극적인 관계의 유지가 포함된다. 본 연구에서 살펴본 바와 같이 성공 집단 노인들은 자신의 신체적·인지적 기능을 유지하기 위해 규칙적인 운동 및 활동을 하고 있으며 정기적으로 참여하는 사회적 활동이 있었다. 하루의 일과를 계획해서 하루 동안 여러 가지 일을 해내는 것, 규칙적으로 생활하는 특성은 100세인들이 보여 주는 특성과도 관련된다. 100세 이상 장수하는 노인들의 특성에 대한 연구를 보면, 가장 두드러진 특성은 쉴 새 없이 몸을 움직이고 머리를 쓴다는 점이다. 다양한 활동을 하는 것은 계획과 실행이 필요하므로 뇌를 다양하게 사용할 수 있고, 사람들과의 만남에서 대화를 하다보면 여러 가지로 두뇌 활동에 자극을 줄 수 있으므로 인지적인 기능도 유지하는데 도움이 될 것이다. 따라서 노년기에도 노년의 개인의 심리적·신체적 특성에 맞는 활동을 정해 지속적인 참여를 하는 것이 중요하나. 이를 위해서는 중년부터 노년기를 준비하고 계획하는 태도가 필요하며, 이를 위한 개인적·사회적 노력이 필요할 것으로 보인다.

노인에 대한 연구는 주로 다른 연령 집단과의 비교를 통해 이루어진 경우가 많았으나 앞으로의 노인 연구는 노인 집단 내에서 나타나는 개인차에 따른 연구가 요구된다. 노인들은 각자 가지고 있는 신체적·인지적·정서적 특성이 다르고 각자 살아온 경험이 다르므로 동일한 대상으로 보아서는 안 된다. 특히 노인을 위한 프로그램을 개발할 경우 다양한 조건에 있는 노인들에게 차별적으로 적용될 수 있는 지원 프로그램을 통해 최대한 많은 노인들이 도움을 받아 노년기를 보다 행복하고 즐겁게 살아갈 수 있도록 도와야 할 것이다. 이런 점에서 본 연구에서 성공 집단과 비성공 집단의 노인들의 일상생활의 특성을 살펴보고 그 차이점을 알아본 것은 노인의 개인차 연구의 시발점으로서 큰 의미를 갖는다고 하겠다. 본 연구에서는 크게 두 집단으로 구분하여 비교분석하였으나 앞으로는 다양한 시각으로 보다 폭넓고 차별화된 연구들이 진행되어야 할 것이다.

참고문헌

김남진(1999), 규칙적인 운동 참여 여부와 그 정도가 노인의 생활 만족도에 미치는 영향. **한국노년학**, 19(3), 51-64.

나항진(2003). 서울지역 노인의 여가의식에 관한 연구. **노인복지연구**, 18, 131-164.

나항진(2004). 삶의 질 향상을 위한 노인 여가의 역할에 관한 연구. **한국노년학**, 24(1), 53-70.

손용진(2007). 노인기의 종교변화에 따른 생활만족도. **노인복지연구**, 36, 여름호, 181-200.

최정신(1999). 농촌노인의 일상생활과 삶의 질의 관계에 관한 연구. **한국노년학**, 19(3), 121-139.

홍현방(2002). 성공적인 노화와 노인의 종교성 관계. **한국노년학**, 22(3), 245-259.

Crowther, M. R., Parker, M. W., Achenbaum, W. A., Larimore, W. L., & Koenig, H. G. (2002). Rowe and Kahn's model of successful aging revisited: Positive sprituality-the forgotten factor. *The Gerontologist*, *42*(5), 613-620.

Driver, B. L., Tinsley, H. E. A., & Manfredo, M. J. (1991). The paragraphs about leisure and recreation experiences preference scales. In B. L. Driver, P. J. Brown, & G. L. Peterson (Eds.), *Benefits of leisure* (pp. 263-286). State College, PA: Venture Press.

Havigurst, R. J. (1961). Successful aging. *The Gerontologist*, *1*, 8-13.

Rowe, J. W., & Kahn, R. L. (1998). *Successful aging*. New York: Random House.

Thoits, P. (1995). Stress, coping and social support processes: Where are we, what next? *Journal of Health and Social Behavior*, *36*, 53-79.

제 6 장

한국 노인의 사회활동과 가족관계

김 영 범
(한림대학교 고령사회연구소)

1. 들어가며

노화는 신체적·정신적 약화와 더불어 경제활동의 종료, 배우자의 사망 등 다양한 사회경제적 위치의 변화를 수반한다. 노인으로서 경험하게 되는 신체적·사회경제적 변화는 삶을 그 이전과는 다른 양상으로 변화시키는 바, 이러한 변화에 적절하게 적응하는 것이 노후의 삶을 영위하는데 있어서 무엇보다 중요하다(Baltes & Baltes, 1990). 노후의 삶에 있어서 가족관계와 사회활동이 중요한 의미를 갖는 것도 그것이 노인으로서 겪게 되는 다양한 변화에 적응할 수 있는 수단을 제공하기 때문이다.

노부모와 자녀와의 관계는 노후의 삶을 영위하는데 있어서 다른 무엇보다 중요하다. 자녀는 경제적 도움을 포함하는 일상생활의 지원자, 아플 때 도와주는 간병인, 그리고 심정적으로 의존할 수 있는 잠재적인 조력자로서 인식된다. 한 예로 한국보건사회연구원(2005, pp. 269-273)에서 수행한 노인실태조사에 의하면 도움을 주는 주제공자의 비율 중 자녀(아들, 딸, 사위, 며느리)는 경제적 지원 97.3%, 간병·수발 54.9% 등으로 나타나, 일상생활에서 자녀에 대한 의존성이 매우 높다는 점을 보여주고 있다. 물론 노후의 삶에 있어서 자녀에 대한 의존이 중요하다는 점은 우리나라뿐만 아니라 서구의 연구에서도 확인되고 있다(Bengtson & Roberts, 1991).

다른 한편으로 사회활동 역시 노후의 삶에 대해 적절한 역할을 부여한다는 점에서 그 의미를 찾을 수 있다. 일반적으로 노인은 기존의 역할을 잃어버리는 **역할의 상실**(role loss)이나 기존의 역할과는 다른 행동 규범을 요구받는 **역할의 단절**(role discontinuity)을 경험하게 되는데, 명확한 역할이 상실됨에도 불구하고 이를 대체할 뚜렷한 역할을 부여하지 않는다는 점에서 노후의 삶은 이른바 역할이 없는 삶이 될 가능성이 크다. 사회활동이 의미를 갖는 점은 이처럼 노후의 삶에서 나타나는 역할의 부재를 사회활동을 통해 방지할 수 있기 때문이다. 즉 노인은 다양한 사회활동 속에서 주어진 역할을 수행함으로써 자신이 누구인지 정체성을 확립하고, 행동에 대한 규범을 인식할 뿐만 아니라 사회 속에서 자신의 가치를 재규정할 수 있다.

본 장에서는 조사 노인들의 사회활동을 살펴보고 이어 노인의 가족관계를 분석하는 것이 목적이다. 본 장의 구성은 다음과 같다. 2절에서는 사회활동과 자녀와의 관계에 대한 선행 연구들을 간략하게 살펴본다. 이에 3절에서는 노인의 사회활동과 자녀와의 관계에 대해 자료를 중심으로 살펴본다. 마지막 4절에서는 분석 결과를 요약하고 그것이 갖는 이론적·사회적 함의를 살펴본다.

2. 노인의 삶에서 사회활동과 자녀와의 관계가 갖는 중요성

1) 사회활동의 중요성

경제활동이나 자녀 양육 등과 같은 장년기의 활동으로부터 벗어나는 시기인 노년기는 자유로운 시간이 늘어난다는 장점이 있는 반면 자신을 규정하던 사회적 역할들을 잃어간다는 단점을 보이는 시기이기도 하다. 역할이 중요한 것은 그것을 통해 사람들은 자신이 누구인지 어떻게 행동해야 하는지를 인식하기 때문이다. 사회적 역할은 사회 안에서 특정한 기능을 수행한다는 의미를 가질 뿐만 아니라 역할을 담당하는 사람에게는 자신이 누구인지 또 어떻게 행동해야 하는지를 규정하는 기준을 제공하기도 한다. 따라서 노후의 역할 상실은 정체성의 위기를 가져올 가능성이 크기 때문에 바람직한 노후의 삶을 위해서는 사라진 역할을 대체할 수 있는 다양한 역할을 개발하는 것이 중요하다.

노후의 삶에서 역할이 갖는 중요성에 대해서는 노년기의 바람직한 삶에 대한 이론 중 하나인 **활동 이론**(Activity theory)을 통해 살펴볼 수 있다. 노년학 분야에서 사회활동의 중요성을 강조한 바 있는 활동 이론에 의하면 사람들은 역할(role)을 통해 자신의 정체감을 찾게 되는데, 노인의 경우 기존의 역할을 상실하게 되기 때문에 새로운 역할로 상실된 역할을 대체하는 것이 필요하다고 주장한다(Havighurst & albrecht, 1953).

공적 연금 등 사회복지제도의 완비에 따라 점차 일자리를 완전히 떠나는 은퇴 시기가 빨라지고 있다. 과거에 비해 빨라진 은퇴로 인해 우선 노인들은 직업활동과 관련된 다양한 역할이 상실될 뿐만 아니라, 성인자녀와의 별거, 배우자의 죽음, 신체적 능력의 약화 등 다양한 이유로 인해 기존의 사회적 역할을 상실하는 경험을 하게 된다. 활동 이론에 의하면 이러한 사회적 역할의 상실은 그 자체로써만 끝나는 것이 아니라 역할을 통해 얻을 수 있었던 정체성, 일상적 행동의 지침, 자신의 존재에 대한 가치감 등도 함께 상실될 우려가 있다고 주장한다. 따라서 노년기에도 삶의 의미와 가치를 부여하기 위해서는 무엇보다도 노화로 인해 상실된 역할을 다시금 다양한 방식으로 보충하는 것이 중요하다고 주장한다.

활동 이론의 이러한 주장은 경험적인 연구를 통해서도 다수 인정되어 왔는데, 우리나라의 경우도 사회단체에 참여하는 경우는 그렇지 않은 경우에 비해 노인이 느끼는 삶의 만족이나 주관적 안녕감 등이 높다는 연구 결과가 제시되고 있다(김영범·이승훈, 2008). 물론 모든 사회활동이 긍정적 영향을 주는 것으로 나타나는 것은 아닌데, 자원봉사의 경우는 노인의 삶에 긍정적 영향을 주는 것으로(장인협·최성재, 2001 나타나고 있는 반면, 종교활동의 경우는 긍정적 영향을 준다는 연구 결과와 더불어 종교활동의 영향이 크지 않다는 연구 결과 등 상반되는 결과를 보여 주고 있다(김미숙·박민정, 2000; 홍현방, 2002)). 이와 더불어 우리나라의 경우 특히 혈연 및 지연, 학연 등으로 구성되는 일차집단을 중심으로 한 조직에 참여하는 경우가 많은데, 이들 집단에 참여하는 것 역시 그렇지 않은 경우에 비해 삶의 만족을 증가시키는 것으로 나타나고 있다.

2) 가족관계의 중요성

노인의 삶에서 자녀와의 상호작용은 매우 중요하다. 자녀는 노인에 대해 경제적 지원자일 뿐만 아니라 일상생활에서 잡다한 도움을 주는 도우미이며, 고민을 함께 해결하는 상담자이기도 하다. 다양한 선행 연구들은 자녀와의 적절한 상호작용이 노인의 삶의 질을 높이는데 기여하고 있다는 점을 확인하고 있다(김영범·박준식, 2005; 김정석·김익기, 2000;

김혜경, Kobayashi, & Liang, 2003; 윤현숙, 2003; 정병은, 2007; 한경혜·홍진국, 2000; Lee & Ellithorpe, 1982; Lee, Netzer & Coward, 1994, 1995; Mutran & Reitzes, 1984; Stoller, 1985; Silverstein & Bengtson, 1994). 노인과 성인자녀의 관계에 대한 선행 연구는 크게 두 가지 연구 방향으로 나누어 볼 수 있는데, 첫째, 자녀로부터의 지원정도와 분야를 분석하는 것이다. 둘째, 자녀와 노부모의 관계를 상호지원의 관계로 파악하여 상호 교환이 노인의 삶의 질에 어떤 영향을 주는지 살펴보는 것이다.

첫 번째 연구 주제의 경우 구체적으로 노인의 **사회관계망**(social network), 또는 **사회지원망**(social support network)이 어떻게 구성되어 있는가를 분석하는데 초점을 맞추고 있다. 노인의 사회관계망은 다양한 방식으로 측정되지만 자녀수나 근거리 거주 자녀의 수, 전화 및 대면 접촉 빈도, 도움을 주는 분야, 도움의 정도 등이 주요 측정 변수이다. 특히 도움을 받는 분야의 경우 개별 행위를 중심으로 측정하는 방식과 포괄적으로 유사한 행위를 하나의 범주로 묶어 측정하는 방법 등으로 나누어 조사되고 있다. 후자의 경우 일반적으로 정서적 측면, 도구적 측면, 경제적 측면 등으로 나누어 지원의 정도를 측정하고 있으며, 세부적으로 행위를 나누어 측정하는 경우는 일반적으로 개별 행위를 나열하고 각각에 대해 지원 정도를 측정한다. 한 예로 반 델 포엘(Van Del Poel, 1993)의 경우는 세 가지 영역으로 지원행위를 구분한 후 총 10개의 문항으로 지원 대상이 누구인지 질문하고 있다.

자녀로부터의 지원에 대해 관심을 갖는 연구들은 노인이 자녀를 포함하는 주변 사람들에게 도움을 요청하는 경우 그 대상자를 선정하는 방식이 무엇인가를 탐구해 왔다. 이들 이론 또는 모델은 크게 세 가지로 구분되는데(Usui, 1984; Cantor & Little, 1985; Crohan & Antonucci, 1989; Litwik, messeri, Wolfe, Gorman, Siverstein, & Guilarte, 1989; Messeri,

Silversetein, & Litwik, 1993; Antonucci & Akiyama, 1995; El-Bassel, Chen, & Cooper, 1998), 위계적 보상모델(hierarchical compensation model), 역할구분모델(task-specific model), 사회관계망모델(social network model) 등을 들 수 있다.

위계적 보상모델은 노인들은 도움을 받을 비공식적 지원망을 선택하는데 있어서 **관계의 우선성**(primacy of relationship)에 따라 대상을 위계적으로 선택한다고 주장한다. 구체적으로 이 모델은 노인들이 배우자 및 자녀, 친척, 친구 및 이웃의 순으로 도움을 받고 싶어 한다고 주장한다. 이 모델에서는 지원자에 대한 위계가 도움이 필요한 분야의 성격과 무관하며, 앞선 지원자가 도움을 주지 못할 경우 그 다음 지원자에게 도움을 요청한다고 주장한다.

역할구분모델은 노인이 자신을 지원해 줄 비공식적 지원망을 선택하는 것은 도움을 받고 싶은 분야에 따라 상이하다고 주장한다. 이 모델에 의하면 노인은 자신에게 도움이 필요한 분야의 특성과 도움을 줄 사람의 특성을 가능한 한 일치시키는 방향으로 도움을 요청한다. Litwik, Messeri, Wolfe, Gorman, Silverstein, 그리고 Guilarte(1989)[1]에 의하면 노인은 역할이나 임무가 갖는 특성과 도움을 주는 사람의 특성이 일치하는 방향으로 도움을 요청한다고 주장한다. 한 예로 배우자나 자녀와 같은 친족은 장기에 걸친 비기술적 임무에 적합한 반면, 이웃은 단기간, 혹은 짧게 반복되는 비기술적 임무에 적합하고, 친구는 정서적·감정적 지원에 적합하다(Peter et al., 1985, p. 130). 역할구분모델에 의하면 도움

1) 그는 노인에게 도움이 필요한 분야와 비공식지원망의 특성을 근접성(proximity), 개입의 기간(length of commitment), 생활방식의 유사성(commonality of lifestyle and size), 동기의 근거(source of motivation), 노동의 분업(Division of Labor) 그리고 기술적 지식의 수준(Level of technical knowledge) 등 여섯 가지 항목을 가지고 분류하고 있다.

을 받는 사람을 대체하는 것 역시 동일한 논리가 적용되는데, 임무와 유사한 특징을 갖고 있는 집단이 임무를 부여받게 된다고 주장한다. 즉 친구나 이웃에게 적합한 역할이나 임무가 있는 경우 비혈연집단에게 도움을 요청할 수 있지만 그렇지 않은 경우는 도움을 요청하지 않는다.

이외에 사회관계망모델은 노인의 사회관계망이 갖는 특성에 따라 지원받는 항목이나 양에 있어서 차이를 보인다고 주장한다(Crohan et al., 1989, p. 132; Wellman et al., 1990). 즉 특정 대상이 관계망에 있느냐 없느냐보다는 관계망 내 사람들과의 관계의 성격, 예를 들면 접촉빈도나 관계망의 이질성, 관계망에 포함된 사람의 수 등이 도움의 내용과 깊이에 더 큰 영향을 준다는 것이다. 연구 결과에 의하면 관계망의 크기가 클수록, 관계망 내 사람들의 다양성이 클수록 그리고 관계망 내 사람들과 더 접촉을 자주 할수록 더 많은 지원을 받을 수 있는 것으로 나타나고 있다(Wellman et al., 2002, p. 26).

다음으로 노인과 성인 자녀의 상호 지원교환에 대한 연구의 경우 노인과 자녀가 상호 지원을 교환하는 관계라는 점에 주목하여 지원의 교환이 노인에게 갖는 영향을 분석하는데 집중한다. 자녀와의 지원교환과 노인의 삶의 만족 사이의 관계에 대한 연구는 주로 교환이론의 맥락에서 이루어져 왔다. 교환이론에 의하면 타인의 보상에 대해 교환할 수 있는 자원이 없는 경우는 교환관계가 불균등해지기 때문에 종속적인 관계가 된다고 주장한다. 교환이론을 노인과 자녀와의 지원관계에 적용해 보면, 교환에 필요한 자원이 부족한 노인은 자녀와의 교환에서 일방적으로 지원을 받는 관계가 되어 자녀에게 종속되기 때문에 삶의 만족도가 낮아지는 것으로 해석된다(박재홍, 1991; Dowd, 1975). 이와 유사하게 형평이론의 경우도 사람들은 누구나 독립성을 유지하는 것을 선호하기 때문에, 노인의 독립성을 약화시키는 일방적인 지원 수혜는 노인이 느끼는 삶의 만족에 부정적인 영향을 준다고 주장한다. 결국 이들 이론은 자녀와의 지원 교환이 호혜적인 성격을 갖는 경우 노인의 삶에 긍정적인 영향을 줄 수 있다는 결론을 제시한다.

앞서 살펴본 자녀와의 관계를 분석한 연구는 대부분 지원관계만 초점을 맞추고 있다는 특징을 보인다. 노인과 성인자녀 사이의 관계에 대한 연구가 지원관계에만 초점을 맞추는 이유는 기존 연구들이 노인과 성인자녀와의 관계에서 주로 '노인'이라는 특성에만 주목하기 때문으로 이해될 수 있다. 즉 노인은 자녀와의 관계에 있어서 노인이면서 동시에 부모임에도 불구하고 현재까지 주요 연구들은 이들 두 가지 위치 중 주로 '노인'에만 주목하기 때문에 지원관계를 중심으로 연구가 진행되었던 것으로 보인다.

그러나 노인은 노인이면서 동시에 부모로서 자신을 인식한다. 따라서 노화에 따라 신체적·정신적·사회적으로 약화되는 상황에도 불구하고 부모로서의 역할을 충실하게 수행하는 것 역시 크나 큰 관심이 아닐 수 없다. 특히 양육에 대한 의무가 끝나는 시점에서 부모로서 자녀에게 갖는 기대는 무엇인가를 분석할 필요가 있다.

아래에서는 심층인터뷰 과정에서 확인한 부모로서 자녀에게 만족하는 점은 무엇인지? 그리고 섭섭한 점은 무엇인지에 대한 자료를 분석함으로써 노인이자 부모로서 자녀에게 갖는 기대는 무엇인지 분석해 보고자 한다.

3. 한국 노인의 사회활동과 가족관계

1) 활동 시간 및 일과

우선 하루 활동 시간을 살펴보자. 먼저 노인의 기상 시간을 살펴보면 4시 기상하는 노인부터 9시에 기상하는 노인까지 비교적 편차가 큰

〈표 6-1〉 기상 및 취침 시간

	사례 수	가장 빠른 시간	가장 늦은 시간	평균	표준편차
기상(오전)	83	4시	9시	5시 45분	1.01
취침(오후)	82	7시	이틀날 오전 3시	10시 24분	1.28

편이었으며, 평균 기상시간은 5시 48분으로 나타났다. 취침시간의 경우는 저녁 7시에서 새벽 3시까지 다양하며 평균은 오후 10시 24분이었다.

기상 및 취침시간을 집단에 따라 나누어 살펴보면 기상 시간은 성공 노후 집단이 오전 5시 36분, 비성공 노후 집단은 오전 6시로 나타나 성공 노후 집단이 비성공 노후 집단에 비해 일찍 일어나는 것으로 나타났다. 두 집단의 기상 시간이 보이는 차이는 통계적으로도 유의미하다. 이와는 달리 취침시간의 경우는 두 집단 모두 오후 10시 30분 정도로 나타나 통계적으로 유의미한 차이를 보이지는 않는다.

기상시간에서 취침시간을 뺀 하루 활동시간을 살펴보면 평균 16시간 37분을 활동하는 것으로 나타났다. 활동시간이 가장 짧은 응답자는 13시간인 반면 가장 긴 응답자는 21시간이었다. 활동시간별 분포를 살펴보면 16~17시간의 경우는 48.8%로 나타났으며, 18시간 이상은

〈표 6-2〉 성공 및 비성공 노후 집단에 따른 기상 취침시간 비교

항목	구분	사례 수	평균
기상*	성공	48	5시 36분
	비성공	35	6시 06분
취침	성공	49	10시 24분
	비성공	33	10시 30분

$< .1$, *$p < .05$, **$p < .01$, ***$p < .001$

〈표 6-3〉 하루 활동 시간

활동 시간	빈도	비율
13.00	1	1.2
14.00	5	5.8
15.00	12	14.0
16.00	18	20.9
17.00	24	27.9
18.00	14	16.3
19.00	3	3.5
20.00	2	2.3
21.00	1	1.2
무응답	6	7.0
합계	86	100.0

23.3%, 15시간 이하의 경우는 21.0%로 나타났다.

이제 노인들이 하는 활동의 수와 활동 내용에 대해 살펴보자. 노인들이 하는 활동의 수를 살펴보면 세 가지 활동을 하는 노인이 36.0%로 가장 많은 것으로 나타났으며, 그 다음으로 두 가지 활동을 하는 노인이

〈표 6-4〉 하루 일과 중 활동 개수

활동 개수	빈도	비율
1	16	18.6
2	24	27.9
3	31	36.0
4	10	11.6
5	5	5.8
합계	86	100.0

〈표 6-5〉 성공 노후 집단 여부에 따른 활동 개수 비교***

구분	사례 수	평균
성공	49	2.94
비성공	37	2.11

< .1, *p < .05, **p < .01, ***p < .001

27.9%를 차지하고 있다. 4개 이상의 활동을 하는 경우는 15명으로 17.4%에 불과한 반면, 1개의 활동만을 하는 것으로 응답한 노인도 18.6%로 나타났다.

이를 성공 노후 집단과 비성공 노후 집단으로 나누어 살펴보면 성공 노후 집단의 경우 활동 개수가 2.94개인 반면 비성공 노후 집단의 경우는 2.11개로 차이를 보이고 있음을 확인할 수 있었다, 즉 성공 노후 집단을 살아가는 노인의 경우 하루 일과를 보다 바쁘게 살고 있음을 확인할 수 있다.

활동시간을 집단별로 나누어 보면 성공 노후 집단과 비성공 노후 집단 모두 16시간이 넘는 것으로 나타나고 두 집단 사이에 큰 차이를 보이지 않고 있다는 점을 확인할 수 있었다. 다만 앞서 활동 개수의 분석 결과와 결합해 살펴보면 성공 노후 집단의 경우 유사한 활동 시간에 더 많은 활동을 하는 것을 알 수 있다. 이와는 반대로 비성공 노후 집단의 노인은 깨어 있는 많은 시간을 특별한 활동 없이 무료하게 보내는 경우가

〈표 6-6〉 집단별 활동시간

구분	사례 수	평균	표준편차
성공	48	16.73	1.25
비성공	32	16.44	1.79

많다고 볼 수 있다.

이제 하루 일과 중 하는 일을 살펴보자. 하루에 하는 일을 구체적으로 분석하기 위해 응답자가 심층면접 과정에서 밝힌 하루 일과를 유사한 범주로 구별하여 통계처리 하였다. 분석 결과에 의하면 노인들이 가장 많이 하는 활동은 TV시청, 라디오청취, 신문보기였다. 응답자의 총 73.3%가 하루 일과 중 하는 일로 TV/라디오/신문을 본다고 응답하였다. 그 다음으로 많이 하는 활동으로는 운동을 꼽을 수 있다, 운동은 전체 응답자 중 38명이 운동을 한다고 응답하였다. 노인들이 주로 하는 운동으로는 등산 또는 마을산책 등을 꼽고 있다.

운동 외에 하루 중 주로 하는 활동으로는 경제활동(일)을 들 수 있다, 응답자 노인은 농사를 짓거나 또는 가게를 보거나, 또는 취업 해 직장을 다니는 등 일을 하는 비율이 43.0%로 나타났다. 경제활동 중 가장 많은 것은 농사일로 86명 중 24명(27.9%)이 농사일을 한다고 응답하였다.

여성 노인의 경우 가사일을 하는 경우가 많은데, 빨래, 가족식사준비, 아이보기 등을 주로 하는 것으로 나타났다. 취미활동의 경우도 비교적 많이 하는 것으로 나타났는데, 모두 24명의 응답자가 여가활동을 하는 것으로 나타났다. 노인들의 여가활동으로는 독서, 음악듣기, 컴퓨터, 복지회관 가기 등을 꼽을 수 있다. 이외에 마을 사람을 방문하여 대화를 하거나 또는 집으로 방문한 마을 사람과 얘기하는 등과 같은 친교활동도 자주 하는 활동에 포함될 수 있다.

특기할 점은 그냥 하루 종일 누워있거나 낮잠을 잔다는 응답도 6명이었다는 점이다, 이들 노인은 만성질환으로 인해 이동이 자유롭지 못한 노인들이 대부분이었다. 이외에 다수일 것으로 예상되던 종교 활동 역시 8명에 그치고 있다.

주요 활동을 중심으로 집단별 활동비율을 살펴보면 다음과 같다. 먼

〈표 6-7〉 하루 일과 중 활동

내용	빈도	응답별 비율	사례별 비율
일	37	16.6	43.0
취미	24	10.8	27.9
종교	8	3.6	9.3
운동	38	17.0	44.2
TV/라디오/신문	63	28.3	73.3
친교	13	5.8	15.1
가사일	26	11.7	30.2
개인위생	1	.4	1.2
병치료	3	1.3	3.5
잠/하는 일 없음	6	2.7	7.0
잡기	3	1.3	3.5
기타	1	.4	1.2
합계	223	100.0	259.3*

*복수 응답인 관계로 사례별 비율 합계가 100을 넘음.

저 경제활동 참여는 성공 노후 집단과 비성공 노후 집단 사이에서 큰 차이를 보이는데, 성공 노후 집단의 경우 67.8%가 일을 하는 것으로 나타난 반면 비성공 노후 집단의 경우는 10.8%만이 일을 한다고 응답하였다. 다음으로 여가활동의 경우도 성공 노후 집단에서는 36.7%가 하루 일과 중 여가활동이 있는 것으로 나타난 반면, 비성공 노후 집단의 경우는 16.2%에 불과하다. 이외에 종교활동도 역시 성공 노후 집단과 비성공 노후 집단에 따라 차이를 보이고 있으며, TV/라디오/신문 역시 성공 노후 집단이 비성공 노후 집단에 비해 그 비율이 더 높은 것으로 나타나고 있다. 다만 운동의 경우는 성공 노후 집단에 비해 비성공 노후 집단에서 참여하는 비율이 약간 높은 것으로 나타나고 있다.

〈표 6-8〉 집단별 활동 분류 (단위: 명, %)

활동	성공(%)	비성공(%)
경제활동	33 (67.8)	4 (10.8)
취미	18 (36.7)	6 (16.2)
종교	6 (12.2)	2 (5.4)
운동	21 (42.9)	17 (45.9)
TV/라디오/신문	38 (77.7)	25 (67.6)
친교	8 (16.3)	5 (13.5)
가사일	13 (26.5)	13 (35.1)

*복수 응답인 관계로 비율의 합계가 100을 넘음.

비성공 노후 집단이 성공 노후 집단에 비해 더 많이 참여하는 것으로는 가사일을 들 수 있다. 가사일의 경우 성공 노후 집단은 26.5%가 참여하는 반면, 비성공 노후 집단의 경우는 35.1%로 성공 노후 집단에 비해 가사일을 하는 비율이 더 높음을 확인할 수 있다.

성공 노후 집단과 비성공 노후 집단에 따라 하루 활동이 차이가 나는 것은 몇 가지 다른 요인 때문으로 설명할 수 있다. 우선 건강 상태가 성공 노후 집단과 비성공 노후 집단에서 차이가 나는데, 이로 인해 활동에 차이를 보이게 된다. 두 집단은 나이도 차이를 보이는데, 성공 노후 집단의 경우 평균나이는 72.06세인 반면 실패한 집단의 경우는 75.08세로 나타나고 있다. 두 집단에서 나타나는 이러한 나이의 차이는 경제활동과 취미활동의 차이를 설명하는 또 다른 요인으로 볼 수 있다. 이외에 두 집단은 성별로도 차이를 보이는데, 성공한 집단의 경우는 77.6%가 남성인 반면, 실패한 집단은 72.2%가 여성이다. 성공 노후 집단과 비성공 노후 집단의 이러한 성별 차이는 가사일에 대한 두 집단에서의 차이를 설명하는 요인으로 볼 수 있다.

다음으로 노인 분들이 참여하는 모임에 대해 질문하였다. 노인들 중 31명(36%)은 정기적으로 참여하는 모임이 없다고 응답하였다. 복수로 응답한 내용을 분석한 결과에 의하면 노인들이 가장 많이 참여하는 모임으로는 은퇴전 직장과 관련된 모임이나 학교동창 모임으로 나타났다. 직장관련 모임은 전체 노인 중 23.3%가 참여하고 있다고 응답하였고, 동창모임의 경우는 22.1%가 참여하는 것으로 나타났다. 특기할 점은 정기적인 운동모임의 경우 단지 5명만이 참여하는 것으로 나타나 예상보다 참여율이 낮은 것으로 나타나고 있다는 점이다. 이는 대부분 노인들이 고정된 일정이 있는 운동모임보다는 주로 산책이나 등산 등 비정기적으로 가능한 운동에 참여하기 때문으로 보인다. 이외에 종교관련 모임 역시 14%만이 정기적으로 참여하는 것으로 예상보다 참여율이 낮은 것을 알 수 있다. 모임에 대한 참여 비율은 〈표 6-9〉와 같다.

참여하는 모임을 성공 및 비성공 노후 집단에 따라 구분해 보면 다

〈표 6-9〉 참여 사회활동 단체

구분	빈도	응답별 비율	사례별 비율
없음	31	22.3	36.0
종교	12	8.6	14.0
동창	19	13.7	22.1
직장	20	14.4	23.3
지역	10	7.2	11.6
혈연	11	7.9	12.8
복지관/경로당	16	11.5	18.6
운동	5	3.6	5.8
친구/친목	13	9.4	15.1
고향	2	1.4	2.3
합계	139	100.0	161.6

〈표 6-10〉 집단별 모임참여: 심층인터뷰 결과 분류

	성공(%)	비성공(%)
동창모임	19 (38.8)	0 (0)
직장모임	20 (40.8)	0 (0)
혈연모임	10 (20.4)	1 (2.7)
복지관/경로당	14 (28.6)	2 (5.4)
친구/친목	11 (22.4)	2 (5.4)
종교	7 (14.3)	5 (13.3)
없음	3 (6.1)	28 (75.7)

음과 같다. 성공/비성공 노후 집단을 구분하는 기준에 참여하는 사회활동단체의 수가 포함되었기 때문에 비성공 노후 집단의 노인은 대부분 참여하는 모임이 없다.[2] 참여하는 모임이 있다고 응답한 노인의 경우를 살펴보면 다음과 같다.

먼저 특기할 점은 성공 노후 집단의 경우 모임에 참여하지 않는다는 응답이 6%에 불과한 반면, 비성공 노후 집단의 경우는 75.7%에 이르고 있다는 점이다. 이는 비성공 노후 집단이 사회활동으로부터 거의 고립되어 보여 주는 것으로 해석할 수 있을 것이다. 다음으로 모임별로 참여율을 살펴보면 다음과 같다. 첫째, 성공 노후 집단의 경우 동창모임이나 전직장모임 등 사회활동과 관련된 모임의 참여율이 비교적 높은 반면 비성공 노후 집단의 경우 양 모임에 참여한다는 응답이 한 명도 없다는 점이다. 이는 두 집단이 학력에 차이가 있으며, 경제활동 경력 역시 차이가 있다는 점 때문으로 보인다. 둘째, 이와 더불어 비성공 노후 집단 노인의

2) 비성공 노후 집단 중 모임 참여자가 있는 이유는 한림고령자 패널 1차년도 조사에서는 참여하는 모임이 없다고 응답한 응답자 중 본 심층면접이 있던 3년 후에는 참여하는 모임이 있다고 응답한 경우가 있기 때문이다.

경우 혈연집단의 모임에도 참여가 매우 낮다는 점을 확인할 수 있다. 이와 함께 복지관이나 경로당처럼 노인들이 다수 참여하는 복지기관에도 비성공 노후 집단 노인의 경우 그 참여율이 매우 낮다. 혈연집단에 기초한 모임에도 참여율이 매우 낮다는 점은 혈연관계로부터도 비성공 노후 집단 노인들의 경우 고립되어 있음을 보여 주는 것으로 해석할 수 있다. 셋째, 비성공 노후 집단 노인들이 비교적 많이 참여하는 모임으로는 종교활동을 들 수 있는데, 비성공 노후 집단의 13% 정도가 교회나 성당, 또는 절에 나가고 있다고 응답하였다.

2) 가족관계

자녀와의 관계를 중심으로 노인의 가족관계를 살펴보자. 심층 인터뷰 면접 내용은 자녀에 대해 만족하는지, 섭섭한 점은 무엇인지에 대한 질문을 포함하고 있다. 먼저 자녀에 대해 만족하는지에 대한 응답결과를 분석하면 다음과 같다. 우선 만족한다고 응답한 비율을 살펴보면 자녀에 대해 만족한다는 응답이 64.7%인 반면 만족하지 않는다는 응답이 27.1%로 나타나 대체로 자녀에 대해 만족하는 비율이 높은 것으로 나타나고 있다.

자녀에 대해 섭섭한가를 질문한 결과를 살펴보면 섭섭하다는 응답

〈표 6-11〉 만족한다고 응답한 비율

구분	빈도	비율
만족	55	64.7
만족하지 않음	23	27.1
무응답/해당 없음	7	8.2
합계	85	100.0

〈표 6-12〉 섭섭하다고 응답한 비율

구분	빈도	비율
섭섭하지 않음	37	43.5
섭섭	44	51.8
무응답/해당 없음	4	4.7
합계	85	100.0

이 51.8%인 반면 섭섭하지 않다는 응답이 43.5%로 섭섭하다는 비율이 약간 높은 것을 알 수 있다. 앞서 만족에 대한 응답과 비교해 볼 때 섭섭하다는 응답이 많은 것은 약간 의외의 결과일 수 있는데, 이는 노인들이 자녀에 대한 만족에 대해서는 전반적이고 장기적인 관점에서 응답한 반면, 섭섭한가에 대해서는 단기적이고, 구체적인 관점에서 응답했기 때문으로 해석된다. 즉 자녀와의 관계에 대해 전반적으로는 만족하지만 세세한 일상생활에 있어서 몇 가지는 불만족스럽다는 것으로 해석할 수 있을 것이다.

그렇다면 성공 노후 집단과 비성공 노후 집단으로 나누어 자녀에 대한 만족에 차이가 있는지 살펴보자. 우선 자녀 만족여부에 대해 살펴보면 성공 노후 집단의 경우 자녀에 대해 만족한다는 비율이 81.6%인 반면, 비성공 노후 집단의 경우는 51.7%로 비교적 큰 차이를 보이고 있음을 알 수 있다. 이는 여러 가지로 해석할 수 있는데, 첫째, 사회교환이론에 의하면 관계에 만족하는 것은 교환의 당사자가 상호 교환을 주고받는 관계일 때 가장 높다고 주장한다(Dowd, 1975). 이 이론에 비추어 볼 때 성공 노후 집단이 비교적 자녀에게 의존하지 않는 상황이라는 점에서 자녀와의 관계가 호혜적이며 부담을 주지 않는 관계일 가능성이 높기 때문에 자녀에 대한 만족도가 높을 수도 있다. 둘째, 부모로서의 역할에 주목

〈표 6-13〉 집단에 따른 자녀 만족 여부**

구분		항목	자녀 만족		합계
			만족	불만족	
노인 집단	성공	빈도	40	9	49
		노인 집단별 비율	81.6%	18.4%	100.0%
		자녀 만족유무별 비율	72.7%	39.1%	62.8%
	실패	빈도	15	14	29
		노인 집단별 비율	51.7%	48.3%	100.0%
		자녀 만족유무별 비율	27.3%	60.9%	37.2%
합계		빈도	55	23	78
		노인 집단별 비율	70.5%	29.5%	100.0%
		자녀 만족유무별 비율	100.0%	100.0%	100.0%

$< .1$, *$p < .05$, **$p < .01$, ***$p < .001$

해 보면 성공 노후 집단 집단의 자녀가 사회적으로 안적적인 지위나 소득을 갖고 있을 가능성이 크기 때문에 자녀를 하나의 사회구성원으로 키워냈다는 만족감으로 인해 자녀에 대한 만족도가 높을 가능성도 있다.

다음으로 자녀에 대해 섭섭한가를 성공 및 비성공 노후 집단에 따라 구분해 살펴보면 다음과 같다. 우선 성공 노후 집단의 경우 자녀에 대해 섭섭하다는 응답이 50%를 차지하고 있는 반면, 비성공 노후 집단의 경우 섭섭하다는 응답이 60%를 넘고 있다. 그러나 이러한 차이가 통계적으로 유의미한 것은 아니다.

이제 만족하는 이유와 섭섭하다고 생각하는 이유에 대해 살펴보자. 우선 만족하는 이유를 살펴보면 주로 다음과 같다. 아래 표에서 알 수 있듯 노인이 자녀에 대해 만족하는 이를 살펴보면 세 가지 범주로 구분할 수 있다. 첫째 자녀가 혼자서 잘 살기 때문에 혹은 그냥 전반적으로 잘

〈표 6-14〉 집단에 따른 자녀 섭섭 여부

구분		항목	자녀 섭섭		합계
			없음	섭섭	
노인 집단	성공	빈도	24	24	48
		노인 집단별 비율	50.0%	50.0%	100.0%
		자녀섭섭 유무별 비율	64.9%	54.5%	59.3%
	실패	빈도	13	20	33
		노인 집단별 비율	39.4%	60.6%	100.0%
		자녀섭섭 유무별 비율	35.1%	45.5%	40.7%
합계		빈도	37	44	81
		노인 집단별 비율	45.7%	54.3%	100.0%
		자녀섭섭유무별 비율	100.0%	100.0%	100.0%

< .1, *p < .05, **p < .01, ***p < .001

하기 때문에 만족한다는 응답을 들을 수 있었다. 이 범주의 응답자들은 다음과 같은 이유로 자녀에게 만족한다고 응답한다. 몇 가지 만족하는 이유를 살펴보면 다음과 같다.

> "애들이 아직 큰 탈 없이 잘 살아 왔어. 속 썩이지 않고."
>
> "부모 봉양 잘하고 남한테 돈 빌리지 않고 잘 사니까."
>
> "자기의 가장을 잘 꾸리고 있고, 걔의 주의의 모든 일을 잘하고 있고."
>
> "대학부터 지들 스스로 갔다는 거, 결혼 문제도 부모와 상의할 것 상의하고 생각과 이상으로다가 지들 선택해서 했다는 거 손자 손녀들 다 기르고 있으니까."
>
> "다들 뭐 직장들 좋은데 갖고 있으니까 만족한다고 봐야지."

즉 응답자는 자식들이 자신의 일을 알아서 잘하기 때문에 만족한다

고 생각한다. 둘째, 자녀가 잘 도와주기 때문에 만족한다는 응답을 들을 수 있었다, 한 예로

> "엄마한테 잘하고, 물질적인 것보다도 공경하고 안부전화해 주고 그래도 하루에 한 번, 거짓말 보태면 매일한다고 봐야 돼요, 그 정도로 다가 잘하니깐~ 그게 만족한 거죠 뭐~."
> "전화 잘 해 주고, 아프다면 와서 데리고 병원 갔다 놓고 그러죠."
> "아침에 그냥 머 편안하게 머 아침에 일어나면 안녕히 주무셨느냐고 그러고. 그렇게 편안하게 며느리가 또 일어나면 또 안녕히 주무셨어요? [중얼거림] 그것도 하고 맛있는 거 머 있으면 다 엄마 앞으로 [중얼거림] 딸이랑 사위들은 전활 자꾸 자주 하고 오면 또 용돈이라도 준다고 애쓰고 작은아들은 [중얼거림] 엄마 조금이라도 [중얼거림]."

즉 자녀에게 만족하는 이유로 매일 전화하거나 방문하여 안부를 묻는 것, 병원에 함께 가는 것, 또는 아플 때 도와주는 것, 필요할 때 돈을 주는 것 등을 만족의 이유로 꼽고 있다. 이는 접촉과 지원의 교환으로 나누어 볼 수 있다는 점에서 자녀에게 만족하는 이유는 다음과 같은 세 가지 이유로 구분할 수 있을 것이다.

자녀 때문에 걱정을 하지 않는다.	• 혼자 알아서 직장 및 가족생활을 다 잘 한다. • 그냥 잘 한다.
필요할 때 잘 도와준다.	• 자녀가 용돈을 잘 준다. • 경제적으로 어려울 때 도와준다. • 아플 때 병원에 함께 간다.
자주 만난다.	• 자주 전화를 한다. • 문안 인사를 한다.

〈표 6-15〉 자녀 만족 이유별 비율

구분	빈도	응답별 비율	사례별 비율
자녀 독립	61	81.3	92.4
자녀 지원	7	9.3	10.6
자녀 접촉	7	9.3	10.6
합계	75	100.0	113.6

이들 세 가지 유형의 만족 이유는 자녀 독립, 자녀 지원, 그리고 자녀 접촉으로 구분할 수 있을 것이다. 그렇다면 세 가지 만족 이유 중 주로 어떤 이유에서 만족한다는 응답이 많은 지 빈도를 살펴보자. 위 표에서 알 수 있듯 세 가지 이유 중 자녀 독립이 다른 두 유형의 이유에 비해 훨씬 높은 비율을 차지하고 있음을 알 수 있다. 즉 전체 응답자 중 92.4%가 자녀 독립을 꼽은 반면 자녀 지원이나 자녀 접촉의 경우는 10.6%에 불과하다.

즉 노인들은 자녀로부터 무엇인가 도움을 받기 때문에 만족하는 측면과 더불어 자녀가 스스로의 삶을 잘 유지해 나아간다는 점 자체에도 만족하고 있음을 확인할 수 있다. 특히 도움을 받는 것에 비해 자녀가 스스로 잘 살고 있다는 점에 만족한다는 비율이 더 높다는 점은 사회적 약자로서 노인을 연구하는 것과 더불어 추가적인 관점이 필요하다는 점을 보여 준다.

다음으로 섭섭한 이유를 살펴보자. 자녀 때문에 섭섭한 경우도 크게 세 가지 형태로 구분할 수 있다. 첫째 자녀가 가정문제나 사회문제가 있어 걱정하는 경우가 그것이다.

"큰 아들이 벌써 두 번째 차량사고를 냈어요."

"며느리 좀 큰 놈은 벌써 두 번을 이혼을 했어."

"항상 속상하고, 거시기하지. 우리 막내는 속 안 썩이는데, 큰 아들이 그렇게 지랄 같어."

"빗나가고 저거 할 때 그렇지~."

"크게 없고~. 공부가 쫌 딸리~. 더 잘했으면 하는 마음"

둘째 적절한 도움이 없는 경우, 셋째 자주 만나지 못하는 경우 섭섭한 것으로 응답하였다. 구체적으로 응답을 살펴보면 다음과 같다. 즉 노인들은 전화가 없거나 만나러 오지 않는 경우, 또는 아플 때 도와주지 않거나 용돈을 주지 않는 경우 등을 섭섭한 이유로 꼽고 있다.

"우리 아들이 좀, 우리 아들보담도 우리 며느리가 너무 차. 좀 전화도 자주 안 해 주고. 한 달에 한 번씩 올까 말까 그러구."

"니~. 아버지 죽었는데 그때 오지 않아서 섭섭했죠."

"지들이 결혼하면서~. 지들이 소식 안 전하고. 다른 사람을 통해서 소식이 오는 거."

"아~ 있다고는 봐야죠. 지금은 말은 않치. 다 너무 이쁘고 그렇지. 실은 정말 아파서 병원에 가 누워있었는데도, 전화 없데는 거 . 전화도 없었데는 거."

"용돈 줄만큼 주지만 안 줄때가 섭섭하지 딴 건 없어."

"시방은 없구, 옛날에 한 번, 저기 관광을 가는데, 그래도 옛날엔 이웃집 노인네가 어디 관광을 간다고 해도 잘 갔다오시라고, 돈 5천 원이구 3천 원이구, 즈는 일이 바빠 잊어버렸는지 어쨌는지 모르지만."

이 역시 만족에 대한 이유와 마찬가지로 자녀 독립, 자녀 지원, 자녀 접촉으로 구분해 볼 수 있다.

자녀 때문에 걱정	• 자녀가 아픔 • 자녀가 궁핍 • 자녀가 이혼, 가족 내 갈등 등으로 가정불화
적절한 도움을 주지 않음	• 경제적 지원이 없음 • 아플 때 병원가지 않음
자주 만나지 않음	• 연락 없음 • 명절 때도 오지 않음 • 왔는데 없으면 그냥 감

그렇다면 세 유형 중 어느 유형에 대한 섭섭함이 가장 많은 지 살펴보자. 먼저 사례별 비율을 살펴보면 자녀의 불완전한 독립, 즉 자녀 때문에 걱정하는 것의 경우는 40%로 나타났으며, 자주 연락이나 만남이 없어서 섭섭한 자녀 접촉의 부재는 35.6%로 나타났다. 이에 비해 필요할 때 도와주지 않아서 섭섭한 자녀의 지원 부족은 28.9%로 다른 이유에 비해 적은 것을 알 수 있다.

마지막으로 만족한 이유 또는 섭섭한 이유가 성공/비성공 노후 집단에 따라 차이가 나는지 살펴보자. 우선 만족 이유를 살펴보면 성공 노후 집단이나 비성공 노후 집단 모두 자녀 독립이 다수를 차지하고 있다. 즉 자녀가 잘되는 경우 또는 잘되지 못한 경우 만족하거나 섭섭하다는 응답

〈표 6-16〉 자녀에게 섭섭한 이유별 비율

구분	빈도	응답별 비율	사례별 비율
자녀 독립	18	38.3	40.0
자녀 지원	13	27.7	28.9
자녀 접촉	16	34.0	35.6
합계	47	100.0	104.4

〈표 6-17〉 자녀 만족 섭섭 이유

구분		성공 노후 집단		비성공 노후 집단	
		빈도	비율	빈도	비율
만족	자녀 독립	36	73.5	25	69.4
	자녀 지원	7	14.3	0	0.0
	자녀 접촉	5	10.2	2	5.6
섭섭	자녀 독립	9	18.4	9	25.0
	자녀 지원	8	16.3	5	13.9
	자녀 접촉	8	16.3	8	22.2

이 가장 많았다. 만족한 이유의 경우 자녀 독립 외에 자녀 지원과 자녀 접촉의 비율이 성공 노후 집단에서 비성공 노후 집단에 비해 높게 나타났다. 이와는 달리 섭섭한 이유에 대해서는 성공 노후 집단에 비해 비성공 노후 집단에서 자녀 지원과 자녀 접촉의 비율이 높게 나타났다.

4. 요약 및 결론

분석 결과를 요약하면 다음과 같다. 성공 노후 집단과 비성공 노후 집단의 하루 일과를 비교한 결과 성공적 노후를 영위하는 집단이 비성공적 노후를 영위하는 집단에 비해 활동적으로 일상생활을 꾸려가는 것을 확인할 수 있었다, 구체적으로 두 집단의 노인은 수면시간을 제외한 활동시간은 비슷하지만 활동의 개수나 종류에 있어서 성공 노후를 영위하는 집단이 비성공적 노후 영위하는 집단에 비해 많은 것을 확인할 수 있었다. 이러한 차이는 성공 노후 집단과 비성공 노후 집단 사이의 사회적·경제적·인구학적 차이에 기인하는 것으로 보인다.

참여하는 모임에 대한 분석 결과에 따르면 성공 노후 집단 노인의 경우 비교적 다양한 사회활동에 참여하는 것으로 나타나고 있지만 비성공 노후 집단 노인의 경우는 사회활동으로부터 거의 고립되어 있음을 확인할 수 있었다. 비성공 노후 집단 노인의 경우 노후 사회활동의 토대가 되는 학교나 직장에 기반 한 모임에 참여하지 않고 있으며, 혈연에 기반 한 모임 역시 참여율이 매우 저조하다.

본 조사의 결과를 놓고 볼 때 비성공적인 노년을 살아가고 있는 노인의 경우 노년기를 적극적으로 활용한다기보다는 노년기를 그냥 흘려보내는 것처럼 보인다. 이들 집단의 노인들의 삶의 질을 개선하기 위한 적극적인 노력이 필요하다고 판단되는 바, 특히 취미활동이나 사회활동에 참여할 수 있는 방법을 개발할 필요성이 있다고 판단된다. 비록 비성공 노후 집단이 신체적·정신적으로 성공 노후 집단에 비해 열악한 상태에 있기는 하지만 이들 노인들로 하여금 사회활동에 참여할 수 있는 기회를 제공함으로써 역으로 건강상태의 악화를 지연시키거나 또는 역전시킬 수 있는 가능성을 제공할 수 있기 때문이다.

다른 한편으로 개인적으로 노후의 사회활동을 증진시키기 위한 사전노력이 필요하다고 판단된다. 우선 노후의 사회활동은 대부분 혈연이나 동문 등 주로 청·장년기 동안 형성된 인간관계에 기반 한 것들이 많다는 점에서 은퇴기 전에 이들 관계를 확대하거나 강화하는 노력이 필요하다. 다른 한편으로 취미활동의 경우 흥미를 느끼기 위해서는 일정한 지식과 기술이 요구된다는 점에서 청·장년기 동안 다양한 취미활동에 참여하여 지식과 기술을 축적해 놓는 것이 필요하다.

다른 한편으로 자녀에 대한 만족과 섭섭함에 대한 분석결과에 따르면 부모-자식 관계는 도구적 측면으로 해석할 수 없는 독특한 측면이 있다는 점을 확인할 수 있었다. 무엇보다도 부모는 자녀가 문제없이 원만하게 성인으로서 생활하는 것 그 자체를 더 바라고 있다는 점을 확인할 수 있었다. 이러한 결과를 통해 우리는 노인들은 여전히 '부모'로서 자녀를 바라보고 있음을 알 수 있다.

자녀를 여전히 부모의 시각을 가지고 바라보고 있다는 점은 여러 가지 측면에서 새로운 연구 과제를 제시하고 있다고 판단된다. 우선 이론적 측면에서 왜 노인이 되어서까지 자녀를 부모라는 시각에서 바라보고 있는지에 대한 설명이 필요하다. 이는 아마도 노부모로서 부모의 역할에 대한 완성 혹은 성공적 수행을 기대하기 때문으로 해석할 수 있을 것이다. 즉 부모로서의 역할에 대한 사회적 기대가 있다고 본다면 부모는 당연히 이러한 기대를 충족시키고자 할 것이다. 그리고 사회적으로 형성된 부모 역할에 대한 기대는 자녀가 온전한 성인으로 성장하는 것을 통해 이루어질 것이다. 이 점에서 자녀의 성공은 단순히 자녀가 부모에 대해 도구적으로 지원할 수 있는 능력을 갖추게 되었음을 의미할 뿐만 아니라 부모의 역할을 충실하게 수행했음을 보여 주는 지표가 된다는 점에서 노인들은 자녀가 사회적으로 자립한 성인이 되기를 기대하는 것인지도 모른다.

정책적 측면에서 보면 노인의 부모로서의 역할을 지속할 수 있는 제도나 프로그램의 개발이 요구된다. 자녀의 성장으로 인해 더 이상 부모로서의 역할을 지속하기 어려운 상황에서 자원봉사나 기타 사회활동을 통해 부모로서의 역할을 간접적으로 지속할 수 있다면 노인들이 느끼는 삶의 만족을 증진시킬 수 있을 것이다.

다른 한편으로 자녀에 대해 지원이나 접촉이 부재한 경우 역시 노인의 삶에 부정적 영향을 주는 것이 사실이라는 점에서 자녀의 지원을 대체하거나 보완할 수 있는 정책 프로그램을 개발하는 것 역시 중요한 정책 과제가 아닐 수 없다.

참고문헌

김안나(2003). 가족과 사회연결망: 독일과 한국의 개인관계에 대한 비교연구. **한국사회학**, 37(4), 67-100.

김영범, 박준식(2005). 한국 노인의 가족관계망과 삶의 만족도. **한국노년학**, 24(1), 169-185.

김영범, 이승훈(2008). 한국 노인의 사회활동과 주관적 안녕감-서울 및 춘천노인을 대상으로, **한국노년학**, 28(1), 1-18.

김정석, 김익기(2000). 세대 간 지원교환의 형태와 노인들의 생활만족도, **한국노년학**, 20(2), 155-168.

김혜경, Kobayashi, E., Liang, J. (2003). 일본 후기고령자의 자녀와의 사회적 지원과 심리적 복지감, **한국노년학**, 23(4), 195-209.

나항진(2004). 삶의 질 향상을 위한 노인 여가의 역할에 관한 연구. **한국노년학**, 24(1), 53-70.

대한민국정부(2006). **함께 가는 희망한국-대한민국 비전 2030**.

박경숙(2000). 한국 노인의 사회적 관계-가족과 지역사회와의 연계정도. **한국사회학**, 34(4), 621-647.

배진희(2004). 농촌지역 노인의 사회적 지지와 생활만족도-자녀와 이웃지원의 기능적 측면을 중심으로. **사회복지정책**, 20, 197-216.

성규탁(1990). 한국 노인의 가족중심적 상호부조망-강화하는 문화적 전통. **한국노년학**, 10, 163-181.

원형중(1994). 여가활동 참여가 수도권 거주 노인의 고독감, 여가만족, 생활만족에 미치는 영향. **한국노년학**, 14(2), 90-104.

정병은(2007). 세대 간 지원교환의 호혜성에 관한 연구: 서울지역 노인자료의 분석, **한국노년학**, 27(2), 503-518.

정경희, 오영희, 석재은, 도세록, 김찬우, 이윤경, 김희경(2004). **2004년 전국노인 생활실태 및 복지욕구조사**.

최성훈(2003). 진지한 여가(serious leisure)와 일상적 여가(casual leisure)에 대한 고찰. **한국체육학회지**, 42(6), 489-496.

한경혜, 홍진국(2000). 세대 간 사회적 지원의 교환과 노인의 심리적 복지. **가족과 문화**, 12(2), 55-80.

Baltes, P. B., & Baltes, M. M. (1990). "Psychological perspectives on successful aging: The model of selective optimization with compensation." Baltes, P. B. & Baltes, M. M. (Eds.), *Successful aging: Perspectives from the behavioral sciences* (pp. 1-34). New York: Cambridge University Press.

Bengtson, V. L. & Roberts, R, E. L. (1991). "Intergenerational Solidarity in Aging Families: An Example of Formal Theory Construction." *Journal of Marriage & Family*, *54*(4), 856-870.

Havighurst, R. J., & Albrecht, R. (1953). *Older people*. New York: Longmans, Green.

Lawton, M. (2008). "Lawton's PGC MORALE SCALE", http://www.abramsoncen ter.org/PRI/documents/PGC_morale_scale.pdf.

Lee, G. R. & Ellithorpe, E. (1982). "Intergenerational Exchange and Subjective Well-Being among the Elderly", *Journal of Marriage and the Family*, *44*(1), 217-224.

Lee, G. R., Netzer, J. K. & Coward, R. T. (1994). "Filial Responsibility Expectations and Patterns of Intergenerational Assistance", *Journal of Marriage and the Family*, *56*(3), 559-565.

____________________. (1995). "Depression among Old Parents: The Role of Intergenerational Exchange", *Journal of Marriage and the Family*, *57*(3), 823-833.

Mutran, E. & Reitzes, D. C. (1984). "Intergenerational Support Activities and Well-Being among the Elderly: A Convergence of Exchange and Symbolic Interaction Perspectives", *American Sociological Review*, *49*(1), 117-130.

Silverstein, M. & Bengtson, V. L. (1994). "Does Intergenerational Social Support Influence the Psychological Well-Being of Older Parents? The Contingencies of Declining Health and Widowhood", *Social Science Medicine*, *38*(7), 943-957.

van del poel, M. G. M., (1993). "Delineating personal support networks", *Social Network*, *15*, 49-70.

제 7 장

한국 노인의 나이 듦에 대한 인식

장 숙 랑
(서울대학교 보건환경연구소)

다가올 미래에 대한 생각과 예측은, 인간이 스스로 자기 조절을 하는 데에 가장 기본적인 동기이다(Ziegelmann, Lippke, & Schwarzer, 2006). '죽음에 얼마나 가까워 왔느냐'는 '태어난 지 얼마나 되었나'와 같은 연장선상에서 연령에 중요한 의미를 불어 넣어 주고 있다. 우리는 생일 맞을 때, 태어난 지 몇 년 째 되었는가를 계산하는 대신에 앞으로 몇 년이나 더 살게 될까를 생각해 보기 시작하는 스스로를 발견하곤 한다. 스스로 인지하고 있는 노화에 대한 고정관념(stereotype)은 나이 듦에 대한 긍정적 또는 부정적인 인식으로 나타나게 된다. 고정관념의 내재화를 통해 형성되는 긍정적·부정적 인식은 결국 노인의 신체적 건강에도 영향을 준다는 연구 결과들이 있다(Kasl, 2002). 과거부터 지금까지 노인 연구를 하면서 만났던 많은 노인들 중에는 직접 묻지 않았음에도 흔히 "이제 늙으면 죽어야지."라는 말로 설문 응답을 대신하곤 하였다. 그러나 아직까지 한국 노인들에게 "늙어 간다는 것이 어떤 점에서 좋은가 또는 나쁜가?"에 대해 직접 질문하고 그 응답 내용을 질적으로 분석한 연구는 거의 없었다.

개인의 생애 주기 상 가장 오랜 기간 지속되는 단계가 된 노년기는, 이제 어느 때 보다도 중요한 인생 여정이 되었다. 노화의 단계에서 '성공적인 나이 듦'을 실현해 나가는 과정은 지금까지 우리의 전 세대들이 고민하지 못하고 지나친 새로운 도전이자 축복이다. 따라서 이 연구를 통해 한국 노인들의 나이 듦에 대한 인식을 파악하고, 신체적·심리적으로 건강하며 활발한 사회 활동을 하고 있는 '성공 노년'의 경우와 그렇지 않은 '비성공 노년'의 경우에 나타나는 응답의 차이점과 공통점을 이해하고자 하였다. 나이 듦에 관한 인식은 지극히 개인적이며, 매우 주관적인 의견일 것이다. 그러나 이러한 질적인 분석 결과는 노인이 건강하고 행복하게 생존할 가능성을 확대해 가는 사회적 중재방안을 모으는 연구에 활용될 수 있을 것으로 기대한다.

1. 나이 듦에 대한 자기 인식: 개념과 특징

성별이나 인종에 관한 고정관념은 집단적 자기 정체성을 형성해 나가는 과정에서 생겨나지만, 노화에 대한 고정관념은 자기 스스로 노인 정체성을 갖기 훨씬 이전부터, 노인이 되기 수십 년 전에 형성되는 것이 특징이다. 따라서 젊은이들은 노화에 대한 고정관념을 타당성에 대한 의문이나 비판 없이 무조건 받아들이게 된다(Giles, Fox, & Smith, 1993; Levy & Langer, 1994). 그리고 이 고정관념을 노인이 되어서 까지 상당 부분 유지하게 된다. 성이나 인종에 관해서는 **고정관념 위협**(stereotype threat)에 대한 연구가 대부분이다(Wheeler & Petty, 2001). 고정관념 위협이란, 타인이 고정관념을 가지고 특정인(특정 집단)들을 일방적으로 대함으로써 어떤 압력을 느끼는 것이다(Blasovich, Spencer, Quinn, & Steele, 2001, p. 225). 고정관념 위협의 감수성은 고정관념 내재화에 있는 것이 아니라 그것이 얼마나 위협적인가를 느끼는 것에 달려 있다(Crocker, Major, & Steele, 1998, p. 519).

나이 듦에 대한, 또는 노인에 대한 스스로의 고정관념은 이와 상당히 다르다. 노인을 어떤 집단으로 분류하는 일종의 '믿음'이며 스스로의 내재화를 통해 형성된다. 일단 고령이 되면 부정적인 자아 인식에 대한 영향에서 보호하기 위한 방어가 부족해진다. 예를 들면 미국 내 흑인들은 잠재적인 고정관념을 피하기 위해 학계에는 거의 진출하지 않았다(Steele & Aronson, 1995). 흑인이 학계에 나오지 않은 것은, 특정 상황에서, 특수한 조건에, 특수 업무에 대해 고정관념 위협이 존재하고 이를 피하고자 한 것이다(예: Steele & Aronson, 1995). 노인에 대한 고정관념은 피할 수가 없다. 그 이유는 나이 듦에 대한 스스로의 고정관념은 그 근본적인 내용이 건강과 기능에 관련된 것이기 때문이다. 건강과 기능의 변화는 거의 모든 이에게 흔히 발생하는 일반적인 현상이다(Levy, Hausdorff, Hencke, & Wei, 2000).

나이 듦에 대한 인식 연구들에서는 주로 인지기능과 신체 기능의 감퇴에 대해 설명을 하였다. 기능감퇴는 궁극적으로 최종 결과인 '죽음'에 대한 생각을 표현하는 것이다(Becker, 1980; Levy et al., 1999, 2000). McCoy 등(2000)은 나이 듦에 대한 고정관념이 죽음에 대한 공포임을 이같이 언급하였다.

> "죽음이 불가피함을 알기에, 거기서 나온 공포로 모든 것이 비롯되었다."

다른 낙인 된 집단의 경험을 통해서 이차적으로 얻는 자기 방어기제들이 노인에 관해서는 발휘되지 않는 것도 독특한 양상이다. 여성이나 흑인에 대한 부정적 고정관념은 나중에 습득된 평등주의적 사고에 의해 억제가 가능하고 자아 신념 조절이 가능하다(Devine, 1989; Devine & Monteith, 1999). 그러나 여성 권익이나, 시민권이나, 민주화 운동 등에서 촉발된 평등주의는 노인에 대해서만큼은 비슷한 수준으로 존재하지 않는다(Levy & Banaji, 2002). 젊은이들은 노인에 대한 부정적인 고정관념이 옳은 것으로 받아들이게 되고 나이가 들어 노인이 되었을 때 자기 고정관념으로 발전하게 된다. 이렇게 발전된 자기 고정관념은 부정적인 연령 고정관념에 대한 방어를 약하게 만든다. 나이 듦에 대한 자기 고정관념은 노인 개인이 알지 못하는 사이에 작용한다. 고정관념 위협이 어떤 결정적인 상태를 인지하는 데에 달려 있는 것과는 사뭇 다른 기전이다(예: Crocker et al., 1998). 또한 노인들은 그들 스스로에 대해 부정적인 감정을 가지고 있다(Nosek, Banaji, & Greenwald, 2002). 노인들은 종종 노인을 위한 프로그램이나 혜택에 더 강하게 반대하기도 한다(Levy & Shlesinger, 2001; Shlesinger & Kronebusch, 1994). 다른 낙인 된 집단에서 보이는 집단 내 선호 현상이 없는 것이 나이 듦에 대한 고정관념의 내재화가 보이는 독특한 현상이다. 노인 중에서도 일부 집단은 완전히 다른 고정관념의 내재화가 있을 수 있는데, 예를 들면 노인 중 청력을 상실한 노인들은 정상 노인들에 비해서 노화에 매우 긍정적인 태도를 보였다는 연구 결과가 있다(Levy & Langer, 1994). 청각장애 노인들의 모임은 세대 간 활동에 더 참여도가 높고 그로 인해 청력장애가 없는 노인과 동등하거나 더 높은 지위를 얻는다고 한다(Becker, 1980). 이 세대 간의 교류는 노인에 대한 부정적인 고정관념의 주류에서 격리되는 효과를 주었다.

자기 고정관념이 어떻게 현실에서 반영되고 생애과정에서 확실히 나타나는 지에 대해서는 아직 잘 알려지지는 않았다. 최근의 연구에서는 나이 듦에 대한 자기 인식이 장기적인 영향을 준다고 하였는데, 바로 장수에 영향을 준다는 것이다. 인간 장수에 관련된 원인의 약 75%는 비유전적 성향이라고 알려져 있는데 그 중에는 심리적 행동 요인들이 포함되어 있다(Vaupel et al., 1998). 그뿐 아니라 생존의 예측요인에 관한 연구에서는 부정적인 요소(즉, 질병, 사고, 인지기능 저하 등; Stroebe, 2000)에 대한 연구가 대부분이지만 몇 개의 연구에서는 긍정적인 요소(자아 신념과 같은 사회심리적 요소)에 대해 연구하였다. 예를 들면, 혜택에 대한 신념이 생존에 영향을 준다는 것이다. 유명한 노인 종단 연구 중 하나인 베를린 노화 연구(Berlin Aging Study)에서는 70세 이상 노인에서 심리기능과 노화 간에 연관성이 있음을 밝힌 바 있다(Maier & Smith, 1999).

본 연구에서는 일상생활 기능에 어려움이 전혀 없이 독립적이며, 수명에 영향을 줄 수 있는 만성질환인 심혈관계 질환이 없으며, 사회적 활동이 활발한 편이고 정신 건강이 높은 성공 노년으로 분류된 노인과, 그 이외의 집단인 비성공 노년을 대상으로, 나이 듦에 대해 어떻게 생각하는지 개방형으로 질문하여 응답을 녹취하였다. 나이 듦에 대해 긍정적인 면과 부정적인 면을 따로 질문함으로써 응답이 단순화되지 않도록 의도하였다. 녹취된 내용은 한글로 이서하였으며, 분석은 긍정적 부정적 응답 각각에 대해 주요 카테고리로 내용 분류를 해 나갔다. 인터뷰 내용을 문장 대 문장으로 분석하였고, 주요 영역과 개념을 도출하고 기존 연구에서의 개념과 비교하여 해석하고자 하였다. 새로운 개념이 발견된 경우 개념에 맞는 적절한 주제어를 달고 설명하고자 하였다. 이 연구에 사용된 질문은 다음과 같다.

"나이 드는 것에 대한 어르신의 생각을 여쭈어 보겠습니다."
"나이가 들어간다는 것은 어떤 면에서 좋은가요?"
"나이가 들어간다는 것은 어떤 면에서 나쁜가요?"

2. 나이 듦에 대한 긍정적 인식: "나이 들어간다는 것은 어떤 면에서 좋은가요?"

1) 타인에 대한 이해

나이 듦에 대해 긍정적인 인식에 응답을 한 성공적 노년에 속하는 6명 중 2명이 젊었을 때에 비해서 타인을 더 이해하고 배려하게 되었기 때문에 나이 들어서 좋다고 하였다. 실제 개인성격의 변화는 연령 증가에 따라 별로 변화가 없다는 연구 결과가 있다. 단지, 나이 들면서 축적되는 인간관계의 경험과, 은퇴로 얻은 마음의 여유가 타인과의 대인관계에 긍정적인 영향을 주었을 때 나이 듦을 긍정적으로 내재화하는 것으로 보인다.

성공 노년(여성, 80세): 좀 차분해지는 것 같아요. 남한테 싫은 소리 덜 하게 되고.

성공 노년(남성, 76세): 점점 부드러워져요. 내가 저 사람(부인)을 배려한다우.

2) 자녀로부터의 얻는 보람

생애과정에서 부모 역할을 수행하며 항상 '제공자'의 입장에 있었으나 노년기에 접어들면서 '받는' 입장에 섰을 때 느끼는 보람에 나이 드는 것이 좋다는 것을 실감한다고 한다. 나이 듦에 대한 자기 고정관념은 노인마다 매우 다양하게 형성된다는 것을 감안할 때 자녀로부터 느끼는 보람 때문에 긍정적인 인식을 가지게 되는 경우는 부모-자녀의 관계가 긍정적일 경우에만 주로 해당될 것으로 생각된다.

성공 노년(여성, 69세): 애들이 뭐 갖다 주고 그러면 그렇게 좋아요."

3) 연륜과 노련미

성공 노년을 보내는 남성 노인들의 나이 듦에 대한 긍정적인 인식은 한마디로 '연륜과 노련미'로 정리해 볼 수 있었다. 아래 대상자들의 표현은 이를 바로 잘 표현해 주고 있다. 또한 나이가 들어갈수록 배우는 것이 점점 더 많아진다는 응답에서 볼 수 있듯이 연령 증가에 따라 감소하고 쇠퇴하는 것이 아닌 점점 축적되고 나아진다는 인식을 가진 것을 알 수 있다.

성공 노년(남성, 89세): 노련미지 뭐, 경험, 인생의 경험이 좋아요. 인생 경험이 풍부하니 실수를 범하지 않는 거지.

성공 노년(남성, 67세): 연륜, 연륜이 깊어가니까, 이전에 아버지가 그래서 그런 말을 하셨구나 이해가 가지.

성공 노년(남성, 71세): 나이 들어 배우는 만큼 사회에 기여하고 점점 충실해지니까 좋지.

3. 나이 듦에 대한 부정적 인식: "나이 들어간다는 것은 어떤 면에서 나쁜가요?"

1) 죽음에 가까워짐

대부분의 노인들은 나이 듦을 '죽음'과의 거리가 가까워지는 것으로 정의하고 있다. 성공적 노년을 맞고 있는 노인들 중 나이 듦에 대한 부정적인 인식이 어느 정도인지 물었을 때, 가장 흔한 대답 중 하나가 죽음에 대한 표현이었다. 성공적이지 않은 노년을 보내는 경우 나이 들어가는 것에 대한 부정적 인식을 물었을 때, 죽음에 관한 답변이 성공 노년에 비해 상대적으로 더 많았다. 죽음이 가까워 온다는 것은 죽음에 대한 두려움을 표현하는 것이다. 두려움을 직접적으로 표현한 경우도 있었으나 대부분의 응답자들은 '죽음이 가까워진다'는 거리감을 강조하였다.

성공 노년(85세, 여성): 좋다는 건 없어요. 죽을 날이 가까워오니까.

성공 노년(82세, 남성): 누구든 다 싫어하지! 유한한 인생, 죽음이 다가오니까!

비성공 노년(69세, 여성): 죽을 때가 되니까 겁이 나고~.

2) 나이 듦 = 질병

사회발전과 의학기술의 발달, 의료전달체계, 의료보장제도 확립 등 점점 만성질환을 예방하고 치료하는 여건은 좋아지지만 여전히 몇몇 중요한 만성질환 유병률은 노인에서 증가추세에 있다. 노인들의 응답에서 알 수 있듯이 나이 듦에 대한 부정적인 인식은 삶의 질을 저하시키는 질환에 의해서도 형성되고 있었다. 지속적인 통증과 증상, 치유가 어렵고 기능을 저하시키는 질환들은 치명적인 질환 이상으로 나이 듦에 대한 부정적인 인식의 원인으로 작용한다.

성공 노년(여성, 76세): 나이 들면 병이 들게 마련이니까.

비성공 노년(여성, 88세): 아파서 몸이 따라 주질 않아~.

비성공 노년(여성, 73세): 건강이 나빠지는 게 나쁘지. 다리도 아프고 허리도 아프고, 기운이 없어져. 몸이 아프니까, 다리를 못 쓰고.

3) 기능상실, 의존성

통증이나 질환 자체도 그렇지만 질환으로 인해 생기는 기능 상실이나 쇠퇴, 그로인한 의존성이 나이 듦에 대해 가지는 부정적인 인식의 원인이 된다. 본인이 기능저하를 겪고 있지 않은 건강하고 기능 상태가 매우 좋은 성공 노년에 속하는 노인이라 할지라도 이에 대한 응답이 상당히 많았다. 이것은 앞서 언급한 바와 같이 나이 듦에 대한 부정적 고정관념은 자신이 해당 집단에 속하지 않으면서도(특정 상황이 존재하지 않더라도) 내재화가 가능하다는 것을 단적으로 보여 준다.

성공 노년(남성, 65세): 귀가 안 들리게 되고 이도 나빠지고, 망가진다는 생각뿐이지.

성공 노년(여성, 68세): 나중에 누워서 똥 싸고 일어나지도 못하면 어쩌나~.

비성공 노년(남성, 66세): 남한테 의존하게 되고, 기억력이 떨어지고 기력이 떨어져~.

4) 사회적 소외

사회적 역할 상실과 소외는 본인의 경험과 느낌을 기초로 응답하는 경우가 많았다. 스스로 일을 하고자 하나 거부당한 사연, 젊은 집단에서 받은 괄시나 무시에 대한 사례를 설명하는 경우가 많았다. 나이 듦에 대한 자기 인식은 단지 개인적인 내재하를 통해서만이 형성되는 것이 아니다. 사회 전체적으로 노인에 대한 인식과 분위기에 상당한 영향을 받게 된다. 사회적 소외를 부정적 인식의 원인으로 이야기한 많은 노인들의 아래와 같은 언급에서 나이 듦에 대한 부정적 인식에 사회적 영향력이 존재함을 확인할 수 있다.

성공 노년(여성, 80세): 품앗이를 팔고 싶어도 써 주질 않아.

성공 노년(남성, 75세): 사회 기여도 없어지고~. 60세만 되었어도 열심히 일할 텐데, 실천에 옮길 텐데~.

성공 노년(여성, 66세): 내 얘기가 안 먹혀~. 소외감 느끼고, 젊은 층에서 거리감을 두니까~. 나보고 보수적이라나~.

5) 추하다, 냄새난다

노인에 대한 외형적 고정관념을 표현하는 경우도 있었는데, 노화변화 그 자체가 '추하다'는 부정적인 인식을 하고 있다. 우리 사회가 점점 건장한 20세 청년 남녀의 외모와 신체역량을 '표준'으로 인식하고, 그에 벗어나는 경우를 추한 것으로 여기어 가는 것은 아닌지 되짚어 볼 필요가 있다. 성공 노년을 향한 사회적인 노력은, 노인을 청년처럼 보이게 하는 것에 있는 것이 아니다. 노년기에도 질환으로부터 회복할 수 있고, 장애를 극복할 수 있으며, 노인 그 자체의 모습으로 행복하고 건강한 삶을 영위하는 것에 있다. 외모에 관한 구체적인 응답내용은 다음과 같다.

성공 노년(여성, 88세): 추해지잖아~. 한심해.

비성공 노년(여성, 69세): 냄새가 나잖아.

비성공 노년(여성, 85세): 좋은 거가 없어요. 쭈글쭈글 궁상맞아~. 이대로 죽고 싶을 뿐이야.

4. 요약 및 결론

나이 듦에 대한 긍정적 인식은 성공 노년 집단과 비성공 노년 집단 간 약간의 차이가 있었는데, 성공적 노년을 보내는 노인에서만 긍정적인 인식에 관한 응답(6명)이 나왔다. 나이 듦에 대한 긍정적 인식은 타인에 대한 이해 증가, 자녀로부터 얻는 보람, 연륜과 노련미로 표현되고 있었다. 성공적인 노년에 속하는 노인 중 위의 6명을 제외한 대부분은 좋은 점은 없다고 응답하였다. 좋은 점이 없는 이유는 크게 두 가지로 요약되는데, 대부분의 노인들은 나이 듦을 '죽음'과 '쇠퇴'로 동일시하고 있었다. 특히 죽음에 대한 응답이 가장 많았다. 성공적이지 않은 노년을 보내는 집단의 경우 위의 질문에 대해 좋은 면을 명확히 응답한 경우는 단 한 명도 없었다. 좋은 것이 전혀 없다는 강한 부정이 대부분이며, 좋은 점이 없는 이유로는 성공 노년 집단에서와 마찬가지로 죽음과 쇠퇴에 대한 응답이 대부분이다.

성공적 노년을 맞고 있는 노인들 중 나이 듦에 대한 부정적인 인식이 어느 정도인지 물었을 때, 가장 흔한 대답은 죽음, 질환과 기능상실, 사회적 소외, 외모의 변화이다. 성공적이지 않은 노년을 보내는 경우 나이 들어가는 것에 대한 부정적 인식을 물었을 때, 질병과 기능 저하, 죽음에 관한 답변이 많아 성공적 노년 집단과 비슷하였다. 그러나 성공적 노년을 보내는 노인들과 부정적 인식에 대해 약간 차이를 보이는 것은, 비성공 집단에서는 사회적 소외에 대한 내용이 없었다는 것, 살기 싫다거나 죽고 싶다는 등의 표현이 상대적으로 많았다는 것이다.

결론적으로, 우리나라 노인의 대부분은 나이 들어간다는 것에 대해 부정적인 고정관념을 가지고 있다. 부정적 고정관념은 성공 노년을 보내는 노인이나 그렇지 않은 노인이나 큰 차이가 없었다. 나이 듦을 죽음에 가까워지는 것과 거의 동일시하고 있다.

인간은 살아가면서 많은 고정관념들을 가지게 되는데, 다른 고정관념들은 직접 체험하면서 형성하는 반면, 노화에 대한 고정관념은 본인이 직접 체험하기 훨씬 이전부터, 즉 젊은 연령에 고착된다. 따라서 주변, 가족 안에서 접하는 노인에 의해서 젊은 세대들은 노인과 노화에 대한 고정관념을 가지게 되며, 그 고정관념으로 자신의 노화과정을 역시 부정적인 이미지로 여기며 살아간다. 노화에 대한 스스로의 고정관념이 가족과 사회를 넘어서서 후속세대로까지 영향력이 미칠 수 있음을 결코 간과해서는 안 된다.

과거의 부정적 인식을 탈피하고 활동적인 노년을 보내는 것은 본인의 건강수명과 행복한 노년을 위한 길일뿐만 아니라 노인이 건강하고 행복한 사회로의 발전에도 큰 기여가 될 수 있다.

참고문헌

Blasovich, J., Spencer, S. J., Quinn, D., & Steele, C. (2001). African Americans and high blood pressure: The role of stereotype threat. *Psychological Science*, *12*, 225-229.

Crocker, J., Major, B., & Steele, C. (1998). Social stigma. In D. T. Gilbert, S. T. Fiske, & G. Lindzey (Eds.), *The handbook of social psychology* (pp. 504-553). New York: McGraw-Hill.

Devine, P. G. (1989). Stereotypes and prejudice: Their automatic and controlled components. *Journal of Personality and Social Psychology*, *56*, 5-18.

Devine, P. G., & Monteith, M. J. (1999). Automaticity and control in stereotyping. In S. Chaiken & Y. Trope (Eds.), *Dual-process theories in social psychology* (pp. 339-360). New York: Guilford Press.

Giles, H., Fox, S., & Smith, E. (1993). Patronizing the elderly: Intergenerational evaluations. *Research on Language & Social Interaction, 26*, 129-149.

Levy, B. R. (1999). The inner self of the Japanese elderly: A defense against negative stereotypes of aging. *International Journal of Aging and Human Development, 48*, 131-144.

Levy, B. R. (2000). Handwriting as a reflection of aging self-stereotypes. *Journal of Geriatric Psychiatry: A Multidisciplinary Journal of Mental Health and Aging, 33*, 81-94.

Levy, B. R., Ashman, O., & Dror, I. (1999-2000). To be or not to be: The effects of aging self-stereotypes on the will-to-live. *Omega: Journal of Death and Dying, 40*, 409-420.

Levy, B. R., & Banaji, M. R. (2002). Implicit ageism. In T. Nelson (Ed.), *Ageism: Stereotypes and prejudice against older persons* (pp. 49-75). Cambridge: MIT Press.

Levy, B. R., Hausdorff, J., Hencke, R., & Wei, J. Y. (2000). Reducing cardiovascular stress with positive self-stereotypes of aging. *Journals of Gerontology: Psychological Sciences, 55*, 205-213.

Levy, B. R., & Langer, E. J. (1994). Aging free from negative stereotypes: Successful memory among the American Deaf and in China. *Journal of Personality and Social Psychology, 66*, 935-943.

Maier, H., & Smith, J. (1999). Psychological predictors of mortality in old age. *Journals of Gerontology: Psychological Sciences, 54*, 44-54.

McCoy, S. K., Pyszczynski, T., Solomon, S., & Greenberg, J. (2000). Transcending the self: A terror management perspective on successful aging. In A. Tomer (Ed.), *Death attitudes and the older adult* (pp. 37-63). Philadelphia: Brunner-Routledge.

Nosek, B. A., Banaji, M. R., & Greenwald, A. G. (2002). Harvesting implicit group attitudes and beliefs from a demonstration website. *Group*

Dynamics, *6*, 101-115.

Shlesinger, M., & Kronebusch, K. (1994). Intergenerational tensions and conflict: Attitudes and perceptions about social justice and age-related needs. In V. L. Bengston & R. A. Harootyan (Eds.), *Intergenerational linkages: Hidden connections in American society* (pp. 152-184). New York: Springer.

Steele, C. M., & Aronson, J. (1995). Stereotype threat and the intellectual test performance of African Americans. *Journal of Personality and Social Psychology*, *69*, 797-811.

Stroebe, W. (2000). *Social psychology and health*. Philadelphia: Open University Press.

Vaupel, J. W., Carey, J. R., Christensen, K., Johnson, T. E., Yashin, A. I., Holm, N. V., et al. (1998). Biodemographic trajectories of longevity. *Science*, *280*, 855-860.

Wheeler, S. C., & Petty, R. E. (2001). The effects of stereotype activation on behavior: A review of possible mechanisms. *Psychological Bulletin*, *127*, 797-826.

Ziegelmann, J. P., Lippke, S., and Schwarzer, R. (2006). Subjective Residual Life Expectancy in Health Self-Regulation. *Journal of Gerontology: PSYCHOLOGICAL SCIENCES*, *Vol. 61B*, *No. 4*, 195-201.

제 8 장

인생의 역경이 성공적 노년에 미치는 효과

이 주 일
(한림대학교 심리학과)

사람은 누구나 살아가면서 많은 인생의 슬픔과 고통, 실패를 맛보게 된다. 이런 인생의 어려움과 좌절 상황을 어떻게 극복하고 받아들이는가가 개인이 자신의 인생을 행복하게 받아들일 것인지 행복하게 받아들이지 않을 것인지를 결정하는데 중요한 요인으로 작용할 것은 틀림없다. 본 연구에서 관심을 갖고 알아보고자 한 주요 주제는 인생에서 마주치게 되는 역경이 어떤 것들이 있고, 이를 극복하는 것이 성공적인 노년생활을 유지하는데 어떤 영향을 미치는지를 알아보고자 하는 것이었다. 우리가 살면서 경험하게 되는 역경은 다양할 것이나, 어린 시절에 경험하게 되는 역경은 우리 인생에 다양한 영향을 미칠 것이다. 특히 어린 시절 경험하게 된 전쟁이나 사고경험과 같은 구체적인 인생의 역경은 개인의 삶에 중요한 영향을 미칠 것이다. 또한 어린 시절에 경험하게 되는 경제적인 궁핍함도 개인의 인생에 중요한 영향을 줄 것이다. 그러나 개인이 기억하는 과거의 회상은 현재의 기억으로 윤색이 될 수가 있으므로 과거를 어떻게 기억하는가가 또한 중요한 요소일 것이다.

한국의 65세 이상 된 노인들의 경우 거의 대부분의 사람들이 힘겨운 어린 시절을 보냈으리라고 여겨진다. 현재 한국에 거주하는 많은 노인들은 1945년에 일본으로부터 해방된 이후 극심한 사상적 혼란을 겪었고, 1950년부터 3년에 걸쳐 극렬하게 상반되는 이데올로기에 기반을 둔 동족 간 전쟁을 치렀다. 본인이 직접 전쟁에 참여하거나 가족 중의 일부가 전쟁에 참여할 수밖에 없었으며, 본인의 사상적 선택이나 환경적 강요에 의해 좌우 어느 한쪽에 소속되어 서로에게 총부리를 겨누어야 하는 경우도 있었다. 직접전쟁에 참여하지 않았다 하더라도 이로 인한 심리적 고통과 경제적 고통에서 벗어난 사람은 거의 없다시피 하였다. 또한 일본제국주의에 의한 오랜 식민지배 통치와 동족 간의 전쟁으로 인해 만성적인 경제적 가난에 시달리며 끼니를 잇지 못할 정도의 경제적 곤궁함에 처할 수밖에 없는 경우도 많았다. 물론 사람에 따라 어린 시절에 경험한 곤궁함과 역경에 대한 회상은 차이가 있을 수 있으며, 당시에 누구나 경험하는 역경이었으므로 특별히 자신만 어려움에 처한 것으로 여기지 않을 수도 있을 것이다.

Bennis와 Thomas(2002)는 개인이 겪는 역경의 극복이 성공적인 리더십을 발휘하는 데 어떤 영향을 미치는 지를 조사하여 기술한 저서 『시대와 리더십』(Geeks & Geezers)에서 역경의 경험과 이의 극복이 개인의 인생사에 미치는 영향을 기술하였다. 이들은 무엇이 탁월한 리더들을 만들어냈는지를 분석하기 위해 65세가 넘어서도 여전히 탁월한 리더십을 발휘하고 있는 25명의 기저들(geezers)과 35살도 채 안 되었지만 자신의 영역에서 탁월한 성취를 이루어내고 리더십을 발휘하고 있는 X세대 리더인 18명의 기크들(geeks)을 분석하였다. 이들은 선정된 리더들을 직접 찾아가 약 2시간 가량 녹화를 하고 녹화된 기록을 분석해서 리더들의 특성을 분석하였다. 이들은 리더들이 어떻게 형성되는지를 분석하였는데, 리더들이 형성되는데 영향을 주는 첫 번째 요인은 단련기의 시련이었다. 두 번째 요인으로는 낙관주의적이며 긍정적인 성격, 세 번째 요인으로 리더들이 가지고 있는 끝없는 호기심, 또는 새로운 것에 대한 지속적인 추구로 나타났다.

Bennis와 Thomas가 첫째로 언급한 단련기의 시련이란 각 시대를 살아오면서 사람들이 겪은 인생고를 어떻게 소화하고 개인 인생의 한 부분으로 녹여내었는가 하는 부분이다. 이들은 개인이 경험하는 각종 역경들을 시대가 주는 시련으로 정의하고 이 시련들을 개인이 어떻게 단련하였는가를 설명하기 위해 도가니(crucible)라는 말을 사용하였다. 제철, 제련과정에 쓰이는 도가니 속에는 철강을 만드는 각종 철강석과 고철 덩어리 등이 넣어져 엄청난 고열 속에서 끓이게 되고, 제련과정을 거쳐 고순도의 철강이 만들어진다. 이와 같이 각 개인은 다양한 시련을 경험하게 되고 이런 시련의 소용돌이를 거치면서 삶을 살아가는 지혜와 리더십을 배우게 되는 것이다. 도가니 속에서의 단련기가 없으면 고순도의 철강은 만들어 지지 않는다. 이런 비유를 통해 그들은 개인이 인생에서 경험하게 되는 시련을 어떻게 받아들이느냐에 따라 그 후에 그 사람이 보여 주는 리더십과 인생이 결정된다고 보았다. 이들의 연구에서 60대에도 리더십을 발휘하면서 성공적인 삶을 살고 있는 노인들은 자신이 경험한 인생의 시련기에 정치적 이유로 인해 감옥에 수감되어 16년을 보낸 경우도 있고, 해병대에서의 고된 훈련을 경험하기도 하였으며, 스승으로부터의 가혹한 단련기를 거치는 경험들을 보고하기도 하였다.

굳이 이런 연구 결과들을 들지 않더라도 개인이 겪게 되는 각종 단련기의 역경 극복을 통해 리더십을 발휘하게 되는 사람들의 이야기는 주위에서 흔히 볼 수 있다. 우리 주위에서 성공적인 삶을 살고 남들에게 영향력을 발휘하는 리더십을 보여 주는 많은 사람들이 숱한 역경을 경험하면서 이런 역경을 잘 극복한 사람들임을 알 수 있다.

성공적인 리더가 되는데 있어 역경의 경험이 중요하다는 생각은 Manz(2002)의 『실패의 힘(The power of Failure)』에서도 자세히 기술되고 있는데, 그는 더 크게 성공하고 더 큰 리더십을 발휘하기 위해서는 실패가 필수적이라고 언급하고 있다. 그에 따르면 리더들은 실패에 직면했을 때 자신의 실패에서 장애요인을 보기보다 기회요인을 포착하며, 자신이 경험한 실패를 성공의 필수 요소로 인식하고, 실패를 통해 얻은 교훈을 새로이 해석하는, 성공적인 학습자임을 알 수 있다. 실패를 경험한 사람은 실패를 극복한 힘으로 새로운 성공을 할 수 있으며, 이런 실패의 경험이 전화위복이 되어 더 큰 성공을 가져다 줄 수 있는 것이다.

노스캐롤라이나 주의 그린보로 시에 있는 창의적 리더십 센터의 연구자들은 임원들을 대상으로 임원이 되기까지의 생활과 작업경험을 조사하였다(McCall, Lombardo, & Morrison, 1988). 연구자들은 경력 상의 어려움, 역경, 외상 등이 개인의 발달에 기여할 수 있는 역할에 관한 자료를 수집하였는데, 개인의 발달에 기여할 수 있는 역경에는 사업 실패, 경력실패, 부하의 수행문제로 인한 곤경, 개인적 어려움들(예: 이혼, 일-가정 갈등, 사랑하는 사람 또는 동료의 병이나 죽음)등이 있었다. 이런 일들에 처했을 때 경력상의 성공을 이룬 사람들은 타인에 대한 민감성을 늘리고, 자신의 한계점을 인식하며, 일과 생활 간의 균형을 인식하고 자신의 경력을 잘 관리함을 통해 문제를 해결하고 한 단계 발전을 이룩할 수 있었다.

Aldwin과 Levenson(2005)은 '삶과 노화에 미치는 역사적 영향' 중 전쟁시 병사로 참여한 것이 주는 긍정적인 의미와 부정적인 의미를 분석하였다. 병사로서 전쟁에 참여하는 경험은 개인에게 굉장한 외상적인 상처를 줄 수가 있지만 어떤 사람들에게는 정서적인 성숙과 같은 긍정적인 효과를 가져다 줄 수도 있다. 이들은 68~92세의 남성들에게 전쟁에 참여한 경험을 물어보고 전쟁 경험이 준 긍정적인 영향과 부정적인 영향에 대한 질적 분석을 시도하였다.

전쟁 경험을 통해 얻게 된 긍정적인 효과는 1) 역경에 대처하는 방법의 학습, 2) 자기 수양, 신뢰성의 증가, 3) 폭넓은 시야의 확보, 4) 협동심, 팀웍 능력의 증가, 5) 평생 친구의 확보, 6) 독립성의 증가, 7) 인생의 가치 증대, 8) 평화가치의 인정, 9) 소중한 기억의 보유, 10) 자신에 대해 보다 긍정적이 됨, 11) 보다 애국적이 됨, 12) 직무 기술과 지식의 향상, 13) 교육기회를 통해 인생의 방향 개선, 14) 인생의 방향과 목적의 명료화 등을 들었다.

전쟁 경험으로 인한 부정적인 효과는 1) 자신 및 가정에 경제적인 문제의 야기, 2) 인생의 파괴, 3) 삶과 가족관계에서의 외로움, 4) 경력의 지체, 5) 전투에 대한 불안과 걱정, 6) 결혼 파탄, 7) 시간낭비와 피로, 8) 고통과 불편감, 9) 친구 상실, 10) 건강 상실, 11) 사랑하는 사람과의 이별, 12) 음주 습관 발생, 13) 악몽에 시달림, 14) 죽음과 파괴의 공포 등이었다. 이 결과들은 똑같은 역경이라 하더라도 개인에게 주어지는 의미가 다를 수 있으며, 이를 어떻게 극복하는가가 중요한지를 보여 준다.

Maslow(1970)는 자기실현을 하는 사람들은 성인들 중에 1%도 되지 않는다는 것을 지적하며, 많은 사람들이 자기실현을 하지 못하는 이유를 안전욕구에 의존하기 때문이라고 보았다. 즉 자신의 현실에 안주하고 안전한 토대에서 벗어나려고 하지 않는 성향으로 인해 많은 사람들이 자기실현을 하지 못한다는 것이다. 이에 비해 안전한 기지를 확보하지 못하였거나 안전욕구에 의존하지 않는 사람은 항시 새로운 도전을 하려고 하게 된다. 이 설명을 개인이 살아가면서 경험하는 역경의 경험과 연계시켜 보면, 역경을 경험할수록 개인은 자신을 개선하려는 욕구를 강하게 가진다고 추론할 수 있을 것이다.

한편 Adler(1956)도 이미 오래전에 열등감이 개인의 발전을 도모하게 하는 기제로 작용한다는 제안을 하였다. 개인이 기관 열등감을 갖고 태어나게 되면 그 주변의 다른 기관의 발달이 남보다 더 뛰어나게 되는 것처럼, 어느 한 영역에서 심리적인 열등감을 갖게 되면 다른 한편 이를 극복하려는 의지가 생겨난다는 것이다.

Maslow와 Adler의 주장을 함께 놓고 생각해 보면 우리가 실패를 하게 되면 실패의 만회를 통해 더 큰 성취를 하고자 하는 욕구가 발휘되는 반면, 어느 한 영역에서 성공을 하게 되면 여기에 안주하고 안전하게 있으려는 욕구가 또한 생겨나게 된다는 것을 알 수 있다. 물론 지금까지 이야기한 것은 실패나 역경이 줄 수 있는 긍정적인 부분만을 이야기한 것이다. 계속되는 실패나 역경으로 인해 인간은 더 큰 좌절에 빠지거나 학습된 무기력에 빠질 수도 있을 것이다(Seligman & Maier, 1967).

본 장에서는 인간이 평생을 살아가면서 경험하게 되는 주요 역경이 무엇이고 이런 역경을 경험하는 데 있어 성공적인 노인과 비성공적인 노인 간에 어떤 차이가 있는지를 고찰하여 보고자 하였다. 인생에서 어려웠던 시절이 어떤 것들인지를 알아보기 위해 성공적인 노인과 성공적이지 않은 노인들에게 인생을 살아오면서 크게 영향을 받은 사건이 어떤 것들인지, 그리고 전쟁의 경험을 겪은 적이 있는지, 어린 시절 삶의 형편은 어떠했는지 등을 조사하였다. 또한 이와 더불어 노인으로서 차별 받은 경험이 있는지와 앞으로 얼마나 더 사시고 싶은지를 조사하였다. 성공적인 노인과 비성공적인 노인 간에 역경을 경험하고 대하는 부분에 차이가 있는지를 알아보기 위해 본 연구에서 채택한 인터뷰 질문은 다음과 같은 것이었다.

1. 어르신이 살아오시면서 가장 크게 영향을 받은 사건은 어떤 것인가요? 그 사건은 어르신 인생에 어떠한 영향을 주었습니까?

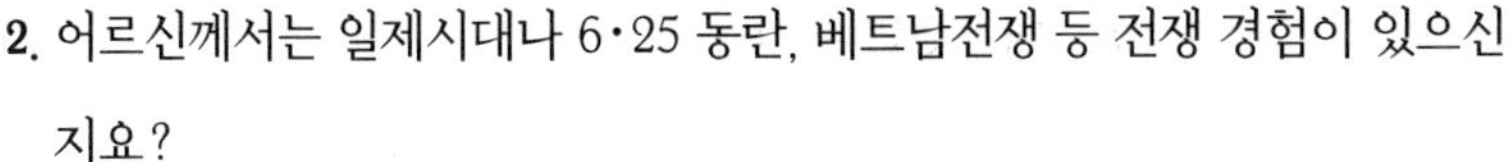

2. 어르신께서는 일제시대나 6·25 동란, 베트남전쟁 등 전쟁 경험이 있으신지요?

_____예(가장 중요한 의미가 있는 전쟁 _________) _____아니오

2-1) 참전했거나, 전쟁 때문에 피난했거나 또는 가족 중에 전쟁에 참여한 사람이 있으신가요? 있다면 그때 상황을 자세하게 말씀해 주세요.

2-2) 전쟁은 어르신의 삶에 어떤 영향을 미쳤습니까?

2-3) 전쟁과 관련해서 가족 중에 사망하거나 다친 사람이 있는지요?

2-4) 전쟁으로 인해 가족과 헤어지셨나요? 지금까지도 찾지 못한 가족이 있으신가요?

3. 어렸을 때 가정 형편이 어떠했었는지 말씀해 주세요. 그러한 가정 형편이 어르신의 성장에 어떤 영향을 주었다고 생각하십니까?

4. 앞으로 얼마나 더 사실 거라고 생각하십니까? 앞으로 얼마나 더 사시고 싶으신가요?

5. 언제 차별이나 괄시를 받는다고 느끼십니까?

1. 개인의 인생에 영향을 준 사건

우리는 인생을 살아가면서 숱한 역경을 경험하고, 역경 속에서 새로운 의미를 찾아가면서 살아간다. 개인의 인생사는 개인이 태어난 역사에 좌우되는 경우가 많기 때문에 개인이 인생에서 겪게 되는 역경은 어느 시대에 태어났느냐에 따라 다를 것이다. 본 연구에서는 성공적인 노년을 보내고 있는 노인 49명과 성공적이지 않은 노년을 보내고 있는 노인 31명에 대한 인터뷰 자료를 분석하였다. 성공적인 노인이나 비성공적인 노인이나 모두 개인인생에 큰 영향을 준 것이 없다는 응답이 가장 높은 비율을 차지하였다. 이는 특별한 사건이 없어서라기보다는 오랜 세월이 지

〈표 8-1〉 개인의 인생에 영향을 준 사건

구분	인생에 영향을 준 사건		
	성공(%)	비성공(%)	계(%)
① 사기나 사업 실패	7(14)	8(26)	15(19)
② 가족 친지 사망	6(12)	8(26)	14(18)
③ 질병	4 (8)	3(10)	7 (9)
④ 가정불화	0	3(10)	3 (4)
⑤ 전쟁 경험	2 (4)	0	2 (3)
⑥ 가난의 고통	2 (4)	0	2 (3)
⑦ 승진 탈락	2 (4)	0	2 (3)
⑧ 기타: 포상, 무자식, 등 1건씩	6(12)	0	6 (8)
⑨ 특이 기억 없음	20(41)	9(29)	29(36)
소계	49	31	80

나면서 잊히기 때문으로 여겨진다. 인생에 영향을 준 사건으로 기억나는 사건으로 언급한 것을 살펴보면 가장 많이 나온 것이 사기를 당하거나 사업 실패와 가족, 친지의 사망을 들었다. 성공 노인과 비성공 노인 간에 큰 차이가 나지 않는다는 것이 주목할 만한 점인데, 개인이 경험하는 역경자체가 개인의 행불행을 결정하는 것은 아닐 수도 있다는 것을 시사하는 결과라고 하겠다.

1) 성공적인 노인들이 이야기하는 인생 역경들

첫째 사기나 사업 실패의 경험들로 총 7건을 이야기하였다. 구체적으로, 돈을 떼인 일, 사업 실패와 사기 당한 일, 부도(운전직으로 이직 하게 만드는 긍정적인 역할을 함), 콩재배 사기당한 일, 부도로 재산(차 3대) 상실한 일, 사기를 당해 몇 년 고생한 것, 재산에 대한 세금 추징(투

기범으로 판정되어 8,000만 원 압류) 후 소송에 가서 승리하게 된 일 등을 들었다. 둘째로 많은 사항은 가족, 친지 사망으로 6건이었다. 구체적으로 가족 사망(며느리, 배우자 등), 남편의 객사, 여동생의 사망, 부모님의 사망, 돌보아주던 아저씨 사망 등을 들었다. 세 번째로 어려웠던 사건들은 질병으로 4건이었다. 구체적으로 군대에서 폐결핵 판정받은 것, 어린 시절의 화상, 병약한 어린 시절, 남편의 폐암 진단 등이었다. 네 번째로 들은 어려웠던 사건들은 전쟁 경험으로 인한 4건이었다. 전쟁시 부상당한 일, 전쟁 참가시에 받은 경험의 영향을 들었다. 다섯 번째로 들은 인생 사건들은 가난의 고통 2건이었는데, 어린 시절 가난으로 학교 진학이 힘들었지만 머슴살이, 나무해 팔기, 미군 PX근무로 돈 벌어 학교 다니던 일, 가난으로 유학갈 기회를 포기하였던 것들을 들었다. 여섯 번째 인생사건은 승진 탈락으로 인한 경험 2건이었다. 군대 승진 탈락으로 대령 승진 못하고 전역한 일, 장교 승진 누락으로 인생변환을 하게 된 일들을 들었다. 이외사항으로 국민 포상 받은 것, 직장 상사 영향으로 공부하게 된 것, 자식 낳지 못한 것, 특정인이 조상 땅을 개인 땅으로 만드는 바람에 힘들었던 일, 개인 땅을 공동묘지로 알고 어머니 안장해서 힘들었던 일, 차량 접촉 사고나 주차 시비가 붙었던 일들을 들었다.

성공적인 노화를 겪고 있는 노인들은 자신이 경험한 역경들을 새로운 삶을 사는 전환점으로 삼는 경우들이 많았다. 너무 힘든 가난으로 더 열심히 일하게 되었다든가, 역경에 부딪쳐 결국 이겨냈다든가, 인생을 전환하였다든가 하는 이야기들을 많이 하였다.

2) 성공적이지 않은 노인들이 이야기하는 인생 역경들

첫 번째는 사기 부도 등으로 인한 경제적 곤궁을 이야기한 여덟 분의 이야기였다. 구체적으로 부도, 부도난 어음을 받아서 생겼던 일, 빚

보증으로 집을 날린 일, 돈 떼임을 당한 일, 자녀의 사업 실패로 집이 경매당한 일, 결국 승소했지만 땅 때문에 재판받은 일, 동료의 사기, 어려움을 당해 집 팔아먹은 일, 남편이 전세돈 날리고 돌아온 일 등이었다. 두 번째로 많은 역경들은 가족이나 친지 사망으로 인한 역경으로 8건이었다. 교통사고로 자식 사망하고 며느리는 재가하게 된 일, 대학 재학중 큰 아들 사망한일, 재산 다툼으로 큰 아들이 망나니짓을 하여 심근 경색이 온 일, 길에서 출산할 정도로 가난하여 막내딸이 사망한 일, 시아주버님이 총살당해 도망한 일, 자식의 사망으로 신체 질병을 얻게 된 일, 부모님이나 배우자 사망 등이었다. 세 번째로 든 역경들은 가정불화로 3건이었는데, 부인의 가출, 모든 돈 갖고 도망가 버린 부인의 배신, 가정 파탄을 들었다. 네 번째로 든 역경들은 질병이나 사고로 인한 역경 3건이었다. 뇌수술로 정신이 흐릿해진 일, 가족의 질병으로 금전적으로 어려움을 겪게 된 일, 교통사고로 다리를 절단한 일등이 여기에 해당되었다. 그 외에도 강제로 요양원에 수용된 일, 너무 힘들어서 직장으로의 복귀를 못하게 되어 기회를 상실하게 된 일, 공부를 못해서 아무것(은행일, 길 찾기 등)도 못하는 것, 부인이 병에 걸렸는데 자식들이 치료 거부한 일, 남편 입대 후 혼자 피난하던 일들을 들었다.

성공적이지 못한 노년을 보내고 있는 노인들은 같은 역경을 경험하였더라도 이 역경에 치여 허우적대는 삶에서 빠져나오지 못하는 경험을 하게 되는 경우가 많았다. 그리고 본인들이 경험한 인생의 역경이 너무 힘겨워서 지금 현재에도 그 영향에서 벗어나지 못하고, 과거에 얽매어 있는 경우들이 많았다.

2. 전쟁의 경험이 준 영향

우리나라 노인들은 대부분 전쟁의 기억을 가지고 있다. 전쟁은 어떤 형태로 기억되고 있는지를 알아보기 위해 전쟁의 기억에 대한 질문을 하였다. 전쟁으로 인해 피난을 하게 된 경험을 이야기한 사람이 41명으로 가장 많았으며, 실제로 전쟁에 참여한 사람들도 26명이었다. 성공적인 노년을 보내는 노인이나 성공적이지 않은 노년을 보내는 노인이나 피난 시절의 고통을 가장 많이 언급하였으며, 한국전에 직접 참여한 경험은 성공적인 노년을 보내는 사람에게서 더 많았다. 성공적이지 않은 노인 중에는 피난가지 않고 남아서 전쟁을 체험하였다고 하는 노인들도 8명이나 되었고, 성공적인 노인 중에는 21%가량이 전쟁의 기억이 없다는 응답을 하였다(〈표 8-2〉 참조).

1) 성공적인 노인들이 겪은 전쟁의 경험

전쟁이 준 경험, 전쟁이 준 영향 또는 전쟁으로 인한 이별의 경험이 있는지를 인터뷰하였다. 조사대상자 중 대부분이 전쟁의 끔찍함을 경험

〈표 8-2〉 전쟁의 경험이 준 영향

구분	전쟁 경험이 준 영향		
	성공(%)	비성공(%)	계(%)
① 피난 시절의 고통	23(43)	18(50)	41(46)
② 한국전 참여의 고통	19(36)	7(19)	26(29)
③ 뚜렷한 전쟁 기억 없음	11(21)	2 (6)	13(15)
④ 피난 안 가고 남아 전쟁 체험	0	8(22)	8 (9)
⑤ 기타(불분명)		1 (3)	1 (1)
소계	53	36	89

하였고, 이 와중에 가족의 이별이나 사망과 같은 힘든 일들을 경험하였다. 그러나 성공적인 노인들은 이런 힘든 일들 속에서 새로운 계기를 찾거나 의미를 찾으려 하였고, 자신이 겪은 과거 일에 대해 많은 이야기를 하며 의미를 부여하려고 하는 모습을 보여 주었다.

가장 많이 언급된 전쟁시 피난의 고통 체험을 이야기한 사례가 23건이었는데 전쟁으로 인한 부정적인 경험이 대부분이었지만 긍정적인 경험을 이야기한 사람들도 있었다. 먼저 부정적인 영향으로는 한국전쟁으로 인해 집안 식구들 중의 한명이상이 사망하거나 행방불명이 된 경우가 9건이나 있었고, 본인이 부상당한 경우가 2건, 전쟁으로 교육기회나 재산을 잃어버리고 젊은 시절을 소비해버리게 되었다는 사례가 7건이 있었다. 이런 부정적인 측면이 있던 반면 전쟁이 개인에게 긍정적인 영향을 미치게 되었다는 사례도 있었는데, 중1때 한국전쟁 경험하게 되고 이때 형, 누나와 이별하였으나 독불장군 식으로 홀로 성장하는 계기가 된 사례, 중등시절 한국전쟁을 경험하게 되었으나 이때 교육을 받아 이후 많은 일을 하게 되었다는 경험, 중등시절 한국전쟁을 경험하게 되면서 사상을 확고히 정립하게 되었다는 경험, 한국전쟁시 피난 중의 배고픈 기억이 나지만 이때 생에 대한 확고한 신념을 획득하였다는 사례, 한국전시 피난하면서 형님이 다리가 절단되는 부상을 입었으나 형의 참전으로 가족이 혜택을 받아 민주주의 우월성과 자부심을 느끼게 되었다는 사례 등을 들 수 있다.

실제로 군인 또는 군속으로 한국전 참여한 경우가 19건이었는데, 참전 중 부상 등으로 삶이 달라진 경우가 3건, 참전 중 겪은 배고픔과 참혹한 고생을 이야기한 경우가 4건, 본인의 참전으로 자녀나 부모에게 영향이 미쳐져서 집안이 어려워진 경우가 2건, 전투의 기억으로 아직도 두렵다는 경우가 2건, 배움의 기회를 잃고 모든 것을 잃어버렸다는 경우가 2건 등 부정적인 경험을 이야기하는 사례가 많았다. 하지만 방위군 장교로 참전하여 수송관이라는 좋은 자리에 배치되어 삶의 전기가 된 경우, 학도병과 해병대 일반병으로 참가하여 자신이 더 발전하게 되는 계기가 된 경우, 일제 징용과 한국전 때 경찰로 참전하면서 노력해서 살아보자는 의욕을 가지게 된 경우, 한국전쟁 참가로 부식을 제공 받아 감사하다는 마음을 가지게 되었다는 경우, 한국전 군속으로 참전하면서 부지런해져서 다른 삶을 살게 되는 계기가 되었다는 전쟁참여의 긍정적인 효과를 이야기 하는 사례도 5건이 있었다.

성공적인 노후를 보내고 있는 노인들은 전쟁의 끔찍함을 잊지 않으면서도 이 전쟁이 자신에게 준 긍정적인 영향을 떠올리는 모습을 나타내는 경우가 많았다. 즉 전쟁을 계기로 자신의 인생이 바뀌었다던가, 삶의 의욕을 찾게 되었다던가 하는 긍정적인 면을 많이 보여 주었다.

2) 성공적이지 못한 노인의 전쟁 경험

현재 성공적이지 못한 노후를 보내는 노인들에게도 똑같이 전쟁 경험 유무, 전쟁이 준 영향, 전쟁으로 인한 이별의 경험 등이 있는지를 질문하였다. 성공적이지 못한 노인들의 경우 성공적인 노인들과 비슷하게 과거에 많은 어려움을 겪은 것은 비슷하였으나 그때 일들을 잘 회상하려고 하지 않고 되돌아보려 하지 않는 모습을 보여 주었다. 또한 적극적으로 먼 곳으로 피난을 가기보다 집주변 가까이에 그냥 머물러 전쟁을 치른 경우들이 많이 있었으며, 자신들이 당하는 사건들에 보다 소극적인 대처를 하는 모습을 보여 주었다.

전쟁시 피난의 체험을 이야기한 사례가 18건이 나왔는데 피난 중에 가족이 사망하는 경험을 하게 된 경우가 4건, 본인이나 배우자가 부상당한 경우가 2건, 피난으로 인해 심한 고생을 한 사례가 10건이었다. 그 외에 피난 시절 생각해서 나누어 주는 마음이 생기게 되었다거나 별 영향이 없다는 사례가 2건이었다. 전쟁으로 인한 고통의 강도는 성공적인 노인들에 비해 덜 강하게 기억하고 있는 것으로 나타났다.

한국전에 직접 참전한 경험은 7건이었는데, 잘 기억이 나지 않거나 전쟁의 영향이 없다는 의견이 4건, 아주 힘든 경험을 하여 끔찍하다는 사례가 2건, 가족과 헤어지는 일을 경험하게 되었다는 사례가 1건이었다. 전쟁 참전의 기억을 떠올리려 하지 않았고, 긍정적인 영향을 이야기한 경우는 없었다.

피난 안가고 남아서 전쟁 체험을 한 경우도 8건이나 되었는데, 이중 5명은 전쟁으로 가족 중 한 명 이상이 사망하는 경험을 겼지만 피난을 가지 않고 남아서 전쟁을 경험하였다. 성공적인 노인들의 경우 피난을 안 갔던 경우가 하나도 없었다는 것과 비교해 보면 훨씬 수동적으로 상황을 수용한 것으로 보인다.

성공적이지 않은 노년을 보내는 경우 뚜렷한 전쟁 기억이 없다는 경우도 2건으로 나타났다. 이상의 결과들을 종합해 볼 때 인생을 살면서 경험한 중대한 사건에 대한 반응이 성공적인 노년을 보내는 노인들과 비교해 볼 때 상당히 수동적이고 소극적임을 알 수 있다.

3. 어린 시절 가정 형편과 이의 영향

한국의 50년대는 가난과 전쟁으로 점철된 시기였다. 현재 노년기에 접어든 대부분의 노인들이 경험한 어린 시절은 이런 힘든 시기와 연관되어 있을 것이다. 여기서 재미있는 결과가 나왔는데, 성공적인 노인들이 기억하는 어린 시절은 아주 가난한 가정 형편이 26건, 보통 정도의 가정 형편이 13건, 부유하게 살았다는 것이 10건으로 51%나 되는 과반수이상이 지독하게 가난하였던 것으로 어린 시절을 회상하였다. 이에 비해 비

〈표 8-3〉 어린 시절 가정 형편과 이의 영향

구분	어린 시절 형편의 영향		
	성공(%)	비성공(%)	계(%)
① 아주 가난한 가정 형편	26(51)	13(35)	39(44)
② 보통 정도의 가정 형편	13(26)	8(22)	21(24)
③ 부유하게 삶	10(20)	16(43)	26(30)
④ 기타(불분명)	2 (4)	0	2 (2)
소계	51	37	88

성공 노인들은 부유하게 살았다가 16건으로 가장 많았고, 그 다음으로 아주 가난한 가정 형편이 13건, 보통 정도의 가정 형편이 8건으로 나왔다. 현재 삶이 성공적이지 않은 노인들의 경우 어린 시절 부유한 삶을 산 사람들이 많았고, 현재 삶이 성공적인 노인들의 경우에는 어린 시절에 아주 가난한 가정 형편에서 자란 경우가 많았다는 것은 아주 흥미로운 결과라고 할 수 있을 것이다. 여러 가지 해석이 가능하겠지만 현재 성공적이지 못한 노인들은 어린 시절 부유했던 시절에 대비해서 현재 자신의 생활에 대해 불만을 가지고 있을 수도 있고, 현재 성공적인 노인들은 이런 비교와 더불어 자신의 가난한 형편을 극복하기 위해 힘든 노력을 해서 현재의 성과를 이루어냈기 때문일 수도 있을 것이다.

1) 성공적인 노인들이 겪은 가난의 경험과 영향

앞서 언급하였듯이 현재 성공적인 노후를 보내고 있는 노인들 중에는 어린 시절의 가정 형편이 하위 수준이라고 응답한 노인이 26건으로 월등히 많았고, 중간 정도로 먹고 살 정도 되었다는 사례가 13건이었고, 부유하게 살았다는 의견도 10건이 나왔다. 부유했다는 의견들은 친정이 잘 살았거나 대학 보낼 정도로 잘 살아 베풀며 살 정도였다는 의견들이었다. 그러나 상위 수준이라고 응답한 노인의 비중은 상대적으로 극소수였고 하위 수준이라고 응답한 사람들이 많았다는 것이 흥미롭다.

성공적인 노인들은 어린 시절의 생활형편이 하 수준으로 아주 가난하게 살은 사람이 많았지만 이들은 이때의 어려움이 독립심이나 가난을 극복하겠다는 의지를 키워주었다는 응답을 많이 하였다. 상대적으로 형편이 나았던 사람들도 이런 자신의 형편을 잘 활용하는 모습을 보여 주었다. 그리고 많은 사람들이 제때 배우지 못한 것을 한스럽게 여기고 있었다.

어린 시절을 아주 가난하게 보냈다고 회상한 사례들을 구체적으로 살펴보면 지독하게 어려워서 배우지 못한 게 한이 되었다는 사례들이 많았다. '지겹게 어려워서 학교 다니는 6년 동안 점심을 세 번 싸가지고 갔고 맨발로 다녔다. 이로 인해 크지도 못하고 배우지 못하였다' '없어서 고모 집에 얹혀살았고 혼자 벌어서 썼다' '형편 어려웠다. 아버지 여의고 어머니 밑에서 성장했는데 배우지 못해 고통이고 서류하나 못 띠는 신세다' '형편 없었다. 어머니가 4살 때 사망하신 이후, 4살 때부터 떠돌이 소작으로 살았다. 배우지 못한 게 한이다' '많이 어려워서, 형님만 공부시켰다. 공부했으면 농촌에 없었을 것이다' '어려웠다. 명절 때나 밥 먹을 정도였고 배우지 못하였다' 등이 이런 예들이다.

어린 시절의 가난이 독립심이나 근성을 키워주었다는 것과 같이 긍정적인 영향을 주었다는 사례들도 많았다. '초근목피로 연명할 정도 가난하였다. 나에게 자립심을 키워주었다' '밥도 못 먹을 정도로 어려웠다. 이로 인해 악착같이 살아야겠다는 생각이 들었다' '죽이나 소나무 껍질을 먹을 정도로 어려웠다. 하지만 부모님이 그만할 때까지 공부했고 어머니의 가르침에 많은 영향을 받았다' '아주 하정도의 생활로 배달 일을 하며 살았고 이로 인해 남에게 외상을 지거나 월부로 사지 않았다' 등의 사례들이 그들이다.

나머지 의견들도 대부분 아주 힘들게 어린 시절을 보냈다는 의견들이었다. 되돌아 볼 때 큰 영향을 준 것 같지는 않지만 지독하게 어려운 가정 형편이었다는 회상을 하였다.

2) 성공적이지 않은 노인들이 경험한 가난과 이의 영향

어린 시절의 가정 형편은 상이 16건, 중이 8건, 하가 13건으로 상의 수준이 가장 많았다. 성공적인 노인에 비교해 볼 때 성공적이지 않은 노인들이 어린 시절 가정 형편을 상으로 기억하는 사람들이 더 많다는 것이 홍미롭다. 가난한 어린 시절을 회상하되 이런 어린 시절이 자신들에게 긍정적인 영향보다는 부정적인 영향을 미친 것으로 기억하고 있었고, 그런 상황을 체념하며 수동적으로 받아들이는 사람이 많았다. '다 그렇게 살았고 별 영향 없었다' '어렵게 살았고, 동생들을 다 키웠다. 내게 준 영향은 없고, 부모를 잘 만나야 한다' '보릿고개를 감자로 연명했다. 공부 잘했는데 남자만 학교 보내주었다'등의 사례를 들 수 있다. 부유하게 상정도로 살았다는 경우도 본인들에게 미친 영향은 많이 언급하지 않았다.

특이한 것은 현재 성공적이지 않은 노인들의 어린 시절이 현재 성공적인 노후를 보내고 있다고 보이는 노인들보다 부유한 경우가 상대적으로 많았다는 사실이다. 어린 시절의 역경이 개인을 단단하게 해 주고, 어려움을 극복하고 삶을 살아가는 원동력을 제공해 준다는 측면으로 해석이 가능한 결과라고 하겠다. 반대로 어린 시절에 가졌던 상대적인 부유함이 부정적인 영향을 줄 수도 있음을 시사하는 결과라고 하겠다.

4. 남은 인생에 대한 기대

성공 노인과 비성공 노인을 구분하여 자신의 인생이 얼마나 남았다고 생각하고, 앞으로도 얼마나 더 오래 살고 싶은지를 조사 비교해 보았다. 인터뷰 결과 성공적인 삶을 살고 있는 노인들과 비성공적인 노인들 간에 남은 인생을 바라보는 시각에 현저한 차이가 있음이 드러났다. 성공적인 노인들 중에는 10년 이상 건강하게 더 오래 살고 싶다는 사람들이 19건(37%)이었고, 10년 미만 정도 조금 더 건강하게 살고 싶다는 의견이 20건(40%)으로 나타났다. 빨리 죽고 싶다는 의견은 6건(8%)이었고, 애들 잘되는 것 볼 때까지가 4건(7%)으로 나왔다. 이에 비해 비성공적인 노인들은 빨리 죽고 싶다는 의견이 15건(42%)으로 나타났고, 애들 잘되는 것 볼 때까지가 4건(11%)로 나타났다. 이에 비해 비성공적인 노후를 보내고 있는 노인들은 '10년 미만 정도 조금 더 살고 싶다'는 의견이 13건(36%)으로 나타났으나 10년 이상 더 살고 싶다는 의견은 한건도 나타나지 않았다. 이 결과는 성공적인 노인들은 대부분의 사람들이 더 건

〈표 8-4〉 남은 인생에 대한 기대

구분	남은 인생 기대		
	성공(%)	비성공(%)	계(%)
① 건강하게 오래(10년 이상) 살고 싶음	19(37)	0	19(22)
② 조금 더(10년 미만) 건강하게	20(40)	13(36)	33(38)
③ 애들 잘되는 것 볼 때까지	4 (7)	4(11)	8 (9)
④ 빨리 죽고 싶음	6 (8)	15(42)	21(24)
⑤ 모르겠음	0	3 (8)	3 (3)
⑥ 무응답	3 (6)	1 (3)	4 (5)
소계	52	36	88

강하게 살아서 삶을 향유하고자 하는 욕구가 강한데 비해, 성공적이지 않은 노인들은 더 살기보다 빨리 죽고 싶다는 의견을 더 많이 피력하였다는 것을 보여 준다. 즉 성공적인 노인들은 장기적으로 인생전망을 하고 미래를 긍정적으로 바라보고 있는 반면에 비성공적인 노인들은 미래를 부정적으로 바라보고 빨리 인생을 종료하고 싶어한다는 것을 보여 주는 결과라고 할 수 있다.

1) 성공적인 노인의 남은 인생 기대

성공적인 노인들은 건강하게 오래(10년 이상) 살고 싶다는 의견이 19건(37%), 10년 정도 조금 더 살고 싶다는 의견이 20건(40%), 자식이 잘 될 때까지 살고 싶다는 의견이 4건(7%)로 나타나 84%가량의 노인들이 더 오래 살아야겠다는 의견을 피력하였다. 빨리 죽고 싶다는 의견은 6건으로 응답자중 8%에 불과하였다. 건강하게 오래살겠다는 노인들은 '100살까지 건강하게' 살고 싶다는 의견이 3건, '건강이 허락하는 한 100이던 80이던' '건강하게 살다 하나님이 부를 때까지' '95세까지' 2건, '90까지 내가 활동할 수 있을 때까지' '한 20년 더' 가 3건, '15년 정도 더'가 2건, '10년 정도 더'가 5건 정도로 응답하였다. 조금 더 오래 살고 싶다는 노인들은 '80정도까지' 3건, '5~6년 더'가 4건, '2~3년 정도 더'가 3건등이었고, 구체적으로 90이나 75세까지로 지칭한 분도 있었다. 조금더 살아 자식이나 손자가 잘될 때까지 살고 싶다는 의견은 4건 정도 나왔다. 빨리 죽고 싶다는 의견에는 '살만큼 살았음. 아무 때 죽어도 됨' '금방 죽고 싶은데 죽을 거 같지 않음' '아프면 금방, 그렇지 않으면 더 살고 싶음' '내일이라도 죽고 싶음. 너무 오래 살음' '그만. 오늘밤이라도' '지금 86인데 잘 살았지. 몰라' 등의 의견이 있었다.

성공적인 노후를 보내는 노인들은 나이에 상관없이 자신의 남은 인생을 아주 긍정적으로 보고 있었다. 더 살아서 뭔가를 하겠다는 의욕이 넘치고 있었으며 심리적인 상태가 안정적이고 희망적인 모습을 보여 주었다.

2) 성공적이지 않은 노인의 남은 인생 기대

성공적이지 않은 노인들은 더 살고 싶지 않다는 의견이 15건(45%)으로 가장 많은 비율을 차지하였고, 10년 미만 정도 살고 싶다는 의견이 13건(36%)이었고 자식들 잘될 때까지 살고 싶다는 의견이 4건(11%)으로 나타났다. 더 살고 싶지 않다고 응답한 의견들은 단순히 '살고 싶지 않음'이 5건, '살고 싶지 않음. 자는 듯이 죽고 싶음' '살고 싶지 않음. 죽고 싶기만 함' '아무 때 죽어도 죽을 텐데 그냥 죽고 싶음' '더 살고 싶은 생각 하나도 없음' '살면 몇 살까지 살고 싶은 생각 없다니깐' '오늘 저녁이라도 죽고 싶음. 낼이라도 죽고 싶음, 말짱하다 이틀 후' 란 응답이 3건, '없으니까 아무것도 싫음' '내일도 싫고 모레도 싫고 아이 싫어요. 살고 싶은 생각 하나도 없어요' 등이었다. 대부분의 응답이 더 사는 것의 의미가 없고 귀찮은 듯한 응답이었다. 조금 더 살고 싶다는 의견들도 '뭐 하러 더 살아. 많이 살아야 5년' '내 5년 정도, 80은 안 될 것 같음' '앞으로 4년. 더 살고 싶은 욕망 없음' '87이나 88세까지. 살고 싶음. 현재나이는 82세니까 한 2년 더 살 것 같음' '잘해야 한 삼년' '몇 년 더' '1~2년 더'와 같은 응답들이었다. 좀 더 살고자 하는 의견들도 '많이 살아야 5년' 2건, '10년 이상 더 살고 싶지 않음' '더 살면 80까지' '현재 나이 69세인데 6년 더 살고 싶음' '내가 이렇게 살아서 뭐하나 싶은 생각이 들어요. 조금 그래서 내가 쪼금 재미있는 일이 있고, 손자들 못보고 이런 거 거시기해야 하는데. 그런 거 마누라 없으니까 이제 뭐 아무 것도 싫어요'와 같은 의견들이었다. 손자녀 잘될 때까지나 아들 장가 갈 때까지 살고 싶다는 의견도 4건이 있었다.

성공적이지 않은 노후를 보내고 있는 노인들이 보여 주는 말투나 어조는 체념과 좌절감 같은 것들이었다. 길게 인생을 조망하기보다 마지못해 하루하루를 산다는 듯한 말투로 더 살고 싶지 않다는 식의 의견피력을 많이 하였다.

5. 노인에 대한 차별의 경험

노인이 되어서 차별받은 경험이 있거나 차별받는다고 느끼게 된 경우가 있는지를 물어보았다. 두 집단 모두 없거나 잘 모르겠다는 의견이 65%, 50%로 가장 많이 나왔다. 차별경험의 사례로는 늙었다고 활동에서 소외시킬 때, 늙었다고 괄시할 때, 자기 자격지심의 생각으로 등이 나타났다. 성공적인 노인과 비성공적인 노인 간에 큰 차이는 나타나지 않았다. 단, 성공적인 노인들에 비해 비성공적인 노인들은 수동적인 자세가 많이 나타났다.

〈표 8-5〉 노인에 대한 차별의 경험

구분	노인에 대한 차별 경험		
	성공(%)	비성공(%)	계(%)
① 없거나 잘 모르겠음	34(65)	17(50)	51(63)
② 늙었다고 활동 소외시킴	7(13)	7(21)	14(16)
③ 늙었다고 괄시함	4 (8)	0	4 (5)
④ 자기 자격지심의 생각	4 (8)	7(21)	11(13)
⑤ 기타: 지역, 성, 무자식 등	3 (6)	3 (9)	6 (7)
소계	52	34	86

1) 성공적인 노인의 차별경험

없거나 잘 모르겠다는 의견이 34건(65%)으로 가장 많이 나타나 대부분의 경우 이런 경험이 없다는 응답을 하였다. 차별경험이 있다는 의견을 보인 사례를 살펴보면, 늙었다고 활동에서 소외시킬 때 7건으로 '운동이나 일할 때 젊은이들이 우리도 할 수 있는 일을 못한다고 할 때' '남이 하는 것을 못한다고 할 때' '이장회의, 마을회의 등에서 늙었으니까 빠지라 할 때' '젊을 때는 한마디 해도 받아들였는데 늙으니까 받아들이지 않을 때' '재향 군인회 등에 나가면 늙었다고 천대 받을 때' '어떤 모임에서 소개받아야 하는데 그렇게 안 될 때' '자식들이 저희끼리 뭘 의논하고 제껴 놓을 때' '정부 대책에서 차별(자영업자나 돈 없는 사람)받을 때'라는 응답을 하였다. 늙었다고 괄시 받을 때가 4건으로 '부부싸움 후 화풀이를 남편에게 할 때' '괄시를 받음. 내가 힘이 없어서' '전철이나 버스에서 양보하지 않을 때' '있긴 있는데 꼬집어 말 못하겠음' 등이었다. 자격지심에 스스로 그런 느낌이 든다는 의견도 4건으로 '젊은 사람들보다 눈에 거슬리는 행동하게 될 경우' '모든 활동에서 뒤쳐져서 조리 있게 리드하지 못할 때 스스로 느낌' '자격지심에 그렇게 느끼는 것임' '차별보다 늙으니까 쓸모없어졌구나 하는 느낌이 들 때가 있음' 등의 응답을 하였다. 기타로 '현직 있을 때 지역 차별 받음' '젊어 혼자 되어서 없신 여김 받음' '아들 없다고 온전히 안 봄'등의 의견이 있었다.

2) 성공적이지 않은 노인의 차별경험

성공적이지 않은 노인들의 경우도 차별경험이 없거나 잘 모르겠다는 의견이 17건(50%)으로 나타났는데, 성공적인 노인들보다는 차별받지 않았다고 응답하는 비율이 낮아졌다. 차별받았다고 느낀 경우도 17건(50%)이 나타났는데 의견수용을 안하고 무시하거나 소외시킬 때가 8건으로 '얘기도 안하고 아프다고 관광 가는데 뺄 때' '많음. 어울릴 때, 말할 때 등등' '교육 받지 못했을 때' '가게 주인이 가게에 갔을 때 나만 업신여기는 것 같을 때, 그래서 피해 버림' '병원에서 젊은 애들이 대우 안할 때' '자식들이나 집안에서 내 생각을 따라주지 않을 때' '좋게 얘기하는데 상대방이 좋지 않게 대할 때, 이제 안 참음' '자식들한테 구박받을 때'등이었다. 자격지심에 스스로 그런 느낌이 든다는 의견은 7건으로 '사는 게 그렇지 뭐. 체념 수용한다' '늘 그렇지 뭐, 그래서 밖에 안 나가' '성한 사람처럼 못할 때' '아무 일 못하니까 괄시받는 거지 뭐' '못 배워서 차별이지 뭐' '맨 날 받음. 그렇게 느낌' '아이들이 가게 물건 그냥 집어갈 때' 등이었다. 기타로 '자식 없다고 업신여길 때' '가족 없고 혼자 사니까 무능하다고 볼 때' '혼자 사니까 누가 업신여길까 두려움' 등의 응답이 있었다.

6. 요약 및 결론

본 장에서는 인생의 역경이 노후의 행복과 어떤 관련이 있는지를 탐색해 보았다. 우리는 어릴 적 고생은 사서도 한다는 말을 많이 듣는다. 많은 연구자들 또한 실패와 역경이 인생에 주는 긍정적인 의미를 논하였다. 본 장의 결과를 요약하면 다음과 같다.

1. 성공적인 노인과 비 성공적인 노인 간에 생애 동안 경험하는 인생 역경에는 큰 차이가 없다. 그리니 성공적인 노인들은 자신이 경험하게 되는 역경에서 보다 긍정적인 의미를 찾으려 하는 경우가 많았다.
2. 성공적인 노인과 비성공적인 노인이 경험한 전쟁 경험에는 큰 차이가 없었다. 그러나 인생 역경과 마찬가지로 성공적인 노인

들 중에는 전쟁에서 긍정적인 의미를 찾으려하는 모습을 보여 주었다.

3. 성공적인 노인과 비성공 노인 간에 어린 시절 가정 형편을 비교해 본 결과 성공적인 노후를 보내는 노인들이 훨씬 힘겨운 어린 시절을 보낸 경우가 많았다. 이에 비해 비성공적인 노인들은 어린 시절에 부유한 경우에 처했던 경우들이 상대적으로 많았다.
4. 남은 인생을 조망하는 방식에서 성공적인 노인과 비성공적인 노인 간에 차이가 있었다. 성공적인 노인들은 앞으로 10년 이상 건강하게 살아서 자신의 일을 더 하고 싶다는 의견이 많이 나왔는데 비성공적인 노인들은 당장 죽고 싶다는 생각을 하는 노인들이 많았다.
5. 성공적인 노인과 비성공적인 노인 간에 노후에 괄시를 받거나 차별받은 사례를 질문한 결과 성공적인 노인들이 차별경험이 더 적다고 응답하였다. 차별이나 괄시를 받은 내용에는 큰 차이가 없었다. 그러나 비성공적인 노인들은 차별이나 괄시에 소극적이고 체념적으로 반응하는 경향이 많았다.

이상 본 연구에서 나타난 인터뷰 결과는 우리가 인생을 살아가면서 경험하는 각종 역경을 어떻게 해석하고 대처하는가가 개인의 일생에 중요한 영향을 끼칠 수 있음을 보여 준다. 또한, 똑같은 어려움이라도 이 속에서 의미를 찾고 자신의 삶에 도움이 되는 방향으로 해석하여 활용하는 것이 중요하다는 것을 보여 준다. 특히 어린 시절에 경험한 고통은 이를 잘 극복한 사람들의 경우에 개인의 삶에 긍정적인 요소로 작용한다는 것을 보여 준다. 그리고 자신의 삶에 대해 낙관적이고 긍정적인 생각을 가지는 것이 노후의 행복결정에 중요한 요소라는 것을 본 연구 결과는 시사해 준다. 구체적으로 과거의 향수에 빠져 현재를 부정하기보다 과거의 어려움에 비추어 자신의 삶의 긍정적인 요소를 바라보는 것과 인생을 보다 긍정적이고 낙관적으로 바라보는 것이 노후 행복을 결정하는 데 중요한 요소가 될 수 있음을 시사하는 것이다.

참고문헌

Adler, A. (1956). *The individual psychology of Alfred Adler: A systematic presentation of selection from his writings*. H. L. Ansbacher & R. R. Ansbscher (EDs.). New York: Basic Books.

Aldwin, C. M., & Levenson, M. R. (2005). Military service and emotional maturation: The Chelsea Pensioners. In K. W. Schaie & G. Elder (eds) *Historical influences on lives & Ageing*, NY: Springer Publishing Company, Inc.

Bennis, W. G., & Thomas, R. J. (2002). *Geeks & Geezers* (**시대와 리더십**, 신현승 역, 2003). 서울: 세종연구원.

Manz, C. C. (2002). *The Power of failure* (**실패의 힘**, 이경재·서상태 역, 2002). 서울: 예문.

Maslow, A. H. (1970). *Motivation and personality* (rev. ed.). New York: Harper & Row.

McCall, M. W., Lombardo, M. M., & Morrison, A. M. (1988). *The lessons of experience: How successful executives develop on the job*. Lexington, MA: Lexington books.

Seligman, M., & Maier, S. (1967). Failure to escape traumatic shock. *Journal of experimental Psychology, 74*, 1-9.

제 9 장

한국 노인이 인식하는 중요 생애사

윤 현 숙
(한림대학교 사회복지학과)

유 희 정
(한림성심대학 사회복지과)

1. 서론

성공적 노화는 고령화 사회에서 다루어져야 할 중요한 개념 중 하나이다. 1989년 미국 노인학회에서 성공적 노화의 개념이 처음 소개된 이후 성공적 노화에 대한 개념정의 및 성공적 노화에 영향을 주는 요인들을 규명하기 위한 연구들이 많이 이루어져 왔다. 그러나 이러한 연구들의 대다수는 주로 노년기의 삶에만 주목함으로써, 성공적 노화를 노인들의 인구학적 특성이나 현재 노인들이 가지는 심리, 성격적 요인들이나 사회적 관계나 역할, 활동 등과 관련지어서 연구하여 왔다. 그 가운데 성공적 노화를 전 생애를 걸쳐 일어나는 사건들, 그리고 이에 대한 개인의 다양한 대처와 반응 등 생애과정과 관련하여 폭넓게 이해하려는 노력은 상대적으로 소홀한 것이 사실이다(Ouwehand, Ridder, & Bensing, 2006). 노화는 일생 동안 계속되는 인간 발달의 한 과정으로 보아야 할 것이다. 따라서 노화가 어느 정도 성공적으로 이루어지느냐 하는 것은 현재의 상황뿐만 아니라 과거의 생애사(life history)를 포함하여 전 생애에 걸쳐 총체적으로 접근되어야 할 것이다. 이런 면에서 생애과정적 시각에서 성공적 노화를 이해하는 것은 노인을 '전체로서의 인간'으로 보면서 노인을 '변인 중심'이 아닌 '인간 중심'에서 접근하는 시도의 하나이다(Singer, Ryff, Carr, & Magee, 1998). 특히 사람이 일생 동안 겪는 중요 생애사건은 노년기의 적응과 삶의 질, 더 나아가서는 성공적 노화 여부에 상당한 영향을 미치는 요인으로 작용할 수 있으므로, 생애과정연구에서 다루어지는 매우 중요한 주제이다.

본 논문의 목적은 성공적 노화에 영향을 주는 요인을 개인이 전생애에 걸쳐 경험한 중요 생애사건과 관련하여 이해하는 데 있다. 이러한 연구목적을 위해서 성공적 노화를 기준으로 성공한 노인(이하 성공 노인으로 칭함) 44명과 실패한 노인(이하 실패 노인으로 칭함) 36명을 대상으로 "인생에서 가장 많은 영향을 받은 사건이 무엇입니까?"라는 개방형 질문을 하였다. 그리고 면담내용을 성공 노인과 실패 노인 두 집단으로 나누어 분석하였다. 연구문제는 첫째, 성공 노인들과 실패 노인들이 경험한 중요 생애사건의 내용은 어떻게 차이가 나는가? 둘째, 중요 생애사건들이 자신들의 삶에 미친 영향에 대한 주관적인 인식과 의미는 성공 노인들과 실패 노인들 두 집단 간에 어떻게 차이가 나는가 하는 것이다. 본 논문의 의의는 이러한 작업을 통해서 성공적 노화를 생애과정과 관련하여 보다 폭넓게 이해하는 데 기여하고, 더 나아가서 성공적 노화를 지원하기 위한 전생애적인 개입의 기초 자료를 제공하는 데 있다.

2. 선행연구 고찰

1) 성공적 노화의 정의

1986년 미국 노인학회 연례회의에서 **성공적 노화**(successful aging)가 처음으로 소개된 이후 많은 연구들은 성공적 노화를 정의하는데 유용한 평가기준을 만들어내는 데 주로 초점을 맞추어 왔다. Havighurst(1963)는 성공적 노화를 자신의 현재와 과거의 삶에 대해 내적으로 행복감과 만족감을 느끼는 것으로 정의하기 시작하였다. Ryff(1989)는 성공적인 노화는 자신의 삶에 대한 만족감과는 다르다고 주장하면서, 성공적 노화를 노년기의 성장과 발전과 관련하여 새롭게 정의하기를 제안하였다. 그녀의 정의는 자아수용, 타인과의 긍정적인 관계, 자율성, 환경에 대한 통제, 인생의 목표, 개인적인 성장 등 여섯 가지 차원을 포함하고 있다. 이러한 Ryff의 정의는 노화는 발달 과정이며, 노년기에도 여전히 성장이 가능하다는 것을 보여 준 것이라 하겠다.

한편 Rowe와 Kahn(1987, 1997)은 활동 이론의 맥락에서 성공적 노화의 세 가지 상호의존적인 요소를 제시하였다. 이들은 성공적 노화를 단순히 질병이 없는 **보통의 노화**(usual aging)와 구별하면서, 성공적 노화를 위해서는 첫째, 질병 및 장애와 관련된 위험 수준이 낮아야 하고 둘째, 높은 수준의 인지적·신체적 기능이 유지되어야 하고, 셋째, 적극적으로 삶에 참여하여야만 한다고 본다. 여기서 삶에의 계속 참여는 집안일, 교회나 시민단체에서 자원봉사하기, 가족이나 친구 돌보기 등을 포함한다.

Rowe와 Kahn이 성공적 노화를 역할과 사회통합과 관련지어 사회학적으로 정의하고 있다면, Baltes와 Baltes(1990)는 심리학적 관점에서 인지적 기능과 정서적 기능에 맞추어 정의하고 있다. 이들은 성공적 노화를 고정된 결과로 보는 기존의 연구와는 달리 오히려 성공적 노화의 과정을 기술하는데 관심을 가졌다. 그리고 전생애 발달심리학의 관점에서 **선택적 최적화와 보상 이론**(selective optimization with conpensation; SOC)을 제안하였다. 인간은 일생 동안의 생리적·심리적·사회경제적 변화에 적응하고, 성공적으로 발달하기 위한 환경을 만들어낸다. 이러한 과정 속에서 노인들은 자신에게 중요한 영역을 선택하고, 그 영역에서 성공하기 위해 자원과 도움을 적정하게 배분하고, 상실을 보상한다는 것이다. 즉 신체적·환경적 변화를 긍정적으로 수용하고, 탄력적으로 적응함으로써 성공적인 노화를 가져올 수 있다는 입장을 취하고 있다.

Rowe와 Kahn이 제시한 성공적 노화의 평가기준은 그 이후 많은 경험적 연구들에 의해 사용되어 왔으며, 이 모델을 이용한 최근의 많은 연구들은 활동 이론의 유용성을 경험적으로 증명해 주고 있다(Menec, 2003). 이에 본 논문에서는 기본적으로 Rowe와 Kahn의 개념에 의거하여 성공적 노화를 정의하였다. 다만 신체적·인지적 기능, 사회활동 외에도 노인들의 주관적으로 경험하는 심리적 안녕감을 성공적 노화를 구성하는 중요한 요인으로 보았다(Vaillant, 1994; Fisher, 1995; Strawbridge, Wallhagen, & Cohen, 2002), 이에 본 논문에서는 활동 이론에 근거하여 성공적 노화를 질병이 없이 건강하여 신체적 기능에서 상대적으로 높은 수준을 유지하고, 사회적으로 적극적으로 참여하고, 심리적으로 만족하게 살아가는 것으로 개념정의를 하였다(Garfein & Herzog, 1995; Chou & Chi, 2002; 성혜영·조희선, 2005). 결과적으로 성공적으로 노화한 노인은 신체적·심리적·사회적 기능의 수준이 상대적으로 높은 것으로 보았다. 역으로 성공적 노화에 실패한 노인은 신체적·심리적·사회적 기능의 수준이 상대적으로 낮은 것으로 보았다.

2) 성공적 노화와 생애과정 시각

성공적 노화연구는 초창기에는 성공적 노화를 고정된 최종적인 것으로 보고, 그 기준을 세우는데 초점을 맞추었다. 그러나 최근 10여 년 동안은 노화와 관련된 과정들을 규명하는데 연구의 초점이 맞추어지고 있으며, 노인들이 노년기의 질병, 상실 등 부정적인 변화에 대해서 어떻게 적극적으로 적응을 하고, 외적인 자원을 활용하는지에 관심을 가진다(Ouwehand et al., 2007). 이때 노인들이 경험하는 어려움과 대처행동, 외적 자원은 시간, 공간이라는 맥락 안에 놓이게 된다(Kanana & Kanana, 2003). 이 중 시간이라는 맥락에서 보면, 성공적 노화 혹은 노화과정을 이해하는 데는 개인의 살아온 삶(biography)과 역사(history)의 배경과 영향이 매우 중요하다. 즉 개인이 일생 동안 삶의 단계를 거치면서 경험한 다양한 생애사건 혹은 대처 행동의 패턴, 그리고 이로 인한 외적 자원의 변화, 그리고 이것들의 누적된 결과를 보다 많이 인식하는 것은 노년기의 노화와 적응에 대한 이해를 보다 높일 수 있다. 이런 면에서 최근 노년기의 건강과 생활만족도, 주관적인 복지, 더 나아가서는 성공적 노화를 생애과정적인 시각에서 접근하는 시도들이 속속 이루어지고 있다(Schulz & Heckhausen, 1996; Crosnoe & Elder, 2002; Kanana & Kanana, 2003; George, 1999; Kuh, et al., 2007; Gilhooly et al., 2007).

생애과정(life course)이란 개념은 개인의 일생 동안 혹은 상당한 기간에 걸쳐, 삶의 여러 영역에서 이루어지는 사회과정을 말한다. 바꾸어 말하면 생애과정이란 교육, 가족, 직업과 같은 상호연관된 영역에서 사회제도들이 개인의 삶을 형성하고 제도화하는 방식을 말한다(Mayer & Tuma, 1990). 여기에는 가족 주기, 교육과 훈련의 역사, 고용과 직업 경력 등이 관련된다. 이런 면에서 생애과정적 시각은 역사와 사회 조건 그리고 개인의 일대기가 상호중첩되는 현상에 초점을 맞춘다. 생애과정연구에서 핵심이 되는 개념은 생애궤도(life trajectories), 생애전이(life transition), 생애사건들(life events)이다. 여기서 생애궤도의 개념은 career와 비슷한데, 장기간에 걸친 변화와 안정의 유형을 말한다. 이에 반해 생애사건은 보통 단기간에 이루어지는 비교적 갑작스런 변화로 개념화되고, 전이는 보다 점차적인 변화로 개념화된다(George, 2003). 생애사건들과 전이들은 언제나 더 큰 생애궤도 안에 놓이고, 궤도는 여기에 독특한 형태와 의미를 부여한다.

생애과정이론은 인간발달과 노화를 일생 동안 계속되는 과정이라고 본다(Elder & Johnson, 2002). 이런 시각에서 보면 노년기의 적응은 생애과정의 이전 단계들과 연결해서 이해되어야 한다. 즉 현재는 과거와 연속선상에 있다. 기존의 연구 결과들은 노년기에 바람직하지 않은 사건들을 겪은 노인들은 그렇지 않은 노인들보다 삶에 대한 만족도가 떨어지며, 신체적 건강과 정신적 건강이 나쁘다는 것을 보여 주고 있다(Krause, 1994). 더 나아가서 최근의 연구들은 노년기의 삶의 만족도, 건강은 노년기뿐만 아니라 어린 시절에 경험한 외상적 사건, 성인기 동안 경험한 자녀의 사망, 일자리에서 해고당한 경험을 포함하여 전 생애 과정동안에 경험하는 사건들을 포함하여 접근될 때 보다 잘 설명됨을 보여 주고 있다(Grundy & Holt, 2000; Krause, 2004).

우리나라에서도 노인의 생애사분석을 통해서 노년기 삶을 이해하려는 연구들(강유진·한경혜, 2002; 한경혜, 2004)이 몇몇 있긴 하다. 그러나 생애과정의 시각에서 성공적 노화에 초점을 맞추어 연구한 논문은 찾아보기 힘들다.

3) 성공적 노화 여부와 관련된 생애사건들

생애사건에 대한 연구들은 주로 중요한 사건(critical life event) 혹은 스트레스를 주는 사건(stressful life event)에 초점을 맞추어 왔다. Holmes와 Rahe(1967)의 연구 이후 생애사건에 관한 연구들은 주로 늙지 않은 사람들, 그리고 종종 임상 현장의 사람들을 대상으로 이루어져 왔다. 그러나 최근에는 노인에 대한 관심이 커지면서 전생애에 걸친 '중요 생애사건' 특히 '스트레스를 주는 생애사건'이 노년기의 적응과 생활만족도, 성공적 노화에 미친다는 점이 주목을 받고 있다.

생애과정적 시각에서 보면 성공적으로 노화하느냐, 아니냐 하는 노화의 스타일을 결정하는 생애사건들은 다음과 같다(Crosnoe & Elder, 2002). 첫째, 사회적 경로에서 사람들이 일생 동안 수행하는 역할들인데, 여기서 중요한 것은 가족과 직업상의 지위나 역할이다. 즉 개인이 생애주기를 거치면서 가족과 직업면에서 어떠한 궤도를 달리는가가 중요하다. 취업이나 실업, 전직, 승진, 은퇴 등 직업상의 지위나 역할은 삶의 과정에 영향을 줄 수 있는 중요한 사건들이다. 또한 결혼이나 이혼, 사별, 재혼, 별거, 자녀의 출산과 성장, 결혼 등의 사건은 개인의 가족 내에서의 역할뿐만 아니라 직업이나 사회생활에 영향을 줌으로써, 인생 전반에 큰 영향을 미칠 수 있다.

둘째, 발달 궤도(developmental trajectory)로 이는 생물학적이고 심리적인 변화를 가져오는 신체적·정신적 장애 등 건강문제나 알코올중독과 같은 특정한 건강상의 행위를 말한다. 사고나 질병, 장애, 중독 등 건강의 변화를 가져오는 중요한 생애사건들은 생애과정을 변화시킬 수 있으며, 이는 인생 전반과 노년기 삶에 크게 영향을 줄 수 있다.

셋째, 사회적 호위대(social convoys)로 이는 사회적 지지를 해 주는 장기적인 대인관계의 연결망을 말한다. 사회관계는 개인의 삶에 복잡하게 얽혀 있으며, 사회관계에 대한 정보는 개인의 생애과정을 이해하는 데 핵심적이다. 결혼, 친구, 그리고 종교가 특히 중요하다. 장기간 지속되는 행복한 부부관계, 좋은 우정, 종교적인 참여는 개인을 사회적 연결망에 안착시킨다(Antonicci & Akiyama, 1991).

넷째, 전환점이 되는 심리적 외상사건(traumatic)은 사회생활, 건강, 또는 사회적 관계에 큰 변화를 가져올 수 있다. 전쟁 경험과 가족원의 사망, 특히 배우자나 자녀의 사망은 삶의 여러 영역과 단계에 큰 영향을 미칠 수도 있다. 특히 전혀 예상하지 못한 자녀의 사망이나 배우자의 '너무 빠른' 사망, 자신의 이혼이나 자녀의 이혼 등 생애주기에서 예정이 없던 사건들의 영향은 아주 크며 당사자의 건강과 안녕에 나쁜 영향을 줄 수 있다(Pearlin & Lieberman, 1979). 이러한 사건의 경험은 심리적 기능을 손상하고, 가족을 해체시키고, 성인기동안 직업생활에 영향을 미침으로써, 오랜 시간이 지난 후에도 삶의 즐거움을 제한하고, 삶에의 참여를 감소시킬 수도 있다.

4) 생애사건이 성공적 노화에 미치는 영향

일생 동안 겪은 생애사건이 노년기의 건강, 삶의 질, 삶에 대한 만족도 더 나아가서는 성공적인 노화에 어떤 영향을 미치는 가를 설명하는데 있어 가장 설득력을 얻는 이론은 스트레스이론이다. 스트레스 이론에 의하면 노년기 삶의 질은 노인들이 스트레스에 노출되는 정도와 이에 대한 대응 및 그 결과에 따라 달라진다. 여기서 스트레스요인(stressor)이란 자신의 삶을 다룰 수 있는 개인의 능력에 힘겨우며, 결과적으로 건강에 해를 줄 잠재력이 있는 사건이나 조건들을 말한다(George, 2003). 이때 스트레스에의 노출과 그것의 결과는 노년기뿐만 아니라 전 생애과정을 통해서 이루어진다.

최근에는 스트레스이론과 생애과정이론을 결합하려는 시도들이 이루어지고 있다(Pearlin & Skaff, 1996; George, 2003; Kanana & Kanana, 2003). 노인들은 노화로 인한 정상적인 스트레스요인들(질병, 사회적 상실, 개인과 환경의 일치의 결여)뿐 아니라 어린 시절이나 젊은 시절 생애과정에서 경험한 부정적인 생애사건으로 인한 만성적 스트레스나, 전생애를 통해 누적된 스트레스에 노출될 수 있다. 비교적 생애 초기에 경험한 트라우마, 특히 부모의 이혼이나 신체적·성적 학대와 같은 아동기의 트라우마는 성인기동안 특히 정신건강에 유의미하게 영향을 미친다고 한다. 비슷하게 전쟁동안 전투에의 노출은 성인기 내내 정신건강 문제, 그리고 신체적 건강문제에 위기 요인이 되고 있음을 보여 주는 연구는 많이 있다(George, 1999). 이런 면에서 일생 동안 트라우마에 노출된 노인들은 그렇지 않은 노인에 비해 삶에 대한 만족도가 떨어지는 것으로 보고되고 있다(Krause, 2004).

이처럼 스트레스이론에 입각한 연구들은 생애사건이 위험과 부정적인 결과를 가져온다고 가정하고 있다. 반면 스트레스이론과는 상반되게 위기이론은 생애사건이 위험을 가져다줄 뿐 아니라 기회도 가져다 줄 수 있다고 본다(Turner & Avison, 1992). 일찍이 Erikson(1959)은 인간발달에는 환경과의 끊임없는 상호작용이 결정적으로 중요하고, 정상적인 인격성장은 정상적인 발달위기를 해결함으로써 일어난다고 보았다. 위기를 해결한 개인은 자신감과 위기에 대처하는 기술과 태도를 갖게 되고, 이로 인해 미래의 위기가 닥칠 경우 성공할 가능성이 높아지게 된다는 것이다. 따라서 예기치 않은 위기나 부정적인 생애사건도 정서적으로 성장할 기회와 예방적 조치를 하는 기회를 제공할 수 있다. 이때 해결되지 않은 사건들은 부정적인 결과를 가져오지만, 위기의 사건을 성공적으로 해결하는 것은 사건과 연관된 스트레스를 상쇄할 만큼 개인적으로 의미 있는 긍정적인 경험을 가져다 줄 수 있다.

이런 면에서 스트레스를 주는 생애사건이 개인에게 미치는 영향은 개인이 스트레스를 어떻게 지각하고 평가하는지, 또 스트레스가 일어난 삶의 영역을 얼마나 중요하게 여기는가에 따라서 달라질 수 있다

(Krause, 1994). 또한 개인이 생애사건을 '해결된 것으로' 보는지 혹은 '해결되지 않은 것으로' 보는지에 따라 그 이후 지속적인 효과를 미칠 수도 있고, 아닐 수도 있다(Thoits, 1994). 이때 성공적으로 노화하는 개인은 수동적으로 스트레스를 받기만 하는 존재가 아니라 이미 발생한 스트레스요인을 처리하는 행동을 할 뿐만 아니라 미래에 일어날 스트레스를 최소화하거나 연기시키는 적극적인 적응 행동(proactive adaptation)을 한다. 한 연구에 의하면 과거를 회상함에 있어서 성공적으로 노화한 노인들과 실패한 노인들 간에는 차이가 난다((Wong & Watt, 1991). 성공 노인들은 과거에 경험한 부정적인 사건들을 받아들이고, 지난날의 갈등을 해결한 경험, 또는 과거에 목표를 달성한 행위, 어려움을 극복하려는 시도 등에 대한 회상을 많이 하는 것으로 나타났다. 반대로 실패 노인은 성공 노인에 비해 과거를 회상하면서 죄의식, 비통함, 절망감을 언급하는 경향이 더 많은 것으로 나타났다.

성공적 노화를 위해서는 노인들이 받는 스트레스의 영향력을 최소화하거나 완화해 줄 수 있는 경제적 자원과 사회적 지지라는 외적인 자원이 중요하다. 특히 사회적 지지는 노년에 쓸 수 있는 자원으로 매우 중요한데 가족과 친구 등 일생 동안 사회적 지지를 해 줄 수 있는 호위대를 만드는데 성공한 사람은 노년에 이러한 지지를 사용할 가능성이 있다. 그리고 이러한 사회관계는 건강과 복지에 크게 영향을 미치며(Lin & Ensel, 1989), 성공적 노화를 이루어나가는 데 중요한 수단이 된다(Antonicci & Akiyama, 1991). 거꾸로 자신의 생애 동안에 이러한 사회적 관계를 형성하는 데 실패한 노인은 인생의 후반부에 사회적 지지를 받지 못하게 되며, 이는 성공적 노화에 악영향을 미칠 수 있다.

3. 연구방법

1) 연구 대상

본 연구는 2006년 한림대학교 고령사회연구소에서 실시한 '성공적 노화에 관한 질적 연구'에서 수집된 자료의 일부를 분석한 것이다. '성공적 노화에 관한 질적 연구'는 2003년과 2005년 실시된 '한국 노인의 삶의 질에 관한 종단연구'에 모두 참여한 응답자 중 2005년 현재 65세 이상인 노인들 1,405명 중 성공적 노화 노인과 실패한 노화 노인 집단만을 선별하여 심층 인터뷰를 실시한 연구이다.

여기서 성공 노화 집단과 실패 노화 집단의 노인을 선별하는 기준을 엄격히 하여, 면접 참여 노인의 대표성을 높였다. 즉 성공적 노화와 실패한 노화의 기준은 2003년 1차 조사시의 자료를 바탕으로 하여 신체적 기능, 심리적 기능, 사회적 기능의 세 영역별로 각각 설정하였다. 그리고 세 영역 모두에서 성공하거나 혹은 모두에서 실패한 경우만 성공한 노인 혹은 실패한 노인으로 규정함으로써, 두 집단이 뚜렷이 대조되도록 하였다.

성공 노화 집단과 실패 노화 집단을 나누는 기준을 각 영역별로 구체적으로 보면 다음과 같다. 첫째, 신체적 기능의 영역에서 성공과 실패로 나누는 기준은 이환질환 및 치명적인 질환의 수와 일상생활수행능력(ADL)에서 타인의 도움이 필요한 문항의 수이다. 이환질환의 수가 0개이고, ADL에 장애가 하나도 없는 건강한 노인들을 '성공 노화 집단'으로 보았다. 반면 치명적인 질환(고혈압, 뇌졸중, 당뇨, 심장질환, 간경변, 암, 파킨슨병 등)이 하나라도 있거나 ADL에서 하나라도 타인의 도움이 필요하다고 응답하여 일상 활동에서 장애가 있는 노인은 '실패 노화 집단'으로 보았다.

둘째, 심리적 기능의 영역에서는 노인들의 심리적 안녕감을 측정하는 척도인 PGCMS(Philadelphia Geriatric Centre Morale Scale) 총점을 분류기준으로 삼았다. 2003년도에 참여한 2,529명 전체 참여자의 PGCMS 척도 총점 분포를 대략 3 등분하여 상위 집단(56점 이상)인 노인은 '성공 노화 집단'으로, 하위 집단(44점 이하)인 노인은 '실패 노화 집단'으로 분류하였다.

셋째, 사회적 기능의 영역에서는 종교모임, 동창회, 자원봉사/시민단체, 노인정, 이익옹호단체, 여가/문화/스포츠단체 등 6종류의 사회활동에 참여 정도를 기준으로 하였다. 구체적으로는 2~5개 영역에서 활발한 활동을 하는 노인은 '성공 노화 집단'으로, 아무 영역에도 참여하지 않는(0개) 노인들은 '실패 노화 집단'으로 분류하였다.

그리고 신체적·심리적·사회적 기능 각 영역의 기준에서 모두 상위를 차지한 노인, 즉 세 영역에서 모두 성공한 노인을 성공 노인 집단으로, 각 영역의 기준에서 모두 하위를 차지한 노인, 즉 세 영역에서 모두 실패한 노인을 실패 노인 집단으로 분류하였다.

이러한 기준을 적용하였을 때 2005년 현재 65세 이상 노인 1,405명 중 성공 노인 집단은 87명, 실패 노인 집단은 69명으로 나타났다. 이에 2006년 8월 26일부터 9월 15일 사이에 이들을 1:1 방문 면접을 시도하여 이중 면접에 이루어진 것은 성공 노인 집단 46명과 실패 노인 집단 34명이다. 따라서 이들이 본 연구의 최종 조사대상자이다.

2) 조사 방법

조사 시기는 2006년 8월 26일부터 9월 15일 사이이며. 서울과 춘천에서 조사대상자의 집을 방문하여 1:1 면접을 하였다. 원래 이 연구는 의학, 심리학, 사회학, 사회복지학 등 다양한 학문분야의 협동연구로 기획

되었다. 이에 조사내용에는 하루 일과나 활동부터 현재의 심리상태, 노화 및 성공적 노화의 의미, 어릴 때의 가정 형편과 전쟁, 살면서 느낀 보람과 후회 등의 인생에 대한 회고 등 다양한 문항이 포함되어 있다. 응답자들은 면접과정에서 이러한 문항들에 대해 자유롭게 응답하도록 하였다. 면접은 참여자의 집을 방문하여 이루어졌으며, 면접시간은 평균 1시간 반에서 2시간 정도 소요되었다. 면접은 사회조사의 경험이 많은 17명의 노련한 조사원에 의해 실시되었다. 조사하기 이전에 면접원을 대상으로 조사시 가능한 심층적 응답을 얻도록 교육을 실시하였다. 따라서 조사원은 응답내용에 대해서 그 의미나 그렇게 응답한 이유를 물어봄으로써, 면접 참여 노인들이 가지고 있는 주관적인 의미나 가치 등 내면적인 의식을 파악할 수 있도록 하였다. 면접한 내용은 조사대상자의 동의하에 녹음기로 녹음하였으며, 녹취록을 만든 후 이를 컴퓨터 디스켓에 저장하였고, 이것을 인쇄하여 자료분석에 이용하였다.

3) 자료의 성격과 분석방법

본 논문은 성공적 노화에 관한 질적인 연구에서 수행된 자료의 일부를 분석한 것이다. 원래 이 연구는 등 다양한 학문분야의 협동연구로 이루어졌으며, 노인의 일상 활동과 현재의 심리상태, 과거의 생애사에 관한 다양한 문항이 포함되어 있다. 이 중 본 논문은 "인생에서 가장 영향을 많이 받은 사건은 무엇입니까?"라는 질문에 대한 응답만을 선별하여 성공한 노인들과 실패한 노인들 두 집단을 비교 분석하였다.

본 논문이 사용한 자료는 다양한 항목에 대한 질문을 하다 보니 각 문항에 대한 응답이 다소 심층적으로 이루어지지 못한 한계점을 가지고 있다. 그러나 성공한 노화 노인과 실패한 노화 노인의 구분이 이론적 바탕과 대규모 양적 자료에서 나온 실증적 근거자료에 입각하여 명확하게 이루어졌다. 따라서 면접에 참여한 성공 노인과 실패 노인은 모집단을 대표할 수 있는 개연성이 높다고 볼 수 있다. 또한 대개의 질적인 연구들이 10명 내외의 소수 사례를 분석한 것과는 대조적으로 본 자료는 모두 80명이라는 비교적 다수를 면접하였다. 대부분의 질적 연구는 대상자 선정이 대표성을 갖지 못한 채 임의로 이루어지고, 소수의 사례로 인해서 연구 결과를 일반화하기 어려운 한계를 가지고 있다. 따라서 면접 참여자의 대표성과 연구 결과의 일반화의 측면에서 볼 때, 본 자료는 이러한 질적 연구의 한계를 어느 정도 벗어난 것으로 간주할 수 있으며, 이는 상당한 장점으로 작용할 수 있다고 하겠다.

본 연구의 목적은 노화의 면에서 성공한 노인들과 실패한 노인들을 대상으로 중요한 생애사건으로 인지한 사건들이 차이가 나는지, 그리고 이러한 사건이 인생에 미친 영향에 대한 주관적인 인식과 의미 부여가 차이가 나는지를 알아보고, 두 집단을 비교하는 데 있다. 본 논문에 쓰여진 자료는 주제에 관한 자세하고 깊은 심층적 내용을 담고 있지는 않지만, 두 집단 간의 차이를 드러내고, 비교하고자 하는 연구목적을 달성하는 데는 충분하다고 볼 수 있다. 뿐만 아니라 80명이라는 비교적 다수에 의해서 이루어진 자유응답에 대한 분석은 양적 분석과 질적인 분석을 동시에 할 수 있는 장점을 가지고 있다.

이런 면에서 본 연구는 자료에 대한 양적인 분석과 질적인 분석을 동시에 실시하였다. 첫째, 양적인 분석으로는 두 집단 간 중요 생애사건의 빈도분포를 비교하였다. 우선 응답 내용을 검토한 후에 생애사건이 일어난 영역을 설정하였고, 영역별로 구체적인 생애사건의 빈도수를 표로 제시하였다.

둘째, 중요 생애사건이 노인들의 삶에 어떤 영향을 미쳤다고 주관적으로 인식하는지에 관해서는 질적인 분석을 시도하였다. 수집된 자료는 Strauss와 Cobin의 지속적 비교방법에 기반하여 분석하였다. 지속적 비교방법이란 근거이론에 기반한 질적 자료의 코딩방법이다(Padgett, 1998). 이 방법은 자료를 반복적으로 읽고, 비교하면서 분석하는 것이 특징이다. 처음에는 개별 녹취록을 전체적으로 한 번 읽고, 인터뷰 내용에 대한 전반적인 인상을 얻었다. 그 후 재독시에는 한줄 씩 읽고, 떠오르는 잠정적인 개념들을 중심으로 해당되는 인터뷰 내용들을 분류시켜 나갔다. 그리고 새로운 주제가 나타날 때 마다 다시 앞부분의 응답내용을 비교, 검토하면서, 범주를 재조직화하였다. 이러한 과정을 반복적으로 거침으로써 주제의 일관성을 높이려고 노력하였다.

한편 양적인 분석과 질적인 분석을 하는 과정에서 연구자 2인은 수시로 상호 확인과 토론의 과정을 거쳤다. 또한 질적인 방법을 전공하는 동료교수 2명에게 질적 분석에 대한 검토와 자문을 받았다. 이를 통해 분석의 엄밀성과 타당성을 높이고자 노력하였다.

4. 연구 결과

1) 면접 참여 노인의 특성

면접 참여 노인을 성공 노인과 실패 노인으로 구분하여 볼 때, 두 집단 간에는 인구, 사회적인 특성이 뚜렷하게 대조되었다. 성공 노인들은 65세에서 69세 사이가 50%로 연령이 낮고, 남성의 비율이 높았다. 또한 중졸이상의 고학력자가 많았으며, 매달 용돈이 20만 원 이상인 사람이 절반이나 되어, 사회경제적 지위가 높은 편이다. 가족관계에서는 배우자가 있는 경우가 82%로 대다수였다. 반면 실패 노인은 75세 이상 고연령층이 42%나 되고, 여성의 비율이 높았다. 학력에서는 무학이, 용돈은 10만 원 미만이 가장 많아서 사회경제적 지위는 낮은 편이다. 가족관계에 있어서도 약 2/3가 배우자가 없는 노인이었다(〈표 9-1〉 참조).

〈표 9-1〉 성공 노인과 실패 노인의 사회인구학적 배경

		성공 집단 명(%)	실패 집단 명(%)
연령	65~69세	22 (50.0)	10 (27.8)
	70~74세	11 (25.0)	11 (30.6)
	75세 이상	11 (25.0)	15 (41.7)
성	남성	35 (79.6)	11 (30.6)
	여성	9 (20.4)	25 (69.4)
교육	무학	4 (9.1)	17 (47.2)
	초졸	17 (38.6)	8 (22.2)
	중졸 이상	23 (52.3)	11 (30.6)
용돈	10만 원 미만	7 (15.9)	23 (63.9)
	10~20만 원 미만	15 (34.1)	11 (30.6)
	20만 원 이상	22 (50.0)	2 (5.6)
배우자	배우자 있음	36 (81.8)	14 (38.9)
	배우자 없음	8 (18.2)	22 (61.1)
계		44 (100.0)	36 (100.0)

2) 삶의 영역별로 본 중요 생애사건의 발생빈도

우선 80명의 응답 내용을 자세히 여러 번 읽은 후 중요한 생애사건이 일어나는 영역을 교육, 직업, 경제, 건강, 가족, 국가(공권력)의 6개 영역으로 설정하였다. 이러한 영역별 분류는 제도화된 삶의 영역과 거의 일치할 뿐 아니라, 생애경로이론에서 일반적으로 나누는 삶의 영역과도 상당부분 일치한다. 여기서 진학, 혹은 학업기회 포기, 공부 못한 것과 같은 사건들은 교육의 영역으로 분류하였다. 승진, 사직, 직업훈련의 기회 상실, 직장 상사의 영향 등의 응답은 직업영역으로 보았다. 사기당하거나 부도, 사업 실패, 집 경매 등 동산, 부동산, 사업과 관련하여 경제적

손실을 당한 사건들은 경제영역에 해당되는 것으로 보았다. 질병, 사고, 몸이 약한 것, 뇌수술, 다리 절단 등의 사건은 건강과 관련된 영역으로 보았다. 조상묘자리, 종토 분쟁, 배우자의 외도, 질병, 가출, 배신, 자녀의 행패, 무관심, 가족원의 사망, 친정어머니의 치매 등은 가족 영역에서 일어난 생애사건으로 분류하였다. 전쟁과 이로 인한 분단, 피난과 가족원의 총살, 그리고 세금 분쟁, 경찰 신고, 요양원에 강제 수용된 사건은 험란했던 역사를 겪었던 노인세대들이 국가 공권력과 관련하여 피해를 본 사건으로서, 국가관련 사건으로 간주하였다. 이때 먼저 연구자 2명이 각자 생애사건들을 영역별로 분류한 후 얼마나 일치하는 지를 확인하는 작업을 걸치면서, 분석의 엄밀성을 유지하고자 노력하였다.

〈표 9-2〉와 〈표 9-3〉은 성공적 노화 집단과 실패 집단이 각각 삶의 영역별로 지각한 중요사건의 빈도수이다. 우선 "인생에서 가장 영향

〈표 9-2〉 중요 생애사건과 관련 영역의 빈도분포: 성공 집단

삶의 영역	내용	명 (%)
없다		18 (40.9)
가족		8 (18.2)
부모	묘자리, 종토 분쟁	2 (4.6)
배우자	외도, 폐암 선고	2 (4.6)
자녀		–
사망	남편, 부인, 여동생 사망	4 (9.1)
국가(공권력)	전쟁, 분단, 총상, 세금 분쟁, 경찰 신고	5 (11.4)
경제	사기, 사업 실패	4 (9.1)
건강	어린 시절 질병, 화상, 몸이 약함, 조기 제대	4 (9.1)
직업	승진 누락, 승진, 직장 상사의 영향	3 (6.8)
교육	가난 극복 진학, 미국 유학 포기	2 (4.6)
계		44 (100)

을 많이 받은 사건이 무엇입니까?"는 질문에 대해서 성공 노인 집단이 실패 집단보다 크게 영향을 받은 사건이 없다고 응답한 비율이 더 높아서 (40% 대 25%) 차이를 보이고 있다. 이는 성공 집단은 실패 집단보다 삶의 굴곡이 적고 비교적 평탄한 삶을 살아 왔다고 볼 수 있을 것이다.

인생에서 많은 영향을 받은 사건으로 성공 집단은 가족(18.2%), 국가(11.4%), 경제(9.1%), 건강(9.1%)의 순으로, 실패 집단은 가족(33.3%), 경제적 손실(19.4%) 국가관련 사건(8.3%)의 순으로 언급하고 있다. 즉 성공 집단이나 실패 집단이나 모두 가족관련 사건이 인생에서 가장 영향을 많이 주었다고 언급하고 있다. 이는 한국 노인에게 있어서 가족은 성공적 노화 여부와 무관하게 전생애적으로 가장 중요한 영역임을 의미한다고 볼 수 있다. 가족 영역의 생애사건들은 모두 부정적인 사건으로서 스트레스를 주는 사건들임을 감안할 때, 가족과 관련하여 부정

〈표 9-3〉 중요 생애사건과 관련 영역의 빈도분포: 실패 집단

삶의 영역	내용	명 (%)
없다		9 (25)
가족		12 (33.3)
부모	친정어머니 치매	1 (2.8)
배우자	가출, 배신, 가정파탄, 외도	4 (11.2)
자녀	아들행패, 불효	2 (5.6)
사망	아들, 딸 사망, 남편사망	5 (13.9)
국가(공권력)	빚보증, 부도, 돈 떼임, 집 경매, 땅 문제로 재판	7 (19.4)
경제	전쟁시 시숙 총살, 전쟁시 피난 옴, 요양원 강제 수용	3 (8.3)
건강	뇌수술, 다리 절단	2 (5.6)
직업	사업 배울 기회 놓침, 노조로 사직	2 (5.6)
교육	공부 못함	1 (2.8)
계		36 (100.0)

적인 사건들을 경험한 사람의 비율은 성공 노인 집단보다는 실패 노인 집단에서 상대적으로 높았다. 또한 생애사건이 주는 스트레스의 강도 라는 측면에서도, 성공 집단에 비해 실패 집단은 보다 심각한 사건들을 더 많이 경험한 것으로 나타났다. 성공 집단에서는 가족관계의 파탄이나 자녀의 사망 등은 언급되지 않고 있다. 반면 실패 집단에서는 자녀의 사망을 경험하거나, 부인의 가출, 배신, 가정파탄, 자녀의 행패 등을 경험한 응답이 높게 나타났다.

또한 사기나 부도, 사업 실패 등 경제적 영역에 대한 언급은 성공 집단(9.1%)에 비해 실패 집단(19.4%)에서 훨씬 더 많았다. 즉 이러한 생애사건들로 인해 노후에 경제적 자원이 빈약해진 경우가 성공 집단보다 실패 집단에서 더 많이 발생했다고도 볼 수 있을 것이다.

여기서 흥미로운 부분은 전쟁이나 부당한 공권력의 행사로 인해서 자신의 인생이 가장 많이 영향을 받았다는 응답이 성공 집단에서는 11.4%, 실패 집단에서는 8.3%로, 두 집단 모두 교육이나 직업, 건강영역보다 더 많이 언급되고 있다는 점이다. 이는 노인세대들이 살아오면서 대동아전쟁, 육이오 사변 등 두 번의 전쟁을 경험하고, 급격히 산업화와 도시화가 이루어지는 과정에서 오랜 동안 권위주의적 국가와 공권력의 남용 등을 경험한 결과라고 볼 수 있다. 결국 우리의 격동하는 사회, 역사적 현실이 노인세대 각 개인의 삶에 상당한 굴곡과 영향을 주었다고 하겠다.

3) 중요 생애사건이 인생에 미친 영향에 대한 주관적인 인식

중요 생애사건이 인생에 미친 영향에 대한 인터뷰 내용을 지속적 비교의 방법으로 분석한 결과 연구자들은 '중요사건의 영향의 범위'와 '중요 생애사건에 대한 대처방식'이라는 두 개의 주제를 발견하였다. 여기서 면접 노인들이 가지는 주관적 인식은 가능한 한 면접내용을 그대로 인용하면서 생생하게 기술하였다. 그리고 분석에 있어서 성공 노인과 실패 노인의 차이를 비교하는 데 초점을 맞추었으며, 이러한 차이점이 뚜렷하게 드러나는 전형적인 사례를 중심으로 기술하였다.

(1) 중요 생애사건의 영향의 범위: 전면적 위기 vs 부분적 위기

중요 생애사건이 인생에 미친 영향에 대한 면접 참여 노인들의 인터뷰 내용을 분석해 보면 어떤 사건은 인생 전반에 걸쳐서 장기적으로 부정적인 영향을 미치고 있고, 어떤 사건은 그 영향이 단기적이거나 인생의 특정 부분에만 한정적으로 영향을 미치고 있었다. '전면적 위기'라고 볼 수 있는 사건은 장기간에 걸쳐서 개인의 정신건강과 신체적인 건강, 삶에 대한 만족도와 사회적 지지체계 등 인생 전반에 걸쳐 광범위하게 부정적인 영향을 준 사건이다. 반면 '부분적 위기'라고 볼 수 있는 사건은 단기간에 걸쳐 일시적으로 영향을 주었거나, 정신적 충격이나 경제적인 고통, 또는 사회적인 지위의 하락 등 인생의 한 부분에만 한정적으로 영향을 준 사건이다.

인생 전반에 장기적으로 부정적인 영향을 미치는 '전면적 위기'의 생애사건은 주로 남편의 외도와 음주, 폭력, 부인의 배신, 가정파탄 등의 부부관계의 불화와 와해, 가족원, 특히 장성한 자녀의 사망 등 가족 내에서 경험하는 비규범적이고, 치명적으로 부정적 사건들이었다. 그리고 이러한 전면적인 위기라 할 수 있는 생애사건들을 경험한 것은 절대 다수가 실패 노인들이었다.

실패 노인들은 주로 인생의 장년기에 발생한 자녀의 사망, 남편의 외도와 폭력 등의 사건이 오랫동안 정신적 충격과 고통을 주었고, 일생 동안 불행한 가정생활을 하게 만들었다고 인식하고 있다.

실패 참여자 3: 우리 막내딸은, 지금 딸이 셋인데 죽었잖아. 10년 돼가네. 지금도 못 잊히고. 막내니까, 잘해도 잘못한 거 같고, 후회되는 거지요.

실패 참여자 1: 맏아들이 22살에 대학생 때 죽었어. 그때 충격 받은 것 말도 못해. 이때까지 가슴에 남아 있어.

실패 참여자 16: 작은 마누라 얻어가지고 속 썩이고, 술 먹으면, 혼줄을 내고. 아주 욕하고, 아주 사람이 열통이 나고, 아주 파래죽어. 아주 애들 같으면 집어넣으면 좋겠고. 일생 고통만 받았지.

배우자의 불화와 가정파탄으로 인한 불행한 가정생활을 경험한 실패 노인들은 이러한 생애사건이 자녀와의 관계에서도 장기적으로 부정적인 영향을 미쳐, 노년기인 현재의 삶을 어렵게 하는 것으로 인식한다. 즉 노후에 경제적 자원의 상실, 자녀들의 외면과 무관심 및 지원의 단절로 이어져서 가난과 외로움을 초래하였다는 것이다. 이는 노후에 돌봐줄 가족이 없는데 대한 후회로 발전되기도 한다.

실패 참여자 18: 여편네가 배신 해 가지고 갔을 때. 그, 그게 제일 영향 받고. 아픈데 돌봐 줄 사람 없는 게 평생 후회지. 내가 아파서 지금 누워 지내고 있는데 옆에 사람이라고는 구경을 못 해요.

실패 참여자 31: 인제 마누나 죽을 적에 자식들이 병원치료비를 뭐 서로 싸우고 안낸다고 그러니까. 내가 6년인가 7년인가 계속 댔어요 그걸. 그때 죽을 적에 아 얘들이 관심이 없어요. 그래도 제 어머니는 고생을 했단 말이에요. 자식 소용이 없구나 깨달은 적이 있어요.

실패 참여자 29: 가정파탄이지. 그래도 막내가 대학까지 죽도록 일해서 가르쳤는데 물질적으로 제 손아귀에 조금 있던 거 그리로 다 들어갔어. 다 들어가니까 나는 빈손이잖아~. 그러면 내가 지금 당장 허리수술을 할려도 자식들한테 손 벌려야 하잖아요. 그러면 진짜 치사해요.

더 나아가서 실패 노인들은 부부관계 및 자녀관계의 심각한 불화나 배우자 혹은 자녀의 뜻하지 않은 사망 등 가족관련 사건들이 건강에 치명적인 영향을 주어 현재의 질병과 장애를 가져오는 원인이 되었다고 믿고 있다.

실패 참여자 23: 우리 아들 잃고, 막내가. 그래서 이렇게 병신이 된 거야.

실패 참여자 13: 남편이 억울하게 죽고 나서 그때부터 팔다리 못 쓰기 시작한 게, 이때까지 못쓰더니, 중풍으로 돌아 왔어. 머리가 이렇게 반쪽이 띵한 게.

실패 참여자 2: 그런 건 뭐 마누라가 집 나가는 거 밖에 없지. 그래서 내가 이렇게(마비) 되지 않았는가 하는 생각이 들어. 신경을 많이 써서.

실패 참여자 15: 아~ 그것이야 큰아들이 지랄해 싸서 그렇지. 그것밖에 없어요. 그것 때매 병이 왔죠. 심근경색이요.

이처럼 실패 노인들은 가족관련 치명적인 사건들을 자신의 인생에 총체적으로 부정적인 영향을 미친 전면적 위기 사건으로 인식하고 있다. 즉 이러한 생애사건들은 자신의 정신적·신체적 건강과 행복감, 사회적 자원의 확보 등 인생 전반에 걸쳐 장기적으로 부정적인 영향을 미쳤다는 것이다. 이와는 대조적으로 위의 사건을 제외한 나머지 중요 생애사건들은 면접 참여 노인들의 인생에 단기적으로 영향을 미치거나 혹은 인생의 한 면에만 한정적으로 영향을 미쳤다고 간주됨으로써, '부분적 위기'로 인식되고 있다. 부분적 위기에 해당되는 생애사건은 전쟁 경험, 인생후반부에 경험하는 배우자의 갑작스런 죽음이나 질병, 부도나 사기, 동산, 부동산의 손실과 관련한 경제적 사건, 교육기회의 상실이나 조기 퇴직, 장애등의 사건이다. 이러한 중요 생애사건들이 인생에 미치는 영향의 내용은 성공적 노화 여부와는 상관없이 비슷한 것으로 인식되었다.

우선 전쟁이라는 생애사건은 정신적으로 큰 충격을 주었지만, 그 영향은 단기적으로 그쳐서 인생 전반에 큰 영향이 없었다는 것이 성공 노인들과 실패 노인들의 공통된 인식이다. 6·25 동란으로 인한 인명의 살상, 친척의 총상과 행방불명, 피난으로 인한 고생과 가족 간의 일시적 이별 등이 인생에 큰 충격을 주었다고 한다. 그러나 이들 노인들은 모두 전쟁으로 인해 자신을 포함하여 직계가족이 장애를 입거나 사망, 혹은 장기간의 이별 등을 겪지 않았다는 공통점을 가지고 있다. 따라서 50여 년이라는 오랜 세월이 지난 현 시점에서 전쟁이라는 역사적 사건은 이들에게 잊혀 가고 있으며, 개인의 인생에는 별다른 영향을 주지는 않은 것으로 인식되고 있다.

성공 참여자 24: 6·25 동란 때 가서 전쟁에 가서 고생한 것 밖에 더 있나. 사람 죽는 걸 봐서 충격을 받았지. 지금도 어떤 때는 떠올라요 생각이. 근데 나이가 드니깐 그게 자꾸 잊어져요. 그저 그려러니 생각하는 거지. 영향을 준 건 아니야.

실패 참여자 14: 그 옛날에 이제, 6·25 동란이 나가지고, 피난 댕기느라 애 먹은 거 그거죠. 그러니깐, 남편은 군대 가서 없지. 인제 혼자 다닐라니 힘들었지요. 많이 외롭고, 산에 가 일하기도 힘들고. 하지만 그게 사는 데 영향을 미친 거는 없어요. 그런 거.

한편 성공 노인이나 실패 노인이나 상관없이 인생의 후반부에 남편이나 부모의 갑작스러운 사망이나 질병을 경험한 여성노인들은 심한 정신적 충격과 고통을 받았다고 응답하였다.

성공 참여자 44: 큰일 겪은 거요. 남편이 병원에서 나와서 좀 살다가 돌아가셨지. 그때 그럼 많이 걱정했지. 정신이 빠져서 어떻게 사나. 밤낮 그랬어요. 할아버님 돌아가실 때 심정은 말할 수도 없어.

성공 참여자 11: 살아오면서 영감 폐암이라는 진단을 했을 때 정말 아주 너무 너무 놀라 가지고-. 건강했던 사람이 별안간에 그러니까. 해전 내가 주저앉아 가지고 다리가 더 아팠어. 다리가 아파가지고 혼났다니까. 근데 그게 참 진전되거나 참 오래가요.

실패 참여자 22: 응. 그거는 할아버지가 수술할 때. 허리 다쳐 가지고 수술할 때. 할머니가 우리 친정어머니 치매 걸리셔갔고 양쪽을 드나들면서 고생 많이 했거든요. 금전적으로도 했겠지만 그 심적 타격을 많이 줬어요. 정신적으로.

특이한 경우로 실패 노인 중 한 분은 강제로 요양원에 수용된 것으로 인해 자유를 구속당하고, 상당히 정신적으로 고통을 당했다고 인식하고 있었다.

실패 참여자 10: 내 거기(요양원)에 수용돼서 사는 동안에 무척 고통을 받았어요. 근데 이것은 우리나라의 복지정책이 좋아서 이런 시설이 있지만은. 엄격히 따지면 그거는 인권을 유린 한 거라. 사람은 자유롭게 살게끔 되어 있는데. 자유를 구속하니까. 인권을 유린한 것 아닙니까?

면접 노인들은 젊은 시절 회사의 부도로 인해서, 혹은 사기당하거나 꾸어 준 돈을 받지 못해서, 혹은 부동산과 관련한 재판을 하는 과정에서 충격을 받았으며, 그것으로 인해서 상당기간 경제적으로 고통을 당하였다고 보고하고 있다. 그리고 이러한 사건으로 인해 경제적 고통을 겪었다는 점에서는 성공 집단이나 실패 집단이나 큰 차이가 없었다. 다만 경제적 영역에서 손실을 당하는 생애사건은 성공 집단보다는 실패 집단에서 더 많이 경험하였다. 그리고 실패 노인 중 한 사례는 부도로 인해 현재의 질병이 생겼다고 인식하고 있어, 이러한 사건들로 인한 영향은 실패 노인의 경우 더 컸다고도 볼 수 있을 것이다.

성공 참여자 21: 회사에서 부도나고 이래가지고 차 3대가 날아갈 적에, 그때 가장 충격을 많이 받았죠. 버스1대 하고 트럭 2대가 날아갔지. 너무 이제 큰돈이 없어지니까 그야말로 아주 무일푼이었어요.

성공 참여자 9: 한꺼번에 사기꾼이 와가지고. 그거 고생을, 죽을 고생 말도 못하죠. 몇 년 동안 그걸 갚느라고 죽을 고생을 했지요.

실패 참여자 32: 옛날에 아버지가 땅을 잘못 사가지고 재판을 한 3년 했어요. 그거 하러 댕기느라고 돈도 많이 쓰고. 그 일로 인생에 영향을 많이 받았죠. 그래도 난 이겼으니까 후회는 없었어. 이겨서 내 소원은 이뤘지. 돈은 많이 없어졌지.

실패 참여자 28: 집 팔아먹은 게 충격이지~. 그 것 때문에 엄청 고생이 많았지.

실패 참여자 36: 남편이 집을 판 게 아니라 그것도 전센데 전세 빼가지고, 응, 그래가지고 다 까먹고 왔어. 그 일로 돈 없어서 고생 많이 했지.

실패 참여자 24: 부도를 맞았을 적에, 아니 그러니깐 남의 돈 받을 데서 어음 받았을 때 부도가 난거야. 그래 가지고 몸에 병이 생긴 거야.

성공 노인 중 한 분은 농촌이 아파트로 개발되는 도시화 과정에서 국세청의 부당한 세금 징수를 인생에 가장 큰 영향을 준 사건으로 보고 있다. 재판을 통해서 국가의 부당함을 입증하는데 성공했지만, 그로 인해 개인이 경험하는 경제적 고통은 매우 컸다.

성공 참여자 28: 옛날에 개포동에 땅을 하나 팔았어요. 1억을 받고 팔았는데 그게 뭐야 특별 뭐 그게 되가지고 세금이 8, 000만 원 나왔어요. 그때는 하늘이 무너지는 게 같고. 왜 그러냐 하면 모든 것이 전부 다 동결이에요. 뭐 통장이고 뭐이고. 국세청에서 압류고 뭐이고 그렇게 해가지고 한 3년 갔단 말입니다. 그러니깐 얼마나 고통이 많았겠어요~. 그럼 그때는 농사를 다 짓고 다 그랬는데 투기로 걸린 거예요. 나중에 아파트 짓고 팔고 아파트 짓고 지금 나온 거란 말이에요. 그때 농사짓는 것 다 확인받아오라 하니 옛날에 그 시점에 항공 찍은 사진도 가져오라니, 개인이 어떻게 가져가냐 말입니까? 그래도 재판에서 결국은 내가 이겼죠.

한편 교육기회의 상실 또는 직업면에서 승진의 누락이나 건강상의 이유 등으로 인한 퇴직하거나 직업훈련기회의 상실 등을 경험한 노인들은 이러한 중요 생애사건이 전반적인 사회적인 지위의 하락을 가져 왔다고 인식하고 있는데, 이는 성공 노인이나 실패 노인이나 비슷하다.

성공 참여자 14: 미국에 유학에 갈수 있었는데 제가 포기한 거야. ~그 학교를. 저는 그걸 사건이라고 볼 수 있고~. 그때 미국에 건너갔으면 잘못되어도 대학교수는 하고, 그 참 사회에 이바지할 수 있는 기회가 있었는데.

실패 참여자 9: 제가 군대 생활할 때 알던 그 상사가 있었는데. 그 양반이 내가 아무도 없으니까 인제 제대해 가지고 자기네 목장으로 오라고. 그래서 내가 저 경상도 밀양에 있는 그 목장엘 한 번 갔었어요. 갔다가 너무 일이 힘들었어. 내가 그걸 참지 못하고서는 예비군 훈련 받으러 여기 춘천에 왔다가 가질 않고서는 그냥 여기서 내가 지냈어요. 그때 만약에 내가 그걸 돌아가서 그 사람 밑에서 있었으면, 지금쯤 아마 내 인생이 좀 달라지지 않았겠나. 그런 게 인제 좀 후회스러워.

성공 참여자 38: 장교를, 그때 별 하나 따야 하고 갔어요. 거기서 도중에 몸이 아파가지고 나왔을 때 그게 제일 좌절이 있지요. 인생이 바꿨지. 내 사회생활이 완전히 바꿨을 거야. 이렇게 안 살고 이보다 못 살런가, 더 잘 살런가 완전히 변화가 있었을 거야.

특히 전쟁 때 총상을 당하거나 교통사고 등으로 인해서 신체적 장애를 경험한 노인들은 그러한 사건으로 인해서 직업과 소득의 기회를 상실하게 되어 사는 것이 힘들게 되었다고 보고 있다. 이러한 인식은 성공한 노인이나 실패한 노인이나 별로 차이가 없었다. 이 중 6·25 동란으로 인해 장애를 입은 경우, 전쟁을 치루어야만 했던 국가적이고 역사적인 사건이 개인의 전기(일생)의 전환점이 되었음을 보여 준다.

성공 참여자 18: 전쟁 시에 총을 맞았어. 다리에. 그때 치료도 못하고 피난 갔다 오느냐고. 집안사람들이 전쟁으로 다 죽었어. 심정이 말이 아니지. 그 후 일도 못하고 사는 게 힘도 없고. 힘도 들고.

실패 참여자 27: 내가 군인 가서 군대 생활하면서 차 교통사고로 좌측하퇴 부분을 절단한 일이지. 그렇게 군대 나와 가지고서 그 먹고 살라고 하니 말이야. 사는 게 힘들었지.

(2) 중요 생애사건에 대한 대처방식: 적극적 대처 vs 소극적 대처

중요 생애사건에 대한 면접 노인들의 대응방식은 적극적인 대처와 소극적 대처로 양분해 볼 수 있었다. 그리고 적극적 대처는 전형적으로 성공 노인들에서만 찾아볼 수 있다면, 소극적 대처는 실패 노인들에서만 찾아볼 수 있어서, 뚜렷한 대조를 보이고 있다.

성공 노인들의 대처방식은 중요 생애사건에 대해서 적극적으로 대처하는 것이다. 긍정적인 사건에 대해서는 기회를 포착하고, 좋은 결과가 나올 때까지 꾸준히 노력한다. 부정적인 사건에 대해서는 다양한 문제해결방법을 찾고, 굳은 의지로 적극적으로 혹은 장기적으로 꾸준히 노력하여 결국은 위기를 극복하는 것으로 나타났다. 예로서 어릴 적 체력이 약했지만 건강하기 위해 적극적인 대처와 예방적 노력을 지속적으로 한 사례가 있다. 이 면접 노인은 운동과 음식 등 생활습관을 변화시키고, 일생 동안 노력한 결과 지금은 건강해졌다는 것이다.

성공 참여자 42: 직장에 있을 적에 공부하라는 상사가 한분 있었어요. 하루는 너 요즘 뭘 하니? 뭘 하긴 뭘 해요, 놀죠. 그랬더니 공부 좀 해라, 좀 고전을 읽어 봐라 그랬어요. 그래서 그때서부터 고전을 읽기 시작한 거예요. 그래서 어디 한 번 해 보자 하고 책 두꺼운 걸 덮었다 열었다 하다보니까 결국 우리 딸아이가 또 한문 선생님으로 변하더라고. 그런 영향이 우리 집에 미쳤어. 나때매.

성공 참여자 2: 사업에 실패했지. 1969년에 800만 원 남한테 사기당한거야. 돈 떼먹은 놈은 살지만, 돈 떼인 놈은 자살하는 거야. 사업에 실패해 가지고 그 덕에 오만가지 다 해 봤어.

성공 참여자 27: 내가 중학교를 졸업 맞고 고등학교를 못 갈 일이 생겼어요. 그때는 그게 6·25 동란이 터졌으니깐. 내가 그때 어려서 그 당시 인생에 잘못했으면 완전히 낙오가 될 뻔했지. 그때 내가 야간으로 공부하면서 기차 따라다니면서 내가 머슴살이를 했다고. 그렇게 하면서도 장학생이었어.

성공 참여자 12: 나는 그 어렸을 때 약했어요. 굉장히 약했어. 그런데 그 의사가 나만 보면 불렀어요. 다시 세 번 죽었다 살은 놈이라고 그러면서. 그래서 아직 건강은 많이 신경을 썼거든. 그러면서 저기 음식 같은 거, 그 다음에 생활습관 같은 거 이런 거를 게 많이 신경을 썼어요. 그래서 뭐 뛰기도 하고 여러 가지를 다 해 봤는데. 뭐 수영도 좀 해 보고. 지금 그래두 이만큼 건강하지 않느냐 생각하는데.

이처럼 중요 생애사건에 대해 적극적으로 대처한 결과로, 중요 생애사건이 인생에 긍정적인 영향을 미쳤다는 인식은 성공 노인들에서만 찾아볼 수 있다. 이들은 교육, 직업영역에서 기회를 포착하고, 적극적으로 대처한 결과 사회적 성공을 경험하였다고 응답하고 있다.

성공 참여자 41: 국민 포상, 그거 받는 바람에 이제 교감이 빨리 됐거든.

성공 참여자 27: 고생하고 고학을 했지만 그 덕에 저는 성공했다고 봅니다.

교직에 있었거든요.

또한 성공 노인들만이 중요 생애사건으로 부정적인 사건을 경험하면서도, 이러한 시련에 긍정적인 의미를 부여하고 있었다. 즉 삶의 어려움을 적극적인 노력과 의지로 극복하는 과정에서, 인격과 삶의 태도가 긍정적으로 변화되었다는 것이다. 이들 성공한 노인들은 가난으로 인한 학업중단의 위기, 사업 실패, 어릴 적의 폐결핵 판정, 몸이 약한 것, 종토분쟁 등 부정적인 사건들을 부단한 노력으로 극복하고, 그 과정에서 인생을 보는 관점이 달라지고, 새로운 경험을 하면서 인격적 성장을 경험하였다는 것이다.

성공 참여자 2: 사업에 실패했지. 그래도 그 덕에 사람이, 삶이, 생활력이 강해지지.

성공 참여자 30: 부도 한 번 맞은 거. 그래도 그 일은 나를 운전하게끔 만들어 준거여. 무에서 시작을 했으니까. 험한 일도 할 수 있게끔 만들어 준거여.

성공 참여자 27: 내가 야간으로 공부하면서 기차 따라다니면서 내가 머슴살이를 했다고. 그래 가지고 말하자면 I can do지. 건전한 정신만 가지면 살 수 있다, 노력하면 살 수 있다는 정신을 가지게 됐지.

성공 참여자 1: 군대에 갔을 때 그 폐결핵을 판정받고 충격이 컸어요. 비참했죠. 정신적으로. 젊었을 때는 폐결핵이라고 하면 죽는 병으로 알았어요. 그래서 인생의 낙오자가 되는 줄 알고. 그게 인생의 낙오자의 폐배간, 그것이 사새이 길로 돌아선 거예요. 인생을 바꿨죠. 음아같은 경우에는 대 자연을 생각하고, 모든지 슬픔을 만드는 거는 빠져나가는 거죠.

성공 참여자 4: 종토를 후손들이 개인 명의로다가 만드는 게 있어. 그걸 소송까지 한 적도 있는데 정말 안타까운 일이야. 이 일 겪으면서 사람은 우선 내가 하는 일에 욕심을 부려서는 안 된다는 생각이 들었어.

반면 실패 노인들은 부정적인 생애사건에 대해서 소극적으로 대처하고 있다. 이들은 문제의 원인을 생각해 보고, 다양한 문제해결 방법을 찾고, 적극적으로 대응하기보다는 그냥 후회하면서 일생 동안 수동적으로 상황에 끌려가고 있었다. 혹은 이러한 생애사건의 원인에 대해 자신의 책임을 회피하면서, 타인을 비난하는 것이 전형적인 실패 노인의 대처방식으로 나타났다. 이는 부정적인 생애사건을 극복하기 위해 적극적으로 노력하거나, 이를 통해 자신의 삶을 돌아보고, 새로운 의미를 발견하는 성공 노인들과는 대조를 이룬다.

실패 참여자 33: 평생 살면서 많이 있죠, 일을 불러오면 내가 배운 것이 없으니까, 이제 이거 어디로 가야 할까? 이거 어디서 왔지? 어디서 주고 받죠? 그렇게 내가 이렇게 다 물어봐. 지금도 은행도 다 물어봐 . 그게 질로 시방도 공부 못한 게 질로 후회야.

실패 참여자 24: 사람 잘못 만난 거, 돈 떼먹고 안주는 놈들아.

실패 참여자 31: 여편네가 배신 해 가지고 갔을 때. 그, 그게 제일 영향 받고. 돈 있는 거 지, 싹 싹 긁어가지고 가서 잘 쳐 먹고 잘 사는데. 난 거지니깐 뭐 이렇게 살고.

실패 참여자 2: 그런 건 뭐 마누라가 집 나가는 거 밖에 없지. 부인 잘못 만난 것이 평생 후회되지.

실패 참여자 15: 아~ 그것이야 큰아들이 지랄해 싸서 그렇지. 그것밖에 없어요. 그것 때매 병이 왔죠. 심근경색이요.

5. 요약 및 결론

본 연구의 목적은 성공적 노화를 노년기에 한정하여 연구해 온 기존 연구의 한계를 넘어서, 성공적 노화 여부에 영향을 미치는 요인을 노인이 전 생애를 걸쳐 경험한 중요한 생애사건과 관련하여 이해하는 데 있다. 특히 성공 노인과 실패 노인, 대조적인 두 집단의 비교를 통해서 생애사건과 그것의 주관적 의미가 성공적 노화와 어떻게 관련되는지를 분석해 보고자 하였다. 이를 위하여 노인 1,405명 가운데 엄격한 기준을 적용하여 선발된 성공 노화 노인 44명과 실패 노화 노인 36명을 면접한 자료를 활용하여, 양적 분석과 질적 분석을 병행하였다.

연구 결과 우선 면접 참여 노인들이 경험한 중요 생애사건의 영역은 교육, 직업, 경제, 건강, 가족, 국가 등 6개 영역이었다. 그리고 중요 생애사건이 인생에 미친 영향에 관한 면접내용을 지속적 비교의 방법으로 분석한 결과 '생애사건의 영향의 범위' '생애사건에 대한 개인의 대처방식'이라는 두 가지 주제를 발견하였다. 성공 노인과 실패 노인, 두 집단을 비교분석한 결과, 일생 동안 경험한 중요 생애사건의 내용, 그리고 이러한 사건이 인생에 미치는 영향의 범위, 개인의 대처방식에 있어서 두 집단 간에는 뚜렷한 차이가 있었다.

우선 중요 생애사건을 영역별로 보면 가족 영역의 사건들이 인생에 가장 많은 영향을 주었다는 응답은 성공 집단이나 실패 집단이나 공통적이다. 그러나 가족관계의 불화와 단절, 자녀의 사망 등 가족 영역에서 심각하게 부정적인 사건을 경험한 사람들의 비율은 성공 집단보다는 실패 집단에서 상대적으로 더 높았다. 또한 사기나 부도, 사업 실패 등 경제적 영역의 생애사건에 대한 언급은 성공 집단보다는 실패 집단에서 훨씬 더 많았다. 한편 일부 면접 참여 노인들은 전쟁이나 부당한 공권력의 행사와 관련된 국가영역의 사건을 중요 생애사로 인식하고 있으며, 이는 성공적 노화 여부와 무관하였다.

한편 중요 생애사건에 대한 주관적 인식면에서 보면 성공 노인과 실패 노인, 두 집단 간 차이가 가장 뚜렷하게 나타나는 부분은 중요 생애사건이 인생의 전면적 위기로 작용하였는가, 아니면 부분적 위기로 작용하였는가 하는 점이다. 실패 노인들은 가족 영역에서의 부정적 사건들로 인해 정신건강, 신체적인 건강, 삶에 대한 만족도, 사회적 지지체계 등 인생 전반에 걸쳐 장기적이고 총체적으로 부정적인 영향을 받았다고 인식하고 있었다. 즉 실패 노인들은 무엇보다도 가족관계의 불화와 단절, 자녀의 사망 등의 중요 생애사건이 전면적인 위기로 작용하였고, 그 결과 정신적 고통과 불행한 가정생활, 노후의 빈곤, 고독, 질병과 장애를 경험하게 되었다고 보고 있었다. 성공 노인들 역시 실패 노인들과 마찬가지로 여러 생애사건으로 인해 정신적 고통과 경제적 고통, 사회적 지위의 하락 등 부정적인 영향을 받았다고 인식하고 있다. 그러나 이러한 생애사건의 영향은 일시적이거나 인생의 한 부분에만 한정적으로 작용했다고 인식되고 있다는 점에서 부분적 위기로 볼 수 있다. 이런 면에서 성공 노인들은 실패 노인과는 달리 전면적 위기라고 볼 수 있는 가족과 관련된 부정적인 생애사건을 경험하는 경우는 극히 드물었다.

성공 노인과 실패 노인은 생애사건에 대한 대처방식에서도 뚜렷한 차이를 보였다. 성공 노인들은 성공의 기회를 포착하거나, 부정적인 사건에 대해서는 다양한 문제해결방법을 찾고, 굳은 의지로 꾸준히 장기적으로 노력하여 위기를 극복하는 등 적극적으로 대처하는 것으로 나타났다. 또한 성공 노인들은 이렇게 적극적으로 대처하는 과정에서 중요 생애사건이 사회적인 성공 혹은 인격적인 성장의 계기가 되었다고 인식하고 있다. 반면 실패 노인들은 중요 생애사건에 대해 적극적으로 대처하기보다는 수동적으로 상황에 끌려가거나, 혹은 타인을 비난하고, 타인에게 책임을 전가하는 등 소극적으로 대처하는 경향이 있었다.

성공적 노화를 일생 동안 경험한 생애사건과 관련하여 분석한 본 연구의 결과가 시사하는 바는 다음과 같다. 첫째, 본 연구 결과는 가족과 관련된 부정적인 생애사건과 그 영향이 성공적 노화냐 실패냐에 결정적으로 중요하다는 것을 시사한다. 가족원이 모두 건강하고, 평탄하게 살아가며, 원만한 가족관계를 유지하는 것이 성공적 노화의 기본이 된다. 거꾸로 이것이 이루어지지 않고, 가족 안에서 심각한 부정적인 사건이 발생할 때, 그러한 사건은 장기간, 그리고 인생 전반에 걸쳐 총체적으로 부정적인 영향을 미친다. 그리고 결과적으로 노년기의 고독과 가난, 질병과 장애, 심리적 불행감을 초래하게 된다. 이러한 연구 결과는 일생에 걸쳐 사회적 지지를 해 주는 장기적인 대인관계의 연결망인 사회적 호위대가 성공적 노화에 중요하다는 기존의 연구 결과(Antonicci & Akiyama, 1995; Crosnoe & Elder, 2002)를 지지해 준다.

둘째, 성공적 노화는 생애사건의 내용만이 중요한 것이 아니라 이에 대한 대처방식과도 관련됨을 알 수 있다. 일부 성공한 노인들은 생애사건이 가져온 위기를 극복한 경험이 있으며, 위기를 오히려 자신의 성장과 발전의 계기로 삼고 있다. 이러한 적극적인 대처방식은 이들로 하여금 높은 자아존중감과 자아효능감, 환경에 대한 통제감을 가지게 하고, 이것이 누적되어 결과적으로 성공적으로 노화하는 요인으로 작용하였다고 해석할 수 있다(Kahana & Kahana, 2003). 반면 생애사건에 대한 자기 책임의 회피와 타인에 대한 비난 등 소극적인 대응방식은 자신을 수용하지 못하게 하고, 자율성과 자기효능감, 환경에 대한 통제감 등을 낮추게 한다. 문제해결을 위한 적극적 대처방식의 부재는 노후의 스트레스를 완화하거나 예방할 수 있는 적극적 적응행동, 더 나아가서 사회적 지지 및 자원 확보의 실패로 이어지며, 결국은 성공적 노화에서 실패하는 요인으로 작용한다고도 볼 수 있다.

본 연구 결과를 바탕으로 성공적 노화를 촉진하고, 실패한 노화를 예방하기 위해 필요한 실천적·정책적 과제를 제시하면 다음과 같다.

첫째, 성공적 노화는 노년기의 건강, 사회활동, 배우자 및 자녀와의 관계를 증진시키는 개입만으로 충분하지 않으며, 노년기 이전의 전 생애에 걸친 생애주기별 개입이 필요하다. 특히 가족, 경제, 건강 영역에서 심한 스트레스를 주는 부정적인 사건들이 일어나지 않도록 하는 예방적 개입과 함께, 위험을 가져오는 사건이 일어날 경우 부정적인 영향력을 최소화하도록 도와줄 수 있는 정책적·실천적 개입이 이루어져야 할 것이다. 특히 개인이 스트레스를 줄 수 있는 위기 상황에 대해서 적극적으로 대처할 수 있도록 인지적·정서적인 측면에서 상담과 사회적 지지가 필요하다.

둘째, 성공적 노화에 있어 가족의 중요성이 들어난 만큼, 가족복지를 위한 정책과 서비스가 전생애적으로 이루어져야 할 것이다. 배우자와 좋은 관계를 형성하고, 가족해체를 예방하며, 자녀와 좋은 관계를 유지하는 등 가족관계 증진을 위한 개입은 노년기 이전부터 이루어져야 한다. 예방을 위해서 가정생활교육이 가족주기별로, 혹은 생애주기별로 이루어져야 할 것이다. 또한 가족의 파탄이나 가족원의 사망, 특히 자녀의 사망 등 극심한 심리적 외상을 경험하는 사람들에게는 그러한 생애사건이 일어나는 시점에서 즉시 상담이나 가족치료 등이 이루어져야 할 것이다.

셋째, 부도나 사기 등 경제적 손실은 노후빈곤으로 이어져서, 노후의 삶을 힘들게 하는 요소로 작용한다. 따라서 일생 동안 재정적인 안정을 보장할 수 있는 정책과 제도가 필요하다. 긴급한 재정적 위기가 발생할 경우 이들을 도와주고, 그들을 구제해 줄 수 있는 micro-credit 등 다양한 정책 및 서비스가 필요하다.

넷째, 생애 동안 심하게 스트레스를 주는 부정적인 생애사건을 경험하고, 삶의 의미와 만족감을 상실한 노인들에게는 정서적인 지지와 개입이 필요하다. 최근의 연구에 의하면 생애 동안 트라우마를 겪은 노인들은 그렇지 않은 노인보다 삶의 만족도가 떨어지지만, 정서적인 지지를 제공하는 개입은 이를 완화시키는 것으로 나타났다(Krause, 2004). 또한 과거를 재해석하고, 과거의 부정적인 경험을 현재에 통합할 수 있는 새로운 실천방법들이 개발되고 보급되어야 할 것이다. 회상요법이나 자신의 삶을 되돌아보는 활동들은 치료의 수단으로 유용하다(Butler, 1974).

본 연구는 일생 동안의 생애사건에 대한 노인들의 기억에 의존하여 이루어졌다. 특히 일생 동안이라는 장기간의 사건을 기억해야 하므로, 응답의 신뢰성의 문제가 제기될 수 있다(Settersten & Mayer, 1997). 또한 본 연구의 대상인 성공적 노화 집단과 실패 집단 간에 성, 연령, 경제력, 학력의 차이가 뚜렷하였다. 이러한 사회인구학적 배경의 차이는 부정적인 생애사건에의 노출 및 취약성, 더 나아가서는 대처양식이나 이용가능한 재정적·사회적 자원에 영향을 미침으로써, 성공적 노화에 영향을 미칠 수도 있으나(Kahana & Kahana, 2003) 본 연구에서는 이를 다루지 못하였다. 또한 비슷하게 부정적인 생애사건을 경험한다하더라도 자아효능감 및 자아존중감, 등 개인의 심리적 자원, 혹은 사회적 지지나 통합 등의 사회적 자원에 따라 위기를 극복하여 성공적 노화에 이루기도 하고, 혹은 건강이나 삶의 의미를 상실할 수도 있다(George, 2003). 그러나 본 연구는 이처럼 중요 생애사건이 성공적 노화, 혹은 실패로 연결되는 과정에 대한 분석이나, 이에 영향을 주는 개인적 요인이나 사회적 요인에 대한 분석을 하지 못하였다. 즉 생애사건이 이루어진 시기나 지속기간, 순서, 밀도에 대한 보다 정확한 자료, 혹은 이에 대한 개인의 대응이나 적응과정과 사회적 지지나 관계망 등 주변 상황에 대한 보다 세밀한 자료를 얻지 못하여서 보다 심층적인 질적 분석이 이루어지지 못한 것은 본 연구의 한계이다. 이러한 점들은 후속 연구에서 보완되어야 할 과제이다.

참고문헌

강유진, 한경혜(2002). 한국여성노인의 생애사 분석을 통한 노년기 삶의 이해－인생전환점·삶의 맥락·적응전략을 중심으로. **한국가족관계학회지**, 7(3), 99-126.

성혜영, 조희선(2005). Rowe와 Kahn의 구성요소를 활용한 성공적 노화 모델. 한국노년학, 26(1), 105-123.

한경혜, (2004). 생애사 연구를 통한 노년기 삶의 이해. **한국노년학**, 24(4), 87-106.

Antonicci, T. C. & Akiyama, H. (1995). Convoys of social relations: Family and friendship within a life span context. in R. Blieszner (Ed.), *Handbook of aging and family*, 354-371.

Baltes, P. B. & Baltes, M. M. (Eds). (1990). *Successful aging: Perspectives from the behavioral science.* New York: Cambridge University Press.

Butler, R. N. (1974). Succeesful aging and the role of the life review, *Journal of American Geriatrics Society*, *22*, 529-535.

Chou, K. L. & Chi, I. (2002). Successful aging among the young-old, old-old, and oldest-old chinese. *International Journal of Aging and Human Development*, *54*(1), 1-14.

Crosnoe, R. & Elder, G. H. (2002). Successful adaptaion in later years: A life-course approach to aging. *Psychological Quarterly*, *65*(4), 309-328.

Elder, G. H. & Johnson, M. K. (2003). The life course and human development: Callenges, lessons, and new directions, in R. Sattersten. Jr. (Ed.). *Invitation to the life course: toward new understanding of later life* (pp. 49-81). New York: Baywood Publishing Company.

Erikson, E. H. (1959). Identity and the life cycle. *Psychological Issues*, *1*(1), 18-171.

Fisher, B. J. (1995). Successful aging, life satisfaction, and generativity in later life. *International Journal Aging and Human Development*, *41*, 239-250.

Garfein, A. J. & Herzog, A. R. (1995). Robust aging among the young-old, old-old, and oldest-old. *Journal of Gerontology, 50B*, S.77-88.

George, L. K., (1999). Life course perspective on mental Health in C. S. Aneshensel & J. C. Phelan (Eds.), *Handbook of the Sociology of Mental Health* (pp. 565-583). San Diego: Academic Press.

George, L. K. (2003). What life-course perspectives offer the study of aging and health, in R. Sattersten. Jr. (Ed.). *Invitation to the life course: Towards New Understandings of Later Life* (pp. 161-188). New York: Baywood publishing company.

Gilhooly, M., Hanlon, P., Mowat, H., Cullen, B., Macdonald, S. & Whyte, B. (2007). Successful aging in an area of deprivation: Part 1; A qualitative exploration of the role of life experiences in good health in old age. *Public Health*, doi, 10. 1016/j. puhe. 2007. 03. 005.

Grundy, E. & Holt, G. (2000); Adult life experiences and health in early old age in Great Britain. *Social Science & Medicine, 51*, 1061-1074.

Havighurst, R. J. (1963). Successful aging. in R. H. Williams, C. Tibbotts, & W. Donahue (Eds.), *Processes of aging* (pp. 299-320). New York: Atherton Press.

Holmes, T. H. & Rahe, R. H. (1967). The social readjustment rating scale. *Journal of Psychosomatic Research, 11*, 213-218.

Kahana, E. & Kahana, B., (2003). Contextualizing Successful Aging: New Directions. in an Age-Old Search, in R. Sattersten. Jr. (Ed.). *Invitation to the life course: Towards New Understanding of Later Life* (pp. 225-255). New York: Baywood Publishing Company.

Krause, N. (1994). Stressors in salient social roles and well-being in later life. *Journal of Gerontology, 49*, 137-148.

Krause, N. (2004). Lifetime trauma, emotional support, and life satisfaction among older adults. *the Gerontologist, 44*, 615-623.

Kuh, D., Sayer, A., Shlomo, Y. B., & Bergman, H. (2007). A life Course Approach to healthy aging, frailty and capability. *The Journal of Gerontology, 62A*(7), 717-725.

Lin, N. & Ensel, W. M. (1989). Life stress and health: Stressors and resources. *American Sociological Review, 54*(3), 382-399.

Mayer, K. U. & Tuma, N. B. (1990). Life course research and event history analysis: An overview. in K. U. Mayer & N. B. Tuma(Eds.), *Event History Analysis in Life Course Research* (pp. 3-20). Madison, WI: Univ. Wisc. Press.

Menec, V. H. (2003). The relation between everyday activities and succeesful aging: A 6-year longitudinal study. *the Journal of Gerontology, 58B*(2). S.74-S82.

Ouwehand, C. Ridder, D. Bensing, J. M. (2007). A review of successful aging models: Proposing proactive coping as an important additional strategy. *Clinical Psychology Review*, doi, 10. 1016, cpr. 2006. 11. 003.

Padgett, D. K. (1998). Qualitative methods in social work research: challenges and resards, Sage. 유태균 역, **사회복지 질적연구방법론**, 2001, 나남.

Pearlin, L. I. & Lieberman, M. A. (1979). Social sources of emotional distress. in R, Simmons (Ed.). *Research in community and mental health* (pp. 217-248). Greenwich CT; JAI Press.

Pearlin, L. I. & Skaff, M. M, (1996), Stress and the life course: a paradigmatic alliance, *the Gerontologist, 36*(2). 239-249.

Ryff, C. D. (1989). Beyond ponce de leon and life satisfaction: New directions in quest of successful aging. *International Journal of Behavioral Development, 12*, 34-55.

Rowe, John W. & Kahn, Robert L (1987). Human aging: Usual and successful. *Science, 237*, 143-149.

Rowe, John W. & Kahn, Robert L (1997). Successful aging. *the Gerontologist, 37*(4), August, 433-440.

Schulz, R. & Heckhausen, J. (1996). A life span model of successful aging. *American Psychologist, 51*(7). 702-714.

Settersten, R. A. & Mayer, K. U. (1997). The measurement of age, age structuring, and the life course. *Annual Review of Sociology, 23*, 233-261.

Singer, B. Ryff, C. D. Carr, D., & Magee, W. J. (1998). Life histories and mental health: A person-centered strategy. in A. Raffery (Ed.) *Sociological methodology* (pp. 312-347). Washington DC: American sociological association.

Strawbridge W. J., Wallhagen, M. I. & Cohen, R. D. (2002). Successful aging and well-being: self-rated compared with Rowe and Kahn. *the Gerontologist*, *42*(6), 727-733.

Thoits, P. A. (1994). Stressors and problem-solving: the individual as psychological activist. *Journal of Health and Social Behavior*, *35*, 143-160.

Turner, R. J. & Avison, W. R. (1992). Innovations in the measurement of life stress: Crisis theory and the significance of event resolution. *Journal of Health and Social Behavior*, *33*(1). 36-50.

Vaillant, G. E. (1994). Succeessful aging and psychological well-being: Evidence from 45-year study. In E. H. Thompson, Jr. (Ed.), *Older men's lives* (pp. 22-41). Thousand Oaks CA: Sage.

Wong, P. T, P. & Watt, L. M. (1991). What types of reminiscence are associated with successful aging? *Psychology and aging*, *6*(2), 272-279.

제 10 장

한국 노인이 경험하는 인생의 보람과 후회

윤 현 숙
(한림대학교 사회복지학과)

유 희 정
(한림성심대학 사회복지과)

1. 서론

Erikson이 이야기하였듯이 인간의 발달단계 중 노년기는 죽음을 앞두고, 자신의 경험에 대해 새로운 의미를 부여하는 시기이다. 쇠약해지고, 유한한 삶에 직면하면서, 노인들은 자신의 성취와 실패와 화해하기 위해, 그리고 존중감과 통합감을 유지하기 위해서 과거의 인생을 회고할 필요를 느낀다. 이런 면에서 노년기는 자신의 인생 전체를 돌아보며, 자신의 삶에 대해서 개인적인 기억을 더듬으며 인생을 회고하는 시기이다. Erikson(1968)은 이 시기 노인들의 반응은 '자아통합' 또는 '절망'이 나타난다고 보았다. 이때 개인이 현재 느끼는 삶에 대한 만족도는 본인이 중요하다고 생각하는 과거 특정시기에 느꼈던 행복, 또는 불행의 정서에 대한 회고와 관련된다고 한다. 여기서 인생에 대한 이야기(life narrative)는 현재의 주관적인 안녕감을 과거의 주관적인 안녕감과 연관시키는 중요한 수단을 제공한다(Shmotkin, Berkovich, & Cohen, 2006, p. 165). 특히 인생에서 가장 보람되고 행복했던 부분과 가장 후회되는 부분에 대한 회고는 노인들이 현재의 삶의 상황과 과거의 경험을 포함하여 자신의 인생 전반에 대한 평가를 나타내준다. 즉 인생에 대해 어떻게 의미를 부여하는지, 과거와 현재를 수용하는지에 대한 인지적 평가뿐만 아니라 만족감과 행복감, 절망감과 우울함, 죄의식 등의 정서적 상태를 보여 준다. 이런 면에서 인생에 대한 회고는 노년기 적응상태나 성공적 노화 여부와도 관련이 되며, 더 나아가서는 노인들의 정신건강을 이해하는 단서로서 중요하다고 하겠다(Wong & Watt, 1991; 여인숙·김춘경, 2006a).

평균 수명이 길어지면서 노년기의 삶을 보다 건강하고, 활동적이며, 만족스럽게 영위하는 노인들의 특성을 말하기 위한 개념이 성공적 노화이다. 지금까지 성공적 노화에 대한 연구는 노인들의 건강, 심리, 성격적 요인이나 사회적 관계, 역할 등 주로 노년기의 삶과 관련하여 이해하려는 접근이 대부분이었다(Rowe & Kahn, 1997; 김미혜·신경림·강미선·강인, 2004). 그러나 최근에는 성공적 노화를 현재의 상황뿐만이 아니라 과거의 생애사를 포함하여 이에 대한 개인의 다양한 대처와 반응, 평가 등 전 생애에 걸쳐 총체적으로 접근하려는 시도들이 새롭게 각광을 받고 있다(Schulz & Heckhausen, 1996; George, 1999; Crosnoe & Elder, 2002; Kanana & Kanana, 2003). 이런 면에서 성공적 노화를 노인들이 자신이 살아온 인생 전반을 평가하고, 의미를 탐색하는 인생 회고와 연결하여 살펴보는 것은 새롭고, 의미 있는 작업이라 할 수 있다.

노년기 인생에 대한 회고의 과정과 '인생이 의미했던 바'에 대한 질문에 대한 결론은 핵심적인 역할 영역에서의 과거의 성공과 실패에 대한 개인의 요약을 포함한다(Shieman, Pearlin, & Nguyen, 2005, p. 692). 이런 면에서 현재 건강하고, 심리적·사회적인 기능이 높은 성공적 노화 노인과 현재 신체적·심리적·사회적으로 기능이 낮은 실패한 노인은 과거의 삶의 경험이 다르며, 이에 따라 회고의 내용과 의미부여가 다를 수 있을 것이다(Wong & Watt, 1991, p. 276). 그리고 이와 같은 자신의 인생에 대한 회고와 평가는 노인들이 현재 느끼는 심리적인 안녕감 및 정신건강상태를 잘 보여 줄 수 있다.

본 논문은 성공적으로 노화한 노인과 실패한 노인을 대상으로 "지금까지 살아오면서 가장 보람되고 행복했던 일이 무엇입니까?"라는 질문과 "지금까지 살아오면서 가장 후회스러운 일이 무엇입니까?"라는 질문에 대한 면담내용을 비교 분석하고자 한다. 이를 통해서 첫째, 인생에서 가장 보람되고 행복한 일과 후회하는 일의 내용이 두 집단 간에 구체적으로 어떻게 다른지, 둘째, 그러한 일들에 대해 부여하는 노인들의 주관적인 의미는 두 집단 간에 어떻게 다른지를 비교해 보고자 한다.

본 연구의 목적은 첫째, 노인들이 주관적으로 인식하는 인생의 보람과 후회를 분석함으로써, 성공적 노화를 그들의 전 생애적인 삶의 경험과 인생 전반에 대한 평가와 관련하여 폭넓게 이해하는데 있다. 둘째, 인생회고에서 나타나는 인생에 대한 의미 부여와 정서 상태에 비추어서 노인들의 정신건강상의 문제점을 이해하는 데 있다. 더 나아가서 본 연구는 정신건강 면에서 취약한 노인들에 대한 사회적 지원이나 개입방법을 모색하는 데 기초 자료를 제공한다는 면에서 연구의 의의가 있다.

2. 선행연구 고찰

1) 인생에 대한 회고

과거에 대해서 자주 생각하고 말한다는 것이 일반적으로 노인들에 대해 갖는 통념이다. '좋았던 옛 시절'에 대해서 이야기하는 성향은 나이가 들어가고 있고, 나이가 들었다는 현상의 자연스럽고 정상적인 일부로 보인다. 일찍이 Butler(1963, p. 65)는 노년기에 과거에 대해서 이야기하는 것은 고유의 심리발달 과정의 외적 징후라고 주장하였다. 이런 면에서 인생 회고는 노인으로 하여금 다가오는 죽음 앞에서 새로운 의미를 찾도록 도와주며, 인격을 재조직하고 재통합하게 함으로써, 노년의 지혜와 평정을 창조하도록 한다는 것이다. 같은 맥락에서 Erikson은 노년기의 발달과업으로 '자아통합'을 제시한 바 있다. 여기서 자아통합이란 자신의 과거와 현재, 그리고 미래를 바라보고 수용하며 인생과정의 중심부를 살아가는 사람들에 대한 깊은 배려를 통해 세상을 사는 지혜를 얻는 것으로 정의된다(Erikson, 1968). 이때 자아통합을 이룬 사람은 자신의 삶과 죽음을 수용하고 일반적으로 행복해하며 긍정적이므로, 심리적인 안정을 이루게 된다. 반면 절망감에 빠진 노인들은 자신의 삶이 무의미하였다고 생각하고, 자신의 과거를 원통해하고, 일반적으로 우울과 불행감을 느낀다.

많은 연구자들은 인생에 대한 회고와 회상은 노년기에 일반적인 경험이며, 생활만족도에 긍정적인 영향을 미칠 수 있다고 보고 있다. 그러나 다른 한편으로 보면 노인들은 자기 인생의 긍정적인 면을 회고할 수도 있고, 부정적인 면에 대한 비판적인 회고를 할 수도 있다. 보람 있고 즐거운 일에 대한 회고는 과거 자아가 성공한 것에 대한 지각이며, 행복감, 만족감 등 긍정적인 정서를 동반한다. 반면 후회는 저지른 행위 혹은 놓친 기회들을 포함하며, 열망과 성취사이의 격차를 나타내며, 이는 불행, 한계, 상실, 결점, 위반, 혹은 실수에 대한 고통스러운 판단과 안타까운 감정상태 등 부정적인 정서를 동반한다. 따라서 개인은 회고를 통해 자기이해, 개인적 의미, 자아존중감, 그리고 생활만족감을 가질 수도 있고, 실패감과 우울을 느낄 수도 있다. 이처럼 인생회고의 방식과 내용은 우울, 죽음불안, 자아통합감에 직접, 간접적으로 영향을 주어, 노인의 정신건강과 밀접한 관련이 있다(여인숙·김춘경, 2006a).

한 현상학적 연구(이은정, 1997)에 의하면 한국 노인의 회상의 본질적 주제는 삶의 회한, 한의 삭임, 힘의 확인, 그리고 삶의 보람으로 나타났으며, 이러한 주제들은 서로 유기적으로 얽어서, 복합적·역동적으로 나타난다고 한다. 김윤정(2002)의 연구에서는 노인들이 자신의 생을 회고하면서 과거의 심리적인 갈등이나 이루지 못한 소망, 과업을 해결하고, 자신의 삶속에 재통합함으로써, 자아통합을 이루고 있으며, 성공적 노화에 이르고 있다고 보고하고 있다. 그러나 노인의 회상의 내용과 기능은 개인의 성격이나 자아통합감에 따라 차이가 크며, 일부 노인들은 인생회고에서 자아통합을 이루지 못한 채 과거에 대한 후회와 회환에서 벗어나지 못한다. 여기서 노인들의 어떻게 인생을 회고하는가는 삶을 긍정적으로 보는지, 삶에 대한 자신의 책임을 받아들이는지와 같은 삶에 대한 태도, 그리고 과거와 현재에 대한 수용여부 등과 서로 밀접한 관계가 있는 것으로 보고되고 있다(홍주연, 2000).

한편 과거를 후회하며 억울한 마음으로 과거를 되새기는 회한적 회상은 노인의 건강이 나쁠수록, 월수입이 낮을수록, 사회활동을 덜 할수록, 더 많이 하는 것으로 나타나 현재 노인의 신체, 사회경제적인 상황과 관련이 있으며 더 나아가서는 성공적 노화와도 밀접히 관련이 있다(홍주연, 2000; Wong & Watt, 1991, p. 276).

2) 성공적 노화

성공적 노화란 정상적 노화, 병리적 노화와 대비되는 개념으로, 건강하게 오래 살고, 생산적이며, 만족한 삶을 살면서 늙어가는 개인들의 특성을 지칭하기 위한 개념이다. 성공적 노화가 무엇인지, 또 성공적 노화를 규정하는 평가기준이 무엇인지에 대해서는 학자마다 상이한 개념 정의를 내리고 있어, 성공적 노화개념을 정의하는 것은 쉽지 않다.

Rowe와 Kahn(1997)은 활동 이론에 기반하여 일찍이 성공적 노화를 질병과 장애의 부재, 인지, 신체기능의 유지, 삶에의 지속적 참여로 정의한 바 있다. Rowe와 Kahn이 제시한 성공적 노화의 평가기준은 그 이후 많은 경험적 연구들에 의해 사용되어 왔으며, 이 모델을 이용한 최근의 많은 연구들은 활동 이론의 유용성을 경험적으로 증명해 주고 있다(Menec, 2003). 이에 본 논문에서는 기본적으로 Rowe와 Kahn의 개념에 의거하여 성공적 노화를 정의하였다. 다만 신체적 기능, 인지적 기능, 사회적 기능 외에도 노인들의 주관적으로 경험하는 심리적 안녕감을 성공적 노화를 구성하는 중요한 요인으로 보았다(Garfein & Herzog, 1995; Chou & Chi, 2002; 성혜영·조희선, 2005).

성공적 노화에 관한 국내의 연구들을 살펴보면 한국 노인들은 성공적 노화를 현재의 상황 및 자신과 관련하여 안락한 생활, 역할완수, 자아수용, 상호교류, 봉사로 인식하고 있다(박경란·이영숙, 2002). 성혜영·유정헌(2002)은 한국 노인의 성공적 노화의 유형을 사회적 관계와 기능을 지향하는 유형, 주관적 만족과 부부관계를 중시하는 유형, 복지와 편함을 추구하는 유형으로 분석하였으며, 김미혜·신경림·최혜경·강미선(2005)은 자기효능감을 느끼는 삶, 자녀의 성공을 통해 만족하는 삶, 부부간의 동반자적인 삶, 자기통제를 잘 하는 삶의 네 요소로 제시하였다.

전체적으로 볼 때 한국 노인들은 자신의 삶과 죽음, 성공적 노화를 무엇보다도 가족, 특히 자녀와의 연계계속에서 인식하는 경향이 크다. 또한 성공적 노화를 자아수용, 자기 통제, 자기효능감과 관련지어 인식하고, 자식에게 짐이 되지 않는 것으로 이해하는 경향이 있다(김미혜·신경림·강미선·강인, 2004). 그리고 이 같은 성공적 노화에 대한 개념과 이것이 이루어지는 정도는 노인들의 성, 계층, 소득, 배우자 유무, 주관적 건강상태별로 차이가 나는 것으로 보고되고 있다(최혜경·백지은·서선영, 2005).

최근에는 성공적 노화를 개인이 일생 동안 살아온 삶과 역사와 관련지어 생애과정의 시각에서 폭넓게 접근하려는 시도들이 속속 이루어지고 있다(Schulz & Heckhausen, 1996; Crosnoe & Elder, 2002; Kanana & Kanana, 2003; George, 1999). 성공적 노화 집단과 실패한 집단은 일생 동안 경험하는 중요 생애사건이 다를 뿐 아니라, 이에 대한 대응양식에서도 차이가 난다(윤현숙·유희정, 2007). 성공적 노화에 실패한 집단은 성공한 집단에 비해 특히 가족과 관련된 부정적인 생애사건을 많이 경험하고, 그로 인해 장기적이고 총체적으로 부정적인 영향을 받은 것으로 보고되었다. 반면 성공한 노인은 생애사건이 가져온 위기를 극복하거나, 위기를 오히려 성장과 발전의 계기로 삼아 왔다는 것이다.

뿐만 아니라 성공적으로 노화한 노인과 이에 실패한 노인들 간에는 인생을 회고하는 방식에도 차이가 난다는 연구 결과가 있다. Wong과 Watt(1991, p. 276)는 노년기에 인생을 회고하는 방식에는 여러 가지 유형이 있으며, 이러한 회고의 방식이 성공적 노화와 관련이 있음을 보여주었다. 즉 성공적 노화 노인은 실패한 노화 노인보다 과거를 수용하며, 과거의 갈등을 해결하는 통합적 회상, 그리고 과거 어떻게 목표를 달성하고 성취했는가에 관한 수단적 회상을 더 많이 하는 것으로 나타났다. 반면 실패한 노인들은 성공한 노인보다 과거에 대한 죄의식 속에서 절망적이고 강박적인 회상을 더 많이 하는 것으로 나타났다.

3) 인생에 대한 보람과 행복

개인이 현재 느끼는 삶에 대한 만족도는 본인이 중요하다고 생각하는 과거 특정시기에 느꼈던 행복, 또는 불행의 정서에 대한 회고와 관련된다고 한다. 특히 노년기에는 과거가 인생에 대한 만족도에 중요한 영향을 미친다. 긍정적인 정서의 경험은 사람들의 순간적인 사고-행동의 레퍼토리를 확대하며, 이는 결국 지속적인 개인의 자원들(신체적, 지적, 사회, 심리적 자원)을 형성하는 데 기여한다(Fredrickson, 2001, p. 220). 이런 면에서 노인들이 인생 중 가장 보람과 행복을 느낀 일이 무엇인가를 알아보는 것은 노인들의 성공적 노화에 영향을 미치는 요인들을 이해하는 데 도움이 된다고 하겠다.

사전적 정의에 따르면 보람은 '어떤 일을 한 뒤에 얻어지는 좋은 결과나 만족감 , 또는 자랑스러움이나 자부심을 갖게 해 주는 일의 가치'로 정의된다(국립국어연구원, 2000, p. 2723). 반면 행복은 '생활에서 충분한 만족과 기쁨을 느끼는 흐뭇한 마음 또는 그런 느낌'으로 정의되어 있다(국립국어연구원, 2000, p. 6825). 인생을 살아오면서 느끼는 보람과 행복은 모두 긍정적인 정서이며, 자신이 인생을 잘 살아 왔다고 평가할 때 느끼는 정서이다. 그러나 보람과 행복은 다를 수 있다. 행복은 즐거움이 가장 크고, 고통이 없는 상태, 즉 자신의 삶에 만족하면서 긍정적인 정서를 많이 느끼는 심리적 wellness를 말한다. 반면 보람은 개인적으로나 사회적으로 의미가 있다고 생각하는 가치나 목적을 추구하며 살아가고, 이를 이루었을 때 느끼는 긍정적인 정서로, 유능함과 효율성의 감정과도 연관된다. 행복은 편안하고, 문제가 없고 만족스러운 것과 보다 연관되어 있다면, 보람은 도전을 받고, 노력을 해야 하는 것과 보다 연관되어 있다. 이렇게 볼 때 보람은 단순한 즐거움을 주는 행복을 넘어서서 인생의 의미와 보다 관련되어 있는 개념이라고 볼 수 있다(Ryan & Deci,

2000, p. 148).

일찍이 Havighurst(1963)는 성공적 노화를 자신의 현재와 과거의 삶에 대해 내적으로 행복감과 만족감을 느끼는 것으로 정의하였다. 그러나 Ryff(1989, p. 36)는 성공적 노화는 인생에 만족하는 행복감만으로는 충분치 않다고 보았다. 오히려 그녀는 성공적 노화는 생활만족도를 넘어서 자아의 수용, 타인과의 긍정적 관계, 자율성, 환경의 숙달, 인생의 목적, 그리고 개인적 성장이라는 여섯 가지 차원과 관련됨을 제시한 바 있다. 한편 Fisher(1995, p. 249)는 이러한 Ryff의 이론이 경험적으로 증명됨을 보여 주었다. Fisher는 40명의 노인에 대한 질적 조사 결과 성공적 노화는 단순한 생활만족도 이상의 의미를 가지고 있음을 보고하였다. 면접 참여 노인들은 성공적 노화의 핵심은 자기에 대해서 배우고, 성장하고, 적극적이며, 다른 사람을 돕고, 사회에 기여하는 등 인생에 대해 목적의식을 갖는 것으로 생각하고 있었다. 최근 연구(Bauer, McAdams, & Sakaeda, 2005, pp. 212-213)에서도 성숙하고 행복한 사람은 그렇지 않은 사람에 비해 자신의 과거를 해석하는 데 있어서 삶의 의미에 대해서 보다 많은 관심을 가진다고 보고되고 있다. 또한 이들은 돈이나 사회적 지위의 획득과 같은 외재적인 가치보다는 사회와 미래 세대에의 기여, 개인적 성장, 의미 있는 인관관계의 조성 등 내재적 가치와 관련하여 자신의 과거를 기억하고, 해석하고 있음을 보여 주고 있다.

이런 면에서 보면 성공적 노화 노인은 실패한 노인과 비교할 때, 자신의 생애의 긍정적인 면을 회고할 때 단순한 행복보다는 보람을 느낄 가능성이 많다. 즉 성공적으로 노화한 노인들은 실패한 노인들보다 의미 있는 생의 목적이나 가치를 보다 추구하고 이를 통해 자신의 잠재력의 실현하고자 노력하는 가운데 심리적 안녕감(psychological well-being)을 느낄 수 있다.

성공적 노화에 관한 우리나라의 최근 연구들을 보면 서구의 연구 결과와는 다소 차이를 나타내고 있다. 일부 노인들은 타인을 배려하고 봉사하는 것을 중요시하고 있지만, 한국 노인들은 서구의 연구 결과와는 달리 성공적 노화에 있어서 타인을 도와주고, 사회에 기여하며, 목표의식을 갖는 것의 중요성은 덜한 것으로 나타났다(박경란·이영숙, 2002, p. 630). 오히려 한국 노인들은 성공적 노화를 자녀들이 사회적으로 출세하고, 결혼해서 화목하게 살며, 경제적으로도 걱정을 끼치지 않는 것으로 인식하고, 여기서 가장 보람과 행복을 느끼고, 이를 복이라고 보고 있다는 것이다(김미혜·신경림·강미선·강인, 2004, p. 86; 김미혜·신경림·최혜경·강미선, 2005, p. 95).

이러한 연구 결과는 한국 노인들의 회상에 관한 연구에서도 확인이 되고 있다. 한국 노인들은 인생을 회고할 때 살아오는 동안 맺어진 인간관계속에서 자신의 삶의 보람과 가치를 확인한다고 한다. 조상-자기-자손과의 관계와 이웃과의 관계에서 자신이 인간으로서의 도리를 다했는지를 점검하고, 삶의 보람을 찾는다고 한다(이은정, 19997). 특히 현재의 자손을 통해서 혹은 자손에게 베풀어 준 것, 부모로서의 역할을 완수한 데서 가치를 찾고, 자신의 정체감을 확인하는 태도가 두드러진다. 즉 노인들은 자신의 자녀들이 만족하게 살아가는 것을 보면서, 삶의 보람과 성취감을 느끼기도 하고, 혹 그렇지 못했을 때 절망을 느끼는 것으로 나타났다(김윤정, 2002, p. 225).

4) 인생에 대한 후회

후회는 개인이 과거 경험을 평가할 때 흔히 나타나는 반응이다. 후회는 개인이 이루기를 바랐던 그러나 얻을 수 없었던 방해받은 목표 혹은 과거의 의도에 대한 회상으로 정의될 수 있다(Lecci, Okun, & Karoly, 1994, p. 731). 후회는 실제의 결과와 '다를 수도 있었다'고 상상하는 대안적 결과를 대조하는 데서 나오는 부정적인 정서이다(Gilovich & Medvec, 1995, p. 379). 후회는 과거의 사고, 정서, 행위 혹은 성취를 변화시키려는 열망 혹은 희망과 연관되어 있다(Degenova, 1992, p. 136). 따라서 후회는 슬픔, 실망 혹은 행해진, 혹은 행해지지 않은 것에 대한 디스트레스의 감정과 연관된다. 그러나 후회는 보다 나은 결과를 가져올 수도 있었던 선택을 포함한다는 점에서 실망 등 다른 부정적인 감정과 구분된다.

후회는 자기비난과 연관되므로, 후회가 클수록, 심리적인 고통이 커진다. 이런 면에서 후회는 전반적인 삶의 만족도, 자아존중감이나 개인통제감 같은 자아개념과도 연관된다. 또한 후회는 심리적 적응과 관련되며, 우울증 등 정신건강의 결과와 연관된다(Shieman, Pearlin, & Nguyen, 2005, p. 719).

이러한 후회는 개인적인 성향일 뿐만 아니라 문화적인 신념에 의해서도 영향을 받는다(Alexander, Rubinstein, Goodman, & Luborsky, 1992, p. 618; Toktas, 2002, p. 426). 뿐만 아니라 후회는 성, 인종, 계층 등 사회 구조적 불평등과 이로 인해 제약을 받는 생애과정 및 차별에 대한 지각에 기반할 수 있다(Toktas, 2002, pp. 429–430; Shieman, Pearlin, & Nguyen, 2005, pp. 714–718). 미국에서는 다양한 삶의 선택의 기회가 가능하고, 개인이 이러한 선택에 책임을 져야 한다는 믿는 개인주의의 이념이 강하게 지배하고 있다. 따라서 미국의 문화에서는 후회는 삶의 기회와 관련되며, 사람들은 가장 확실하게 변화, 성장할 기회가 많다고 생각되는 영역에서 후회를 한다. 미국의 연구 결과들을 종합해 보면 모든 연령의 사람들은 교육에 대한 후회를 가장 많이 하고, 그 다음은 경력, 연애, 그리고 부모노릇하기의 순으로 나타났다(Roese & Summerville, 2005). 이는 노인만을 대상으로 하는 연구도 예외가 아니어서 교육에 대해 가장 많이 후회하는 것으로 나타났다(DeGenova, 1992, p. 140;

DeGenova, 1996, p. 784; Hattiangradi, Medvec, & Gilovich, 1995, p. 179).

결국 인생을 살면서 가장 후회스러운 일에 대한 회고는 노인들이 일생 동안 살아오면서 추구한 삶의 가치나 열망, 기회구조와 이에 대한 현실적 제약, 생애과정 및 이에 대한 의미와 해석을 보여 줄 수 있다고 볼 수 있다. 또한 이는 우울, 절망, 자기부정 등 노인들이 경험하는 부정적인 정서를 나타낼 수 있다.

현상학적 방법으로 한국 노인의 회상을 연구한 이은정(1997)의 연구에 의하면 우리나라 노인들은 삶의 회환으로 고생과 희생으로 일관된 삶에 대한 허망함과 서러움, 자식이나 배우자, 부모에게 해야 할 도리, 즉 인간으로서의 도리를 다하지 못한 것에 대한 후회, 물질이나 출세에 민감하지 못하고 평범하게 바보처럼 살았던 인생에 대한 억울함과 후회, 그리고 배움에 대한 아쉬움 등 살아오는 동안 채우지 못했던 것들에 대한 원(怨)과 탄(歎)을 말하고 있다고 한다.

3. 연구방법

1) 연구 대상

본 연구는 2006년 한림대학교 고령사회연구소에서 실시한「성공적 노화에 관한 질적 연구」에서 수집된 자료의 일부를 분석한 것이다(이하 윤현숙·유희정, 2007에서 재인용).

성공적 노화에 관한 질적 연구는 2003년과 2005년 실시된 한국 노인의 삶의 질에 관한 종단연구에 모두 참여한 응답자 중 2005년 현재 65세 이상인 노인들 1,405명 중 성공적 노화 노인과 실패한 노화 노인 집단만을 선별하여 심층 인터뷰를 실시한 연구이다. 원 조사에서 조사대상자의 선정은 서울과 춘천 거주자로서, 구별 무작위 층화표집, 구내의 동, 통에 대한 집락 표집, 그리고 조사 구내에서의 계통표집의 방법으로 선정되었다.

여기서 성공 노화 집단과 실패 노화 집단을 선별하는 기준을 엄격히 하여, 면접 참여 노인의 대표성을 높였다. 우선 성공적 노화의 개념정의에 있어서 기본적으로 Rowe와 Kahn(1997, 439)의 개념을 따라서 질병이 없이 건강하여 신체적·인지적 기능에서 상대적으로 높은 수준을 유지하고, 삶에 적극적으로 참여하는 것으로 보았다. 다만 신체적·인지적 기능, 사회 활동 외에도 노인들의 주관적으로 경험하는 심리적 안녕감을 성공적 노화를 구성하는 중요한 요인으로 보았다(Vaillant, 1994, p. 25; Fisher, 1995, p. 242; Strawbridge, Wallhagen & Cohen, 2002, pp. 730-732). 따라서 본 논문에서는 활동 이론에 근거하여 성공적 노화를 질병이 없이 건강하여 신체적 기능과 인지적 기능에서 상대적으로 높은 수준을 유지하고, 사회적으로 적극적으로 참여하고, 심리적으로 만족하게 살아가는 것으로 개념정의를 하였다(Garfein & Herzog, 1995, pp. S79-S80; Chou & Chi, 2002, p. 3). 구체적으로 성공적 노화와 실패한 노화의 기준은 2003년 1차 조사시의 자료를 바탕으로 하여 신체적 기능, 심리적 기능, 사회적 기능, 세 영역별로 각각 설정하였다. 그리고 세 영역 모두에서 성공한 경우만 성공한 노인 혹은 실패한 노인으로 규정함으로써, 두 집단이 뚜렷이 대조되도록 하였다.

성공 노화 집단과 실패 노화 집단을 나누는 기준을 각 영역별로 구체적으로 보면 다음과 같다. 첫째, 신체적 기능의 영역에서 성공과 실패로 나누는 기준은 이환질환 및 치명적인 질환의 수와 일상생활수행능력(ADL)에서 타인의 도움이 필요한 문항의 수이다. 이환질환의 수가 0개이고, ADL에 장애가 하나도 없는 건강한 노인들을 '성공 노화 집단'으로 보았다. 반면 치명적인 질환(고혈압, 뇌졸중, 당뇨, 심장질환, 간경변,

암, 파킨슨병 등)이 하나라도 있거나 ADL에서 하나라도 타인의 도움이 필요하다고 응답하여 일상 활동에서 장애가 있는 노인은 '실패 노화 집단'으로 보았다.

둘째, 심리적 기능의 영역에서는 노인들의 심리적 안녕감을 측정하는 척도인 PGCMS(Philadelphia Geriatric Centre Morale Scale) 총점을 분류기준으로 삼았다. 2003년도에 참여한 2,529명 전체 참여자의 PGCMS 척도 총점 분포(18~85점)를 대략 3등분하여 상위 집단(56점 이상)인 노인은 '성공 노화 집단'으로, 하위 집단(44점 이하)인 노인은 '실패 노화 집단'으로 분류하였다.

셋째, 사회적 기능의 영역에서는 종교모임, 동창회, 자원봉사/시민단체, 노인정, 이익옹호단체, 여가/문화/스포츠단체 등 6종류의 사회활동에 참여 정도를 기준으로 하였다. 구체적으로는 2~5개 영역에서 활발한 활동을 하는 노인은 '성공 노화 집단'으로, 아무 영역에도 참여하지 않는(O개) 노인들은 '실패 노화 집단'으로 분류하였다.

그리고 신체적·심리적·사회적 기능 각 영역의 기준에서 모두 상위를 차지한 노인, 즉 세 영역에서 모두 성공한 노인을 성공 노인 집단으로, 각 영역의 기준에서 모두 하위를 차지한 노인, 즉 세 영역에서 모두 실패한 노인을 실패 노인 집단으로 분류하였다.

이러한 기준을 적용하였을 때 2005년 현재 65세 이상 노인 1405명 중 성공 노인 집단은 87명, 실패 노인 집단은 69명으로 나타났다. 이중 1:1 면접을 시도하여, 실제로 면접이 이루어진 성공 노인 44명과 실패 노인 36명이 본 연구의 최종 조사대상자이다.

2) 자료의 수집과 분석방법

조사 시기는 2006년 8월 26일부터 9월 15일 사이이며. 서울과 춘천에서 조사대상자의 집을 방문하여 1:1 면접을 하였다. 면접은 참여자의 집을 방문하여 이루어졌으며, 응답자들은 면접과정에서 여러 문항들에 대해 자유롭게 응답하도록 하였다. 면접시간은 평균 1시간 반에서 2시간 정도 소요되었다. 면접은 사회조사의 경험이 많은 17명의 노련한 조사원에 의해 실시되었으며, 조사하기 이전에 면접원을 대상으로 조사시 가능한 심층적 응답을 얻도록 교육을 실시하였다. 면접한 내용은 조사대상자의 동의하에 녹음기로 녹음하였으며, 녹취록을 만든 후 이를 컴퓨터 디스켓에 저장하였고, 이것을 인쇄하여 자료분석에 이용하였다(윤현숙·유희정, 2007에서 재인용).

본 논문은 「성공적 노화에 관한 질적인 연구」에서 수행된 자료의 일부를 분석한 것이다. 원래 이 연구는 등 다양한 학문분야에 관한 협동연구로 기획된 것으로 하루 일과나 활동부터 현재의 심리상태, 노화 및 성공적 노화의 의미, 어릴 때의 가정 형편과 전쟁, 살면서 느낀 보람과 후회 등 인생에 대한 회고 등 다양한 항목이 포함되어 있다. 이 중 본 논문은 "지금까지 살아오면서 가장 보람되고 행복했던 일이 무엇입니까?" 라는 질문과 "지금까지 살아오면서 가장 후회스러운 일이 무엇입니까?" 라는 질문에 대한 응답을 선별하여 성공한 노인들과 실패한 노인들 두 집단 간의 차이를 비교 분석하였다.

본 논문의 목적은 살면서 가장 보람되고 행복한 일과 후회하는 일의 내용이 구체적으로 무엇인지를 비교하고, 그러한 일들에 대해 부여하는 노인들의 주관적인 의미의 차이를 알아보는 데 있다. 대개의 질적인 연구들이 10여 내외의 소수 사례를 분석한 것과는 대조적으로 본 자료는 모두 80명이라는 비교적 다수를 대상으로 하여 자유응답을 얻었기 때문에 양적 분석과 질적인 분석을 동시에 할 수 있는 장점을 가지고 있다고 볼 수 있다.

여기서 본 연구는 자료에 대한 양적인 분석과 질적인 분석을 동시에 실시하였다. 첫째, 양적인 분석으로는 두 집단 간 보람과 후회 경험의 빈도분포를 비교하였다. 우선 응답 내용을 검토한 후에 보람과 후회를 경험한 영역을 설정하였고, 영역별로 구체적인 빈도수를 표로 제시하였다.

인생의 보람과 후회 경험의 내용이 주관적으로 어떤 의미를 가지는가에 대해서는 질적인 분석을 시도하였다. 수집된 자료는 Strauss와 Cobin의 지속적 비교방법에 기반하여 분석하였다. 지속적 비교방법은 근거이론에 기반한 질적 자료의 코딩방법으로 자료를 반복적으로 읽고, 비교하면서 분석하는 것이 특징이다(padgett, 1998). 처음에는 개별 녹취록을 전체적으로 한 번 읽고, 인터뷰 내용에 대한 전반적인 인상을 얻었다. 그 후 재독시에는 한줄 씩 읽고, 떠오르는 잠정적인 개념들을 중심으로 해당되는 인터뷰 내용들을 분류시켜 나갔다. 그리고 새로운 주제가 나타날 때 마다 다시 앞부분의 응답내용을 비교, 검토하면서, 범주를 재조직화하였다. 이러한 과정을 반복적으로 거침으로써 주제의 일관성을 높이려고 노력하였다.

한편 양적인 분석과 질적인 분석을 하는 과정에서 연구자들은 수시로 상호 확인과 토론의 과정을 거쳤다. 또한 질적인 방법을 전공하는 동료교수 2명에게 질적 분석에 대한 검토와 자문을 받았다. 이를 통해 분석의 엄밀성과 타당성을 높이고자 노력하였다.

4. 연구 결과

1) 면접 참여자의 특성

면접 참여 노인의 특성은 다음과 같다(윤현숙·유희정, 2007에서 재인용). 면접 참여 노인을 성공 노인과 실패 노인으로 구분하여 볼 때, 두

〈표 10-1〉 성공 노인과 실패 노인의 사회인구학적 배경

		성공 노인 명(%)	실패 노인 명(%)
연령	65~69세	22 (50.0)	10 (27.8)
	70~74세	11 (25.0)	11 (30.6)
	75세 이상	11 (25.0)	15 (41.7)
성	남성	35 (79.6)	11 (30.6)
	여성	9 (20.4)	25 (69.4)
교육	무학	4 (9.1)	17 (47.2)
	초졸	17 (38.6)	8 (22.2)
	중졸 이상	23 (52.3)	11 (30.6)
용돈	10만 원 미만	7 (15.9)	23 (63.9)
	10~20만 원 미만	15 (34.1)	11 (30.6)
	20만 원 이상	22 (50.0)	2 (5.6)
배우자	배우자 있음	36 (81.8)	14 (38.9)
	배우자 없음	8 (18.2)	22 (61.1)
계		44 (100.0)	36 (100.0)

집단 간에는 인구, 사회적인 특성이 뚜렷하게 대조되었다. 성공 노인들은 65세에서 69세 사이가 50%로 연령이 낮고, 남성의 비율이 높았다. 또한 중졸이상의 고학력자가 많았으며, 매달 용돈이 20만 원 이상인 사람이 절반이나 되어, 사회경제적 지위가 높은 편이다. 가족관계에서는 배우자가 있는 경우가 82%로 대다수였다. 반면 실패 노인은 75세 이상 고연령층이 42%나 되고, 여성의 비율이 높았다. 학력에서는 무학이, 용돈은 10만 원 미만이 가장 많아서 사회경제적 지위는 낮은 편이다. 가족관계에 있어서도 약 2/3가 배우자가 없는 노인이었다.

2) 살면서 가장 보람되고 행복했던 일과 가장 후회스러운 일

(1) 삶의 영역별로 가장 보람되고 행복했던 일의 빈도

살면서 가장 보람되고 행복했던 일에 대해서 '없다'는 응답은 성공 집단에 비해 실패 집단이 훨씬 더 많았다. 이는 노년기에 건강, 심리, 사회적 면에서 성공적 적응을 보이는 노인은 과거를 포함한 자신의 전 인생에 대한 회고와 평가에 있어서도 보다 긍정적인 평가를 하며, 인생의 생애과정에서 보다 많은 성공감과 행복감을 느끼는 것으로 볼 수 있다.

살면서 가장 보람되고 행복한 일로서 성공 집단이나 실패 집단이나 모두 가족 영역을 가장 많이 언급하고 있다(52.3% 대 52.8%). 이로써 노후에 있어 인생의 보람과 행복을 결정하는 가장 중요한 핵심적 삶의 영역은 가족임을 알 수 있다.

성공 집단에서는 살면서 보람된 일에 대해서 가족, 직업 외에도 이웃, 인생 전반 등 다양하게 영역이 언급되고 있다(42.2%). 이에 반해 실패 집단에서는 가족과 직업에 관한 영역만이 언급되고 있다. 이는 성공 집단은 삶의 보람과 행복을 느끼는 의미의 원천이 실패 집단에 비해서

〈표 10-2〉 살면서 가장 보람되고 행복했던 일

영역	성공 노인: 명(%)	실패 노인: 명(%)
없다	4 (9.1)	8 (22.2)
직업	12 (27.3)	9 (25.0)
가족	23 (52.3)	19 (52.8)
이웃	3 (6.8)	–
인생 전반	2 (4.5)	–
계	44 (100.0)	36 (100.0)

상대적으로 보다 더 다양함을 보여 준다고 하겠다.

(2) 삶의 영역별로 가장 후회스러운 일의 빈도

성공 집단에서는 후회스러운 일이 없다는 응답이 43.2%인 반면, 실패 집단에서는 27.8%이다. 이는 실패한 노인들이 성공한 노인들보다 인생에 대한 후회가 더 많다고 인식하고 있음을 보여 준다. 또한 성공 집단에서는 경제, 도덕, 가족의 영역 순으로 가장 후회를 하고 있다면, 실패 집단에서는 가족, 건강, 경제의 순으로 가장 후회를 하고 있어서 차이를 보이고 있다.

두 집단의 차이 중 가장 두드러진 것은 가족 영역에서이다. 성공 집단에서는 13.6%만이 가족과 관련하여 후회하고 있으며, 이에 반해 실패 집단에서는 33.3%가 가족과 관련된 후회를 하고 있다. 한편 교육, 직업, 경제를 합하여 사회적 성취라고 볼 때 성공 노인은 가족 보다는 사회적 성취(13.6% 대 27.4%)에 대한 후회가 더 많다. 반면 실패 노인은 사회적 성취(22.3%)에 대한 후회보다는 가족(33.3%)에 대한 후회가 더 많다.

성공 집단에서는 건강과 관련된 후회가 없는 반면, 실패 집단에서는

〈표 10-3〉 살면서 가장 후회스러운 일

영역	성공 노인: 명(%)	실패 노인: 명(%)
없다	19 (43.2)	10 (27.8)
교육	2 (4.6)	2 (5.6)
직업	2 (4.6)	2 (5.6)
경제	8 (18.2)	4 (11.1)
건강	–	4 (11.1)
가족	6 (13.6)	12 (33.3)
도덕, 가치	7 (15.9)	2 (5.6)
계	44 (100.0)	36 (100.0)

건강관련 후회가 11.1%나 되었다. 또 성공 집단에서는 내면적 도덕이나 가치기준에 미흡한 삶에 대한 후회가 15.9%나 되었다면, 실패 집단에서는 5.6%에 불과하였다.

3) 인생의 보람과 행복, 후회의 주관적인 의미

(1) 부모 책임을 다한 보람 vs 자녀를 키우는 재미

성공 집단에서는 살면서 가장 보람되고 행복한 일로서 가장 많이 언급된 것이 자녀를 결혼 시킨 것, 손주를 본 것, 자녀가 가정을 가지고, 무난히 잘 살아가는 것을 들고 있다. 이들은 후대를 이어가는 것, 후손을 보는 것, 혹은 자녀를 잘 키워서 자기 갈 길로 보내는 것이 인생의 중요한 목적이고 의미이라고 생각한다. 따라서 이들에게 있어서 자녀가 잘 커서 결혼하여 독립된 가정을 이루고, 살아가고 있는 것은 부모로서의 책임을 완성하는 것이고, 인생의 본분을 다하는 것이라고 보며, 마음이 놓이고, 흐뭇함을 느낀다. 대다수의 사람들은 이러한 경험을 '보람'이라고 해석하고 있다. 여기에는 후손을 보고, 후대를 잇는 세대 간의 계승을 통해 자신의 삶의 의미를 찾으려는 보편적인 노년기의 욕구 혹은 가계계승을 삶의 목적으로 보는 유교적인 가치관과 문화가 작용하였다고 볼 수 있다.

성공 참여자 26: 아이들, 자손들 잘 키워서 그저 시집 장가보내 가지고 뒤탈 없이 잘 사니까, 그게 보람이지 뭐.

성공 참여자 15: 애들 결혼할 때가 제일 좋았죠. 그래도 그거 내 책임이 어느 정도 이제 완성되니깐.

이와는 대조적으로 실패 노인들은 살면서 가장 보람되고 행복한 일로서 '자녀를 키우는 재미'를 가장 많이 언급하고 있다. 이들은 젊어서 한창 자녀를 키울 때가 가장 좋았고 행복했다고 응답을 하고 있다. 그리고 애들이 재롱떠는 게 보기 좋고, 그냥 예쁘기 때문에, 크는 재미로, 돈 벌어서 학교 보내는 재미를 이야기 하고 있다. 어떤 의미나 목적을 성취한 보람보다는 그저 자녀를 키우는 즐거움과 재미, 행복을 언급하고 있다. 물론 자녀의 혼인이나 손자들 키웠을 때를 언급한 경우도 있으나, 이는 상대적으로 적었다. 이는 실패 집단의 경우 장성한 자녀로부터 보람과 만족을 느끼는 경우가 상대적으로 드물다는 것을 보여 준다고 하겠다.

실패 참여자 14: 자식 키우고, 이럴 때 제일 행복했지요. 재롱떠는 거 보고 좋아서.

실패 참여자 5: 애들 기르고 벌어서 가르치고. 그게 재미있잖아. 학교 댕기고 돈 벌어 주는 게 재미있는 거지. 벌어서 줘야 되니까, 힘들어도.

(2) 가족에게 최선을 다하지 못함 vs 순탄치 않은 가정생활

성공한 노인은 사망한 부모나 배우자에게 생전에 좀 더 잘하지 못했다던가, 자녀의 교육과 성공을 더 잘 뒷바라지 하지 못한 것을 후회하고 있었다. 이는 가족에게 잘못 한 것을 후회한 것이라기보다는 나름대로 가족에게 잘 했지만, 여건이나 상황, 능력 때문에 가족에게 최선을 다하지 못했다는 것에 대한 후회로, 가족에 대한 사랑과 좋은 관계를 전제로 하고 있다.

성공 참여자 28: 부모한테 잘못한 거, 효도 못한 거. 한다고 했는데, 많이 못했죠. 열심히 한다고 했지만, 그래도, 자식으로서 모자란다는 느낌이 들어서.

성공 참여자 19: 젊어서 애들도 잘 가르키고 했어야 하는데 , 그렇지 못했으니깐 그게 좀 아쉬움이 있죠. 남들같이 잘 가르치질 못했으니깐.

성공 참여자 20: 나는 지금 그러고 애들도 고기도 사오고 뭐 옷도 사와 입혀 호강하는데, 마누라는 그걸 못 보고 죽었으니깐. 한 8년 전에 죽었으니깐. 그게 뭐 한스럽죠.

성공 참여자 11: 후회스러운 건 영감님한테 잘 해 주지 못한 거죠. 잘하긴 했어도 그래도~. 응응 부족한 게 많지 뭐. 그때 내가 잘하느라 했어도 너무 더 잘 해 줄 껄 하는 거야.

반면 실패한 노인은 배우자, 가족전반, 자녀와 관련하여 후회하고 있는데, 모두 순탄치 않은 가정생활 전반과 관련되며, 현재의 생활에까지 큰 영향을 미치고 있는 것으로 인식된다. 배우자와 관련된 후회는 배우자를 잘못 만나는 등 대부분이 결혼생활의 실패와 관련된 것이 많다. 자녀, 가족전반에 대해서는 혼자 살게 되고, 아픈 데 돌봐줄 사람이 없는 등 가족관계의 와해나 지지해 줄 가족이 없는 것을 후회하는 내용이 많았다.

실패 참여자 2: 후회스러운 것은 부인을 잘못 만나가지고, 고생한다는 거. 그건 자식들 버리고, 내동댕이치고, 집을 나갔기 때문에 그렇지요.

실패 참여자 36: 후회스러운 건 지금 생각을 해도 그냥 영감님 저런 영가님 만나서 이렇게 산거지 왜 진작 도망가지 그랬냐고 나 보고 그러는데 진짜 어떻게 그래요.

실패 참여자 3: 젊어서 그냥 고생하고 산 게. 남자 잘못 만난 거 같고, 평생 이렇게 살은 거야. 가정을 모르고 평생을 돌아다녔어 영감이 노름이나 하구.

실패 참여자 25: 혼자 사는 거 재미가 없어.

실패 참여자 18: 아픈 데 뭐 돌봐주는 사람도 없잖아요. 내가 아파서 지금 누워 지내고 있는데 옆에 사람이라고는 구경을 못 해요.

실패 참여자 29: 막내를 대학까지 죽도록 일해서 가르쳤는데. 물질적으로 제 손아귀에 조금 있던 거 그리로 다 들어갔어. 다 들어가니까 나는 빈손이잖아~그러면 내가 지금 당장 허리수술을 하려도 자식들한테 손 벌려야 하잖아요. 그러면 진짜 치사해요.

성공한 노인들은 과거에 가족에게 가능한 최선의 도리와 책임을 다하지 못한 자신의 행동에 대해 후회한다면, 실패한 노인은 지금까지 이어지는 순탄치 않은 가정생활 자체를 후회하면서, 자기 탓보다는 배우자 혹은 자녀의 탓을 하는 경향이 있었다.

(3) 직업을 통한 자기 성장 vs 일하고 돈 버는 재미

성공 집단에서는 직업을 통해서 의미 있는 관계를 형성하고, 사회에 기여하며, 사람들을 돕고, 열심히 일을 하고, 경제적 자립을 이루고, 오랫동안 직장생활을 큰 과오 없이 마친 것에서 가장 인생의 보람을 느꼈다고 보고 있다. 성공한 노인들 중에는 교사나 약사, 기업 컨설팅과 같은 전문직에 종사하는 사람들은 제자를 키우고, 병을 낫게 하고, 혹은 기업의 회복을 도움으로써, 자신의 직업으로 세상에 긍정적인 변화를 가져오고, 도움이 된 일에서 인생의 보람과 행복을 느끼고 있다. 그 밖에도 성공한 노인들은 자신의 의지와 노력으로 열심히 일을 하고, 그 결과 노년에 안정된 삶의 기반을 마련한 것에서 인생의 가장 큰 보람과 행복을 찾고 있었다. 즉 공직의 경우 큰 과오 없이 정년퇴직한 것, 굳센 의지로 재산을 마련하고 자수성가한 것 등이 그것이다. 즉 직장을 통해서 돈, 사회적 지위와 같은 외적인 것들을 추구하기보다는 관계의 형성, 사회의 기여, 개인적 성장 등 내재적인 가치를 추구하는 것으로 나타났다. 즉 성공노인들은 직업을 통해서 자신이 성장되었다고 느낄 때 살면서 가장 큰 보람을 느낀다는 것이다.

성공 참여자 8: 교직생활만 했는데 학생들을 가리켜가지고, 제자들이 찾아와주고, 또 제자들이 선생님을 초대해서, 또 은사를 대접하기 위해서 정기적으로 하는 그런 게, 교사로서의 보람을 느끼는 거지. 내가 가리킨 제자들이 사회의 일원으로서 끌끌하고 잘 자라고 있는 모습이 아주 흐뭇하거든. 대견하고, 개구쟁이 망나니가 지금 사회의 아주 훌륭한 인재가 되가지고서, 성장하는 거를 봤을 때.

성공 참여자 14: 기업을 갔다가 이렇게 컨설팅해가지고 다 쓰러져가는 기업을 일으켜 세워서 회생할 수 있는 길은 열어 준 거.

성공 참여자 16: 아픈 사람한테 약 줘가지고 낫게 하는 일. 내가 주장하는 게 그거예요. 나 때문에 이 병으로 고통을 겪어서는 안 된다. 또 약을 줄 때는 내가 환자일 때 내가 먹을 수 있는 양질의 약을 상대방에게, 환자에게 줘야 한다.

성공 참여자 20: 참 어려운 살림에 일굴라니깐 그래 가지고선 참 이 잘난 집이나마 그때 이제 마련하고, 한 그 논도 한 대엿 마지기 마련한 거지. 그때 내가 그렇게 에, 독한 마음을 먹고 있었기 때문에 새끼들 그래도 공부도 시키고.

한편 실패 집단에서는 직업과 관련하여 자신이 건강해서 일을 할 수 있었던 것, 돈을 벌 수 있다는 것과 돈을 자기 마음대로 쓸 수 있었다는 사실, 일에 몰두하여 능력을 발휘했던 과거를 회상하며, 그 당시 재미있고 행복했다고 회고하고 있다. 현재 이들이 몸이 불편해 거동이 어려운 상황에 있으며, 따라서 직업을 가졌던 시기는 일할 만큼 건강했다는 의미하므로, 행복한 시기로 평가되고 있다. 또한 이들에게 있어 직업의 의미는 돈을 벌수 있고, 내 마음대로 쓸 수 있었다는 경제적 능력과 이로 인한 경제적 자립을 의미하고 있다. 결국 일할 때가 좋았다는 응답은 이들이 신체적으로 뿐만 아니라 경제적으로도 타인에게 의존해야 하는 현재의 상황에 대한 의식과 깊은 관련이 있다고 하겠다.

실패 참여자 24: 내가 돈 벌어 내가 쓸 때지 뭐~. 아~ 나 마음대로 하니깐.

실패 참여자 31: 일할 적에나 조금 낫죠. 일하고 돈 벌 적에가 젤 낫죠. 뭐 돈 같은 거 일만하고 돈벌이고 그러면 뭐. 그때는 뭐 일을 하게 되면 몸도 건강하고 그때 그게 제일 좋아요.

실패 참여자 29: 한 건물에 들어갔다 하면은 제가 그게 생활이니까 건물에 딱 들어가면은 공사 완전히 완벽하게 하고 나오는 거 그게 행복이죠. 일할 때가 잡념이 없자나요~. 일하는 게 행복한 거에요.

(4) 성공의 기회를 놓침 vs. 힘겹고 결핍된 삶

성공 노인 집단에서나 실패 노인 집단에서나 공통적으로 교육은 사회적 명예와 직업적 지위, 사회생활, 자존감에 크게 영향을 줌으로써, 자신의 인생 궤도를 바꾸어놓았을 결정적인 요인이라는 의미를 가지고 있다. 또한 성공한 노인들은 젊은 시절 자신에게 특히 돈 벌 기회가 주어졌지만, 자신이 이를 선택하지 못하고 놓친 것을 인생에서 가장 후회하고 있다. 이런 면에서 성공 노인들은 젊은 시절 우리 사회에 사회적으로 성공하거나 돈을 벌 기회가 있었으며, 이를 선택하지 못한 것을 자신의 책임으로 보는 경향이 있다.

성공 참여자 42: 공부 안한 게 후회스러워. 공부를 했다면 내가 이렇게 내가 이름 없이 지내지 않았을 것이야.

성공 참여자 14: 아르바이트 하는 가게에서 우리 상사가 유엔 사령부 아르바이트 했어요. 그래가지고 미국 유학을 가자고 했는데 한국에서 공부를 더하겠다고 뿌리친 거야. 그때 미국에 건너갔으면 잘못 되어도 대학교수는 하고 그 참 사회에 이바지 할 수 있는 기회가 있었는데.

성공 참여자 22: 철도에서 역무원을 채용해요. 그래서 거기 시험을 봤지. 그때 돈을 어떻게 해서든지 벌어보겠다 이렇게 생각하고 사표를 냈는데, 철도청장이 5개월치 봉투에 넣어가지고 왔어요. 그래서 날 더러 받으래 그거를. 아니 난 싫다, 댕기지도 않을 걸 내가 왜 받아. 반환을 시켰지, 그 당시에 나갔으면 지금 뭐 청량리 역장을 하고 뭐가 되었을 텐데.

성공 참여자 26: 돈을 벌 수 있는 기회를 찾지 못해서, 온 것도 찾지를 못해서, 그런 게 이제 좀 후회스럽죠. 젊었으니까 몰랐죠.

성공 참여자 12: 돈 못벌은 거예요. 벌을 수 있는 기회가 많았었는데, 내가 그런 걸 내 거기다 머리를 썼으면 됐는데. 그렇게 안 살았으니깐 돈을 못벌었어.

반면 실패한 노인들은 부모가 공부를 시키지 않아서 교육의 기회를 갖지 못하고, 평생 동안 살림만 하거나 생존에 급급한 삶을 살아오는 등 지나치게 여유 없이, 힘겹게 살아온 인생, 풍부하지 않은, 결핍된 삶을 살아온 것을 후회하고 있다. 또한 사업에 실패하거나 사기를 당해서 젊은 시절 돈을 없앤 것을 후회하고 있다. 그리고 이들 실패 노인들은 사회경제적으로 결핍된 삶을 살게 된 것을 타인이나 상황, 혹은 사회 구조의 탓으로 돌리고 있다. 즉 여성노인은 여성에게 교육의 기회를 허용하지 않은 부모를 원망하고 있다. 또 경제적으로 빈곤하게 된 것을 사업에 실패하거나 사기를 당했다고 본다. 이들은 자신이 사회경제적으로 힘겨운 인생을 살게 된 것은 자신이 통제할 수 있는 일으로 보지 않는다. 이는 인생을 통제 가능한 것으로 보고 인생에서 자신에게 성공의 기회가 주어졌으며, 이를 선택하지 못한 자신의 책임을 인식하는 성공 노인과는 대조를 이룬다.

실패 참여자 17: 지금 그렇게 살아온 것이 후회스러워요. 너무 바깥세상을 몰랐기 때문에. 그리고 또 공부도 못해서 그게 또 후회스럽고, 제일하고 싶다하면, 공부하고 싶은 그게 원이지요. 너무 아는 게 없으니까. 내 자신도 모르게 내가 주눅이 들어서. 부모가 원망스러워요. 공부는 우리 아버지가 여자는 공부하면 안 된다 해서, 일부러 안 시켰데요. 그러니까 그게 굉장히 지끔도, 이렇게 섭해.

실패 참여자 22: 후회스러운 것은 배우지 못했고, 하고 싶은 것 못했고 발레를 했으면 참 좋았을 꺼 못했어요. 우리 어머니가 못하게 했어. 공부하고 발레 두 가지 못한 게 후회가 돼.

실패 참여자 14: 젊어서 막일이나 하고, 먹고 산다는 것만 생각해서. 지금 사는 거 모두 보고, 내가 살아내려온 역사를 생각하믄 조금 서글프지요. 지금 뭐 얼마나 세월이 좋습니까?

실패 참여자 26: 맨날 가정살림만 해니껜 후회스럽지 뭐. 힘드니껜 그렇지.

실패 참여자 27: 사람 잘못 만난거. 돈 떼어먹고 안주는 놈들. 아, 돈 안주니깐 후회스럽지.

(5) 이웃과 함께 나누는 삶 vs. 나(가족) 중심의 삶

성공 노인들은 인생의 보람과 후회를 회고함에 있어서 자신과 가족 이외에도 이웃을 돕고, 이웃과 함께 하는 삶을 중요시한다. 성공 노인들은 이웃을 위해서 봉사하고, 물질적으로 나누어 주면서 도울 때가 살아오면서 가장 보람과 행복을 느꼈다고 응답하고 있다. 그리고 이처럼 이웃을 돕는 것은 과거의 일일 뿐 아니라, 현재도 진행되고 있으며, 미래에도 하고자 하는 일이다. 뿐만 아니라 성공한 노인들은 삶에 대한 후회에 있어서도 남을 돕고, 사회봉사를 하지 못한 것이 가장 후회하고 있었다. 즉 이들은 자신과 가족을 넘어서서 타인을 돕고, 이웃과 함께 더불어 살아가는 것을 중요한 가치로 여기고 있으며, 이것이 자신의 인생을 평가하는 중요한 기준이 됨을 알 수 있다.

성공 참여자 5: 이웃들 볼 때가 젤 좋죠. 힘들어도 가서 뭐 고쳐주고 맨들어주고 할 때가 젤 보람 있죠. 제가 뭐 형제가 작다보니깐, 많이 모이는 걸 좋아해요. 전 가서, 일하는 거를. 내가 노력을 해 주면 그거 얼마나 고마우고 뭐 뿌듯하죠, 할 수 만 있다면 끝까지 하고 싶죠.

성공 참여자 2: 어려운데 물적으로는 못 도와주지만 심적으로, 육체적으로 도와줄 수 있다는 게 보람이죠.

성공 참여자 36: 농사해가지고. 호박을 누굴 따 준다는 지. 옥시기를 쪄가지고 관내다 줬어요. 농협도 주고, 농산물도 주고, 우체국도 주고.

성공 참여자 16: 후회스러운 거? 남이 꼭 물을 마시고 싶어서 물을 달라고 할 때 물을 한 컵 못준 게 가장 후회스러워. 필요한 사람한테 주지 못한 게 제일 후회스럽고. 해줘야 하는데~.

성공 참여자 27: 우리가 경로당이건 경제적으로 여유가 많이 있어가지고 사회봉사활동도 많이 했으면 좋은데 못했다는 거지.

성공 참여자 41: 도와달라고 했을 때 도움을 주지 못한 게 제일 후회되지.

이에 반해 실패 노인들은 인생의 보람과 행복을 언급할 때 주로 애들, 자식을 중심으로 이야기한다. 일이나 직장에 관해서 이야기할 때에도 가족이외의 이웃이나 다른 사람과의 인간관계와 연관되어 의미를 찾기보다는 대다수가 '나'를 중심으로 내가 느낀 재미와 행복을 이야기하고 있다. 또한 후회에 있어서도 타인에 대한 자신의 책임이나 도리와 관련한 것보다는 자신의 잘못된 생활양식 특히 음주를 후회하고 있으며, 음주가 지금의 빈곤과 질병의 원인이 되었다고 생각하고 있다. 이는 자신을 넘어서서 이웃과 관련하여 인생의 보람을 생각하는 성공 노인들과는 달리 실패 노인들은 좁은 의미의 나와 가족을 중심으로 인생을 회고하고 있음을 보여 준다.

실패 참여자 18: 행복한 거는 난 자식들 키울 때 밖에 없어.

실패 참여자 28: 젊었을 적 살림하는 거 그거지 뭐. 그 살림하는 게 재밌으니깐요.

실패 참여자 24: 내가 돈 벌어 내가 쓸 때지 뭐~. 아~ 나 마음대로 하니깐.

실패 참여자 31: 후회스러운 일은 많죠. 제가 볼 때는 공부를 해야 그저 술을 먹고 그냥 그냥 ~ 그게 좀 후회스러운 거죠. 아, 그니까 돈을 못버니까 그렇지.

실패 참여자 10: 술 먹고 방탕했다는 거. 그거로 인해서 결국엔 뇌졸중이 온 거야.

(6) 인생 전반에 대한 수용 vs. 현재 삶에 대한 절망

성공한 노인들은 자신이 가정생활과 직장생활에 큰 탈없이 무난하고 조화롭고 평범하게 살아온 사실에서 보람과 행복을 느끼며, 자신의 삶이 나름대로 의미가 있다고 회고하고 있다. 돈이나 사회적 지위, 명예 등 외적인 성공에 큰 가치를 두기보다는 소박하고 순탄하게 살아온 자신의 인생 전반에 의미를 부여하면서, 자신의 삶과 자아를 있는 그대로 긍정적으로 수용하는 태도를 보여 준다고 하겠다.

성공 참여자 29: 농사짓는 게 제일 편하고. 애들 결혼해서 애들 낳는 거지. 애들 크는 거 보고.

성공 참여자 21: 남한테 돈 안 꾸러 가고, 애들 우리보다 먼저 보내는 애들도 없었고.

성공 참여자 42: 직장 잘 다니고, 애들 잘 키워서 밖에 나가 잘살고, 뭐 가정에 아무 분란 없고. 그게 뭐 보람이지 뭐.

반면 실패한 노인들은 건강하지 못하고, 질병과 장애로 인한 신체적 고통과 사회적 고립으로 인해 현재의 삶에 대한 비관을 후회로써 표현하고 있다. 이들의 삶에 대한 후회는 매우 심하여, 현재 살아 있는 자체를 고통스러워하면서 차라리 죽음이 더 났다는 절망감을 표현하기까지 한다.

실패 참여자 15: 여태까지 어서 죽어야 하는데. 안 죽어서. 아퍼 쌍게, 귀찮해서. 몸만 건강하고 마음만 되믄 내가 왜 죽길 바라것소.

실패 참여자 37: 지금 사는 게 후회지 뭐. 그럼, 인제는 아무 것도 못하고 그냥 집에만 가만히 들어앉았으니까. 사는 게 괴로워. 아픈 덴 많고.

5. 요약 및 결론

먼저 연구 결과를 요약하면 다음과 같다. 첫째, 성공한 노인들은 가족이나 직업, 이웃돕기, 자신의 생애 전반의 측면에서 일생 동안 노력한 만큼의 보람을 느끼는 경우가 많으며, 이는 노년기인 현재에도 여전히 유효한 진행형인 것으로 자신의 생을 회고하고 있다. 반면 실패한 노인들은 한창시절 자신이 가족과 직업을 통해 경험했던 재미나 행복감을 인생의 가장 큰 행복감으로 회고 하고 있어, 좋았던 과거를 회상하는 경향을 보이고 있다. 한 마디로 성공 집단은 '인생을 전반적으로 잘 살아온 것에 대해서 현재 보람을 느낀다'면, 실패한 노인은 '과거 남들처럼 자녀를 키우고, 일을 하던 한창시절이 행복했었다'고 회고하고 있다.

둘째, 성공한 집단은 후손을 통한 세대의 계승, 부모의 책임완수, 직업을 통한 사회에의 기여, 이웃돕기 등 인생의 목적과 의미를 좁은 자아를 넘어선 보다 넓은 것에 두고, 이것의 실현에 자신의 삶이 어느 정도 성공한 것으로 회고하는 경향이 있었다. 이에 반해 실패한 노인은 자신의 욕구가 충족되었던 과거의 행복한 시절을 회고하는 경향이 있었다. 즉 과거의 일상적인 활동들, 자녀를 키우고, 일을 하고, 돈을 버는 데서 재미와 행복을 느끼는 것으로 나타났다.

셋째, 성공한 노인들은 과거 자신이 사회적으로 성공할 기회를 놓친 것, 가족에게 최선을 다하지 못한 것, 도덕적 이상을 따르지 못한 것을 가장 후회하고 있다. 즉 자신의 생애에 더 많은 기회가 있었으며, 이를 선택하지 못한 자신의 결정에 대해서 스스로 책임을 느끼고, 행해지지 않은 구체적인 행동에 대해 후회를 하고 있다. 반면 실패한 노인들은 가정이나 사회적인 성공, 건강 등의 면에서 자신의 전 생애의 누적적인 결과로 나타난 부정적인 삶 전반에 대해서 후회하고 있다. 여기에는 자신이 선택한 행동이라는 관념, 그리고 이러한 선택에 따른 책임이라는 관념은 적은 편이다. 오히려 부모, 배우자나 자녀, 혹은 타인을 비난하거나, 상황의 불가피성이나 사회 구조로 인한 제약을 인식하는 반응이 많았다.

넷째, 후회의 면에서도 성공한 노인들은 가족이나 이웃, 사회와의 관계에서 자신을 넘어선 보다 높은 가치나 규범의 기준을 가지고 자신의 인생을 회고하는 경향을 보이고 있다. 반면 실패한 노인들은 당장 느끼는 건강상의 고통과 가족관계의 실패와 이로 인한 가족 내의 고립과 고독 등 현재 현실적으로 느끼는 어려움과 관련하여 후회를 하는 경향을 나타내고 있다. 한 마디로 하면 성공한 노인들은 기회를 상실하고, 도리를 다하지 못한 것을 후회한다면, 실패한 노인들은 결핍되고 순탄치 않았던 삶 자체에 대해서 후회한다고 볼 수 있다.

이 같은 연구 결과를 바탕으로 본 연구가 노인의 정신건강문제와 정신보건사회복지분야에 대해 함의하는 바를 살펴보면 다음과 같다.

첫째, 노인들에게 가족은 인생을 회고하거나 평가할 때 가장 중요한 영역이다. 가족은 성공한 노인과 실패한 노인 모두에게는 가장 인생이 큰 보람과 행복을 주는 영역으로 나타났다. 한편 실패한 노인은 순탄치 못한 가정생활을 인생에서 가장 후회하고 있었다. 이같은 연구 결과는 한국 노인은 인생을 회고하거나 성공적 노화를 인식할 때 가족과의 관계 속에서, 특히 자녀와의 관계성과 부모로서의 역할 속에서 자신을 규정한다는 기존의 연구 결과와 일치하고 있다(김미혜 등, 2004; 최혜경 등, 2005; 김미혜 등, 2005). 이는 자녀를 통해 가(家)를 이어가는 전통적인 유교적인 문화권에서 살아온 노인세대의 가치관과 삶의 태도를 보여 준다. 또한 이러한 사실은 노인복지정책과 제도가 미비한 우리 사회에서 자녀가 노인들의 삶에서 중요할 수밖에 없는 한국적 현실을 반영한다 하겠다. 따라서 노인의 정신건강의 문제를 접근할 때에는 그들이 일생 동안 맺어온 가족관계 특히 자녀와의 관계나 부모로서의 역할과 관련하여 전생애적으로 접근할 필요가 있음을 시사한다.

둘째, 성공적 노화에 실패한 신체적·사회적·심리적 기능이 낮은 노인들은 노년에 이르러 정서적으로 그들을 지지할 가족이나 친구, 이웃의 부재 속에서 삶의 의미를 발견하지 못한 채 우울과 절망을 경험하는 경우가 많았다. 이는 성공적으로 노화한 노인들은 전반적으로 순탄한 가정생활로 안정된 가족이나 친지, 이웃의 지지를 받고 있는 것과 대조를 이룬다.

노년기의 정신건강 문제는 이들을 지지해 줄 사회적 지지체계의 형성과 밀접한 관련이 있다. 노인들이 자신이 살아온 인생에 의미를 부여하는데 발견하고 데 있어서 가족과 친구들과의 친밀한 관계를 맺는 것이 특히 중요하다(Krause, 2007, p. 466). 젊은 시절 가족, 친구들과 긍정적이고 상호호혜적인 교환을 해 온 정상적인 사람들은 나중에 정신건강상에 문제가 있더라도 일생 동안 축적해 온 개인적·사회적·경제적 자원들이 많이 때문에 치료나 개입시에도 도움을 얻기 쉽다. 반면 과거 오랜 동안 빈약한 사회관계를 해 온 사람들은 노년기에 망상분열증과 같은 인격장애가 발병하기 쉬우며, 정신건강상의 문제가 생길 시에도 의지할 데가 없다(Gatz & Zarit, 1999, pp. 397-401).

이런 면에서 가족, 이웃과 단절되어 사회적 지지를 받지 못하는 노인들의 정신건강문제는 악화될 가능성이 크므로, 이들에게 사회적 관심과 개입이 필요하다. 먼저 이들 심리적 고통을 받는 노인들에게는 우선적으로 충분한 정서적인 지지를 받도록 배려하는 것이 필요하다(Krause, 2004, p. 620). 또한 가족 간의 유대를 강화하고 중요성을 강조함으로써 자녀들이 노부모를 직접 방문하거나 자주 연락함으로써 노인들을 심리적·정서적으로 지지해 줄 수 있는 사회적 분위기의 조성이 매우 필요하다. 또한 지역사회 노인복지기관, 정신보건센터 등을 중심으로 이웃, 지역사회 등에 친밀한 사회지지체계를 개발하고 유지하며, 활용할 수 있도록 하는 사회복지 차원의 서비스가 제공되어야 한다.

셋째, 실패한 노인은 과거를 포함하여 현재에 이르기까지 자신의 삶이 스스로 선택한 것이며, 이에 대해 책임을 받아들이는 의식 내지는 자아통제감이 약하며, 자신이 상황이나 여건, 타인에 의한 피해자라는 원망이 크다. 이는 자신의 삶은 자신이 만들어간다고 보고, 자신의 삶의 선택에 대해 책임을 지려고 하는 성공 노인들과 대조적이다. 노인의 우울증 원인에 관한 최근 연구에 의하면 자아통제감은 스트레스요인이 우울증으로 전이되는데 있어 중요한 매개변인으로 작용한다(김미혜·이금룡·정순둘, 2000). 이렇게 볼 때 자아통제감이 적은 실패 노인들은 상당한 우울증으로 시달릴 가능성이 크며, 정신건강상의 문제를 가질 소지가 크다. 따라서 이들 노인들에게 자아통제력을 강화할 수 있는 방안 및 프로그램이 개발되어야 할 것이다.

넷째, 성공한 노인에 비해 실패한 노인들은 과거를 포함하여 현재의 삶을 있는 그대로 수용하지 못한 채, 인생을 비관하고 있다. 이들은 노년기에 이루어야 할 자아통합을 이루지 못한 것으로 볼 수 있으며, 정신건강상 문제의 소지가 많다.

노년기의 정신건강은 우울증이나 치매 등의 질병이 없고, 행동상의 결함이 없는 것만으로는 충분하지 않다. 노년기 정신적 안녕감이 유지되는 데에는 자신의 인생을 스스로 통제할 수 있다는 믿음만이 아니라 인생에 대한 낙관적인 관점을 가지는 것이 매우 중요하다. 즉 자신의 살아온 삶에 대해 만족해야 하고, 과거 자아에서 성공을 생각해내고, 과거에 대한 실망이나 미래에 대한 두려움에 사로잡히지 않고, 대신 자신이 애써서 추구해야 할 긍정적인 미래의 자아를 유지하는 것이 중요하다(Herzog & Markus, 1999). 최근의 연구 결과에서도 자아통합이 되지 않을수록, 즉 과거와 현재를 수용하지 않을수록, 삶에 대한 태도가 부정적일수록, 그리고 인생에 대한 회환(후회)가 많을수록 우울이 증가되는 것으로 나타났다(여인숙·김춘경, 2006a). 따라서 삶을 비관하고 우울에 빠지기 쉬운 노인들에게 자신의 과거와 현재, 인생 전반을 새롭게 해석하고 평가하여 자아통합과 심리적 안정을 이룰 수 있도록 하기 위해서는 다양한 사회복지적 개입이 제공되어야 할 것이다.

우선 노인들의 정신건강을 위해서는 예방적 차원에서 노인들을 대상으로 한 교육이 필요하다. 즉 미래에 최악의 것이 일어나리라는 기대를 거부하고, 나쁜 생활환경에서도 의미를 찾으려고 노력하는 사고의 습관을 형성하고, 인생을 긍정적으로 보는 낙관주의를 가지도록 경로당, 노인대학, 노인복지회관 등에서 교육이 이루어져야 할 것이다. 그 밖에도 종교나 영성은 삶의 의미를 통합하고, 노년기의 스트레스를 대처할 수 있는 강력한 자원이 될 수 있으므로(Krause, 1998, p. 250), 이와 관련하여 노년기 영성을 관련된 새로운 실천방법이 개발되어야 할 것이다.

특히 가족지지의 감소, 생의 의미상실로 인한 우울, 불안을 겪는 노인들의 심리사회적 부적응을 치료 또는 예방하기 위해서는 지역사회 노인복지기관, 정신보건센터, 전문상담기관을 중심으로 다양한 상담프로그램의 개발이 필요하다. 이때 회상치료, 이야기치료 등 다양한 치료기법이 활용될 수 있을 것이다. 일반적으로 노인의 자존감을 향상시키고, 우울을 감소시키는 데에는 회상치료가 도움이 된다고 한다. 그러나 회상치료의 효과에 대해서는 연구 결과가 일치하지 않으며, 일부는 효과가 없다고 보고하고 있다(홍주연, 2000). 특히 과거에 대해 후회하며, 죄책감을 느끼고, 현재에 대해 불만족을 느끼거나, 과거가 즐거웠으나 현재의 심각한 상실을 수용하지 못하는 사람의 경우 회상을 거부하거나, 회상할 때 더 부정적인 정서를 경험할 수도 있다. 따라서 생애과정을 단순히 회상하도록 하기보다도 회상을 통해 나타나는 노인의 회환이나 심리적 갈등, 미해결의 과제를 해소하고, 긍정적으로 재구성하도록 하는 이야기치료기법이 효과적일 수 있다(여인숙·김춘경, 2006b, p. 4). 이때 개인보다는 집단회상이 더 효과적이라고 한다. 생애회고적 이야기치료 집단프로그램은 노인들로 하여금 현재와 과거의 경험을 재조명하고, 자신들이 미처 깨닫지 못한 삶의 긍정적인 부분들을 발견하게 한다. 이를 통해 노인들은 자신의 삶의 경험을 긍정적으로 재구성함으로써, 삶의 새로운 의미를 발견하고, 현재와 과거의 삶을 긍정적으로 수용할 수 있게 된다. 실제로 생애회고적 이야기치료 집단프로그램을 통해서 참여 노인들은 고난과 궁핍으로 살아온 삶에 대해 회한에 젖거나 미해결된 과제로 인해 힘겨워하기보다 그들의 삶이 이야기 속에서 보람과 기쁨, 감사로 재구성되고 있음을 경험하였음이 보고되고 있다. 이러한 치료기법 외에도 노년기 우울과 죽음불안을 감소시키고 자아통합감과 심리적 안녕감을 증진시킬 수 있는 다양한 치료기법이 개발되어야 할 것이다.

다섯째, 이같은 노인들의 정신건강을 위한 사회복지적 서비스의 제공은 성공적 노화 여부에 따른 노인들의 욕구수준과 건강, 경제적 여건 등을 고려하여 이들의 욕구를 충족시키는 방향에서 다른 서비스와 함께 통합적으로 이루어져야 할 것이다. 성공한 노인들은 타인을 돕고, 사회에 봉사하며, 의미 있는 관계를 조성하고, 양심과 신앙에 따라 사는 등 보다 높은 단계의 욕구인 존경이나 자아실현의 욕구와 관련하여 삶의 의미를 찾으려 하는 경향이 크다(Fisher, 1995, p. 246). 이와는 대조적으로 실패한 노인들은 건강의 상실과 사회적·심리적 기능이 낮은 상태에서 가족의 지지를 받지 못하는 사람들이 많기 때문에 우선적으로 건강, 돈 등 자신의 욕구충족에 보다 많은 관심을 가지고 있다.

따라서 성공적 노화 노인들에게는 이웃과 사회에 기여하고 보람을 느낄 수 있도록 다양한 자원봉사 프로그램과 노인 일자리 등이 개발되고 이들이 참여하도록 지원할 필요가 있다. 반면 실패 노인의 경우 건강이 나쁘고, 질병과 장애로 인한 절망감이 크기 때문에 이들에게 건강관리 및 재활, 간병과 요양 서비스 등이 제공되어야 할 것이다. 경제적으로 취약한 이들 노인들에게는 빈곤에 빠지지 않도록 소득보장 및 경제적 지원이 우선되어야 할 것이다. 또한 한정되고 결핍된 생애를 살아오면서 다양한 삶의 경험을 하지 못한 이들 노인들이 일상생활에 흥미, 즐거움, 삶의 보람들을 느낄 수 있도록 노인정이나 경로당, 노인복지회관 등을 중심으로 다양한 여가와 사회활동 프로그램이 개발되고, 참여하도록 지원해야 할 것이다.

참고문헌

강인(2003). 성공적 노화의 지각에 관한 연구. **노인복지연구**, 20, 여름호, 95-116.

국립국어연구원(2000). **표준국어대사전**. 두산동아.

김미혜, 이금룡, 정순둘(2000). 노년기 우울증 원인에 대한 경로분석. **한국노년학**, 20(3), 211-226.

김미혜, 신경림, 강미선, 강인(2004). 한국 노인의 성공적 노후에 대한 경험. **한국노년학**, 24(2), 79-95.

김미혜, 신경림, 최혜경, 강미선(2005). 한국 노인의 성공적 노후 삶의 유형에 영향을 미치는 요인. **한국노년학**, 26(1), 91-104.

김윤정(2002). 회상을 통한 우리나라 여자노인들의 일생과 자아통합감. **노인복지연구**, **겨울호**, 207-231.

박경란, 이영숙(2002). 성공적 노화에 대한 인식 조사 연구. **한국노년학**, 22(3), 53-66.

이은정(1997). 한국 노인의 회상의 본질에 관한 연구. **이화여자대학교 대학원 박사학위논문**.

여연숙, 김춘경(2006a). 노년기 자아통합감에 관련된 심리사회적 요인분석. **사회보장연구**, 22(2), 79-104.

여연숙, 김춘경(2006b). 노년기 우울과 죽음불안 감소를 위한 생애회고적 이야기 치료 집단프로그램의 효과. **한국가정관리학회지**, 24(5), 113-128.

성혜영, 유정헌(2002). 성공적 노화 개념의 인식에 관한 연구-Q 방법론적 접근. **한국노년학**, 22(2), 75-93

성혜영, 조희선(2005. Rowe와 Kahn의 구성요소를 활용한 성공적 노화 모델. **한국노년학**, 26(1), 105-123.

윤현숙, 유희정(2007). 성공적 노화 여부에 따른 중요 생애사건 비교분석. **한국노년학**, 27(4), 807-827.

최혜경, 백지은, 서선영(2005). 노인들의 인식을 통한 한국적인 성공적 노화의 개념. **한국가정관리학회지**, 23(2), 1-10.

홍주연(2000). 성격과 자아 통합감이 노인회상기능에 미치는 영향. **이화여자대학교 대학원 박사학위논문**.

Alexander, B. B., R. L. Rubinstein, M. Goodman, and M. Luborsky. (1992). "A Path not taken: A Cultural Analysis of Regrets and Childlessness in the Lives of Older Women", *The Gerontologist*, *32*(5), 619-626.

Bauer, J. J., D. P. McAdams, and A. R. Sakaeda. (2005). "Interpreting the Good Life: Growth Memories in the Lives of Mature, Happy People." *Journal of Personality and Social Psychology*, *88*(1), 203-217.

Butler, R. N. (1963). "The life review: An interpretaion of reminiscence in the aged", *Psychiatry*, *26*, 65-76.

Chou, K. L. and I. Chi. (2002). "Successful Aging among the Young-old, Old-old, and Oldest-old Chinese." *International Journal of Aging and Human Development*, *54*(1), 1-14.

Crosnoe, R. & Elder, G. H. (2002). "Successful adaptaion in later years: A life-course approach to aging." *Psychological Quarterly*, *65*(4), 309-328.

DeGenova, M. K. (1992). "If You had your Life to live over again; What would you do differently?" *International Journal of Aging and Human Development*, *34*, 135-143.

DeGenova, M. K. (1996). "Regrets in Later Life." *Journal of Women & Aging*, *8*(2), 75-85.

Erikson, E. H. (1968). *Identity: Youth and Crisis.* New York: Norton.

Fisher, B. J. (1995). "Successful Aging, Life Satisfaction, and Generativity in Later Life." *International Journal of Aging and Human Development*, *41*(3), 39-250.

Friedrickson, B. L. (2001). "The Role of Positive Emotions in Positive Psychology: The Broaden-and-build theory of Positive Emotions." *American Psychologist*, *56*(3), 218-226.

Garfein, A. J. and A. R. Herzog. (1995). "Robust Aging among the Young-old, Old-old, and Oldest-old." *Journal of Gerontology*, *50B*, S.77-88.

Gatz, M. and S. H. Zarit. (1999). "A Good Old Age: Paradox or Possibility." pp. 396-416. in *Handbook of Theories of Aging*, edited by V. N. Bengston and K. W. Schaie, New York: Springer.

George, L. K. (1999). "Life course perspective on mental Health" in C. S. Aneshensel & J. C. Phelan (Eds.), *Handbook of the Sociology of Mental Health* (pp. 565-583). San Diego: Academic Press.

Gilovich, T. & V. H. Medvec. (1995). "The Experience of Regret: What, When and Why." *Psychological Review*, *102*, 379-395.

Hattiangradi, N., V. H. Medvec. and T. Gilovich. (1995). "Failing to Act: Regrets of Terman's Geniuses." *International Journal of human development*, *40*, 175-185.

Havighurst, R. J. (1963). Successful Aging. in R. H. Williams, C. Tibbotts, & W. Donahue (Eds.), *Processes of Aging*, New York: Atherton Press.

299-320.

Herzog, A. R. and Markus, H. R. (1999). "The Self-Concept in Life Span and Aging Research" pp. 212-231. in *Handbook of Theories of aging*, edited by V. N. Bengston and K. W. Schaie, New York: Springer.

Kahana, E. & Kahana, B., (2003). "Contextualizing Successful Aging: New Directions. in an Age-Old Search", in R. Sattersten. Jr. (Ed.). *Invitation to the life course: Towards New Understanding of Later Life* (pp. 225-255). New York: Baywood Publishing Company.

Krause, N. (1998). "Stressors in Highly Valued Roles, Religious Coping and Mortality." *Psychology and Aging*, *13*, 242-255.

Krause, N. (2004). "Lifetime Trauma, Emotional Support, and Life Satisfaction among Older Adults." *the Gerontologist*, *44*, 615-623.

Krause, N. (2007). "Longitudinal Study of Social Support and Meaning in Life." *Psychology and Aging*, 22(3), 456-469.

Landman, J. and J. D. Manis. (1992). "What might have been: Counterfactual Thought Concerning Personal Decisions", *British Journal of psychology*, *83*, 473-477.

Lecci, L., M. Okun, and P. Karoly. (1994). "Life Regrets and Current Goals as Predictors of Psychological Adjustment." *Journal of Personality and Social Psychology*, *66*(4), 731-741.

Menec, V. H. (2003). "The relation between everyday activities and successful aging: A 6-year longitudinal study." *the Journal of Gerontology*, *58B*(2), S74-S82.

Padgett, D. K. (1998). Qualitative Methods in Social Work Research: Challenges and Rewards, Sage. 유태균 역, **사회복지 질적연구방법론**, 2001, 나남.

Roese, N. J. and A. Summerville. (2005). "What we regret most and why", *Personality and social psychology bulletin*, *31*, 1273-1285.

Rowe, John W. and Robert L. Kahn. (1997). "Successful Aging." *the Gerontologist*, *37*(4), 433-440.

Rubin, A. and E. Babbie. (1997). *Research Method for Social Work*. Pacific Grove. CA: Brooks/Cole.

Ryan, R. M. and E. L. Deci. (2000). "On Happiness and Human Potential: A Review of Research on Hedonic and Eudaimonic Well-being." *Annual Review of Psychology*, *52*, 141-166.

Ryff, C. D. (1989). "Beyond Ponce de Leon and Life Satisfaction: New Directions in Quest of Successful Aging." *International Journal of Behavioral Development*, *12*, 35-55.

Schulz, R. & Heckhausen, J. (1996). "A life span model of successful aging." *American Psychologist*, *51*(7), 702-714.

Shieman, S., L. I. Pearlin and K. B. Nguyen. (2005). "Status Inequality and Occupational Regrets in Late Life." *Research on aging*, *27*, 692-724.

Strawbridge W. J., M. I. Wallhagen, and R. D. Cohen. (2002). "Successful Aging and Well-being: Self-rated Compared with Rowe and Kahn." *the Gerontologist*, *42*(6), 727-733.

Toktas, S. (2002). "Engendered Emotions: Gender Awareness of Turkish Women mirrored through Regrets in the Course of Life." *Women's Studies International Forum*, *25*(4), 423-431.

Vaillant, G. E. (1994). "Successful aging and psychological well-being: Evidence from 45-year study." In Thompson E. H. Jr. (Ed), *Older men's lives*, 22-41. Thousand Oaks CA: Sage

Wong, P. T, P., and L. M. Watt. (1991). "What types of Reminiscence are associated with Successful Aging?" *Psychology and aging*, *6*(2), 272-279.

제 11 장

한국 노인이 경험하는 질병과 성공적인 인생

한국 노인이 주로 경험하는 질병은 무엇이고, 건강 수준 및 질병과 성공적 나이 듦과는 어떠한 관련성이 있는가?

김 동 현
(한림대학교 의과대학 사회의학교실)

1. 서론

21세기 한국은 어느 다른 국가에 비해 급속한 속도로 고령화 사회(Aging Society)에서 고령사회(Aged society)로 진행하고 있으며, 이러한 인구 구조 상의 변화(demographic transition)는 우리가 일찍이 경험하지 못하였던 질병 구조의 급격한 변화를 야기하고 있다. 즉, 질병 발생이 곧 사망으로 이어지기보나는 장애와 후유증을 남기는 만성 퇴행성 노인 질환자의 수와 그 비중이 점점 커지고 있으며, 이러한 질병이환이 노인의 노년기 삶의 질에 결정적 영향을 미치게 되었다. 노인기 삶의 질의 가장 핵심적인 부분은 이러한 질병에의 이환을 최소화하고, 이환과정을 단축함으로서 보다 건강한 노년을 오래도록 유지하는 것에 놓여 있다 할 수 있다. 즉 성공적 나이 듦의 필수적인 전제가 신체적·정신적 건강이라 할 수 있다. 이를 위해 본 소고에서는 노인기의 삶의 질을 저하시키고, 이로 인해 성공적 나이 듦을 가로막는 노인만성질환과 우리나라 노인의 전반적 건강 실태를 들여다보고, 면접에 참여한 노인들에게 "그러면 '성공적인 노화' 혹은 '성공적으로 노후를 보내는 것'은 어떤 것이라 생각됩니까?"라는 질문을 통해 건강 및 질병이 성공적인 노인과 비성공적인 노인들의 나이 듦에서 갖는 의미를 가늠해 보고자 한다.

2. 한국 노인은 주로 어떤 질병으로 고통 받고 있는가?

1) 평균 수명

2006년 현재 한국인의 평균 수명은 남자 75.7세, 여자 82.4세로 여자가 남자보다 6.7년 더 오래 사는 것으로 나타나고 있어, 10년 전인 1996년에 비해 남자 5.7세, 여자 4.6세 증가하였으며(통계청 1996-2006), 이는 보건의료 수준의 향상, 국민들의 영양상태 양호 및 건강에 대한 관심의 증가 등에 기인하는 것으로, 특히 40대 이상 사망률의 감소를 반영하고 있다. 남녀 간의 평균 수명 차이는 1996년에 비해 1.0세 감소하였다. 이는 남자의 사망률 감소속도가 여자보다 빠르기 때문으로 보이며 이러한 남녀별 평균 수명 차이는 2020년 6.5세, 2050년 6.3세로 점차 줄어들 전망이다. 그러나 이러한 평균 수명의 연장이 각종 만성질환에 이환된 불건강한 노년기 삶의 단순한 지속일 수 있다는 점에서 우리나라 국민, 특히 노인 집단의 전반적 건강 수준과 삶의 질의 향상을 반영하는 적절한 지표로 보기 어렵다고 할 수 있다.

2) 우리나라 노인사망의 역학적 특징

우리나라 2006년 총 사망자수는 244,000명(인구 100,000명당 조사망률 499.0명)으로, 암(cancer), 뇌혈관질환(Cerebrovascular Accidents, CVA), 허혈성 심장질환(Ischemic Heart Disease, IHD), 그리고 당뇨병(Diabetes Mellitus, DM) 순으로 주요 4대 만성질환이 전체 사망의 50% 이상을 점하고 있고, 65세 이상 노인인구에서도 동일한 양상이 관찰되고 있다. 이들 질환들은 연령 증가에 따라 사망률이 급증하는데, 특히 암과 뇌졸중의 경우 60세 접어들면서 10세 증가 시 사망률이 2배 이상 증가하는 양상이 관찰된다. 특히 여성노인에서 연령에 따른 뇌졸중 사망률은 아주 가파르게 증가하는 것으로 관찰되고 있다.

지난 20여 년간 주요 만성질환에 의한 사망률의 경시적 변화를 연령군별로 나누어 살펴보면, 다음과 같은 특징이 관찰된다. 〈표 11-1〉에서 보는 바와 같이 전체 암으로 인한 연령 표준화 사망률은 35~64세 중년집단에서는 1983년에 비해 2006년 남녀 각각 0.68배와 0.65배로 감소하고 있는 반면, 65세 이상 노인 연령군에서는 1.97배와 1.81배 증가하고 있다. 이와 같이 중년집단에서의 암 사망률의 감소는 암 발생 자체의 감

〈표 11-1〉 1983년 대비 2006년 전체/질환별 연령표준화 사망률의 증가비

사망원인	남자			여자		
	전 연령	35~64세	65세 이상	전 연령	35~64세	65세 이상
전체	0.46	0.40	0.52	0.48	0.35	0.57
암	1.14	0.68	1.97	0.98	0.65	1.81
뇌졸중	0.43	0.27	0.53	0.49	0.25	0.63
허혈성 심질환	6.19	4.00	8.74	8.00	2.63	12.24
당뇨	2.79	1.50	5.26	3.25	1.25	5.99
사고	0.87	0.90	2.41	0.99	0.94	2.37

소에 기인하기 보다는 지난 20여 년 동안 우리나라 의료 기술의 발전, 전 국민 의료보험의 도입에 따른 의료 이용의 확대, 그리고 조기 검진에 따른 치료 성과의 호전 등으로 설명될 수 있다. 반면 65세 이상 노인인구에서의 암 사망률의 꾸준한 증가는 우리나라 노인 연령층에서 이러한 의료 환경 변화에 따른 긍정적 효과를 뛰어넘을 정도로 암 발생 수준이 급증하고 있거나, 조기진단이나 향상된 치료기술의 혜택을 이 인구집단은 누리고 있지 못한 것으로 설명할 수 있다. 암 이외의 다른 주요 만성질환으로 인한 사망률도 연령군별로 상이한 변동이 관찰되고 있다. 뇌졸중으로 인한 사망률의 감소폭도 노인 집단은 중년집단에 비해 작게 관찰되고 있고, 허혈성 심질환이나 당뇨로 인한 사망률의 증가 역시 남녀 공히 중년집단에 비해 노인 집단에서 큰 폭의 증가가 관찰되고 있다. 이러한 양상은 각종 사고로 인한 사망률의 변동에서 관찰되고 있다. 즉 중년집단의 경우 지난 20여 년 동안 사고로 인한 사망률의 변동이 거의 관찰되지 않는 데 비해, 노인 집단에서는 같은 기간 2배 이상의 사망률 증가가 일어나고 있다. 이를 종합하면 지난 20여 년 동안 우리나라에서 노인 집단은 중년집단에 비해 주요 만성질환과 사고로 인한 사망률지표가 불량하게 변동하였고, 이러한 양상은 노인 집단에서 의료 혜택에서의 소외와 더불어 사회적 안정장치에서의 소외가 차별적으로 일어나고 있음을 알 수 있다.

3) 신체적 기능

1998년과 2001년 조사된 전국 노인 생활실태 조사에 따르면(선우덕 외, 1998; 2001), 2001년 65세 이상 고령자의 42.5%가 신체 기능에서 결함상태에 놓여 있는 것으로 나타났으며, 이는 1998년의 47.7%보다는 다소 호전된 것으로 조사되었다. 이 기간 동안 도구적 일상생활기능(IADL)

의 결함은 심해졌으나(13.8% vs 30.8%), 일상생활기능(ADL)의 총점이 7 미만인 노인의 백분율은 감소하였다(28.6% vs 10.5%). 모든 ADL 기능에서 결함을 보이는 노인도 5.3%에서 1.3% 로 감소하였다. 2001년 조사 결과를 성별로 보면, 남자(24.2%)보다 여자(53.7%)의 신체 기능 결함정도가 월등히 높은 것을 알 수 있는데, 이는 일상적 생활기능의 차이(9.3% vs11.2%)가 아니라 도구적 기능의 차이(13.8% vs 41.2%)에 기인하는 것으로 알 수 있다.

4) 주요 만성질환의 유병 수준

지난 25년간 우리나라는 평균 수명의 증가와 더불어 만성질환 유병률이 1992년 20.5%이던 것이 2001년에는 41%로 크게 증가하였다(통계청, 2002). 대부분의 만성질환은 장기간의 치료가 요구되기 때문에 만성질환 이환으로 인한 활동의 제한은 개인으로 볼 때 삶의 질에 큰 손실일 뿐만 아니라 사회적으로도 의료비의 증가와 생산성의 감소 등의 경제적 손실로 연결된다. 특히 65세 이상 노인 중 만성질환을 가진 노인은 약 86.7%이며, 2개 이상의 복합질환을 가진 노인도 60% 이상에 이르고 있어 대부분의 노인이 만성질환에 이환 되어 있다(한국보건사회연구원, 2001).

2001년 국민건강영양조사에 따르면, 65세 이상 노인에서 본인이 인지하는 유병률 중 가장 높은 만성질환은 관절염으로 인구 1,000명당 365명이었다 다음으로 고혈압(260명), 요통, 좌골통(194명)의 순으로 나타났다. 성별로 보면 남자의 경우 고혈압(226명), 관절염(199명), 요통·좌골통(113명) 순으로 유병률이 높았고, 여자는 관절염(471명), 고혈압(282명), 요통 및 좌골통(247명) 순으로 유병률이 높았다. 관절염, 요통, 좌골신경통의 경우 여자의 본인 인지 유병률이 남자보다 2배 이상 높은 것으로 나타났다. 1998년에는 노인들이 앓고 있는 주요 만성질환이 관절염(인구 1,000명당 366명), 요통·좌골통(253명), 고혈압(202명), 피부병(126명) 등의 순이었다.

5) 치매

유례를 찾기 어려울 정도로 빠르게 진행되고 있는 우리 사회의 고령화는 대표적인 노인성 질환인 치매의 급속한 증가와 이로 인한 엄청난 사회적 부담을 예고하고 있다. 따라서 치매의 관리대책을 마련함에 있어, 우리나라 노인인구에서 발병하는 치매의 역학적 특징에 대한 이해가 필요하다.

우리나라에서 수행된 지역 역학조사에 따르면, 65세 이상 노인에서의 치매 유병률은 6.8~12.8%로 보고되고 있다(김동현, 2002). 이는 외국에서 동일한 진단기준으로 수행된 대부분의 연구 성과와 비교해 볼 때 상당히 높은 수준이다. 일본이나 구미지역에서는 상당수의 치매 환자들이 요양시설에 입소해 있어 지역 조사 과정에서 누락되는 반면, 우리나라는 치매환자를 수용할 시설이 없는 관계로 이들이 모두 지역 조사에서 파악된다고 볼 수 있다. 게다가 우리나라 노인의 낮은 교육수준과 높은 문맹수준도 치매 위험요인을 작용할 수 있어 우리나라는 상당한 치매 위험지역으로 분류될 수 있다. 우리나라에서 치매의 유병 수준은 남녀 공히 연령에 따른 유병 수준이 뚜렷하다. 성별로 비교해 보면 여자에서의 치매 유병률이 남자에 비해 높게 보고되고 있다. 이러한 여성 우위는 연령이 증가할수록 강화되는데, 이는 주로 80세 이상 고령 여성에서 알츠하이머병 유병 수준이 남자에 비해 급증하는 데 기인하고 있다. 따라서 알츠하이머병은 여자에서, 혈관성 치매는 남자에서 높은 양상을 보이고 있다. 특히 80세 이상 고령 여성 집단에서의 높은 알츠하이머병 유병 수준은 이 집단의 높은 문맹/무학에 의한 것으로 추정된다(Kim et al, 2003).

6) 건강검진에의 참여 수준

건강검진은 노년기 건강 유지와 향상에 중요한 건강 행위 중 하나가 된다. 그러나 노년기에 접어들어 대부분 규칙적인 건강검진 수진이 낮아지고 있다. 2001년과 2005년 건강검진 수진율의 연령별 분포를 남녀별로 살펴보면([그림 11-1] 참조), 남성의 경우 연령 증가에 따라 수진율이 완만하게 감소하지만, 여성 노인의 경우는 고령으로 갈수록 수진율이 급격히 하락함을 알 수 있다. 이는 노인 집단의 의료기관 접근성의 문제,

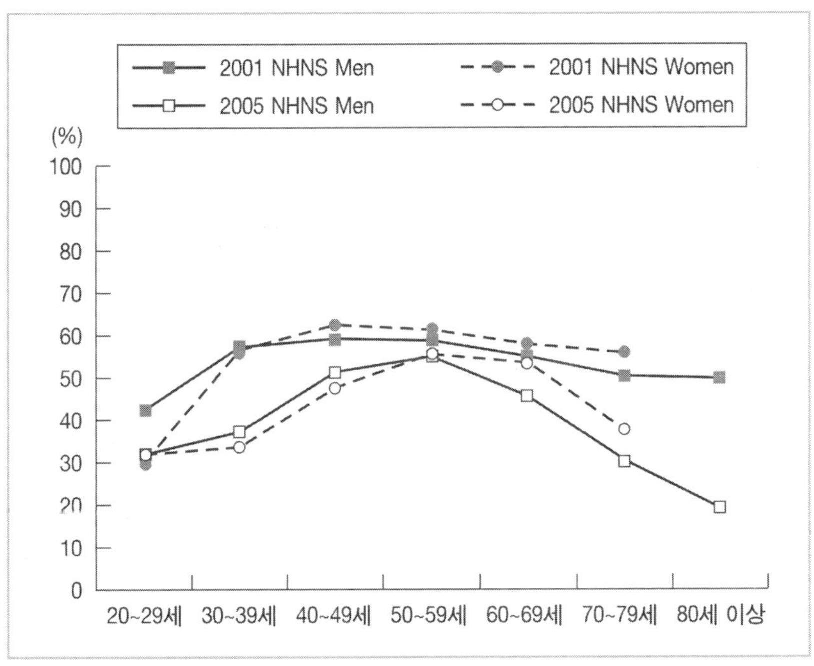

[그림 11-1] 남녀별 건강검진 수검률의 연령별 변화 추이, 국민건강영양조사(2001, 2005)

즉 신체적 기능의 저하로 인한 검진 기관에의 접근성 하락과 사회경제적 지위로 인한 접근성의 문제 등과 건강검진에 대한 노인 집단 내에서의 인식 등 여러 측면의 문제점을 던져주고 있다.

7) 자가평가 주관적 건강 수준의 변화

주관적 건강이 '좋은 상태'(매우 좋음과 좋음을 포함)라고 인식하고 있는 경우는 20세 이후부터 서서히 감소하며 이러한 경향은 1998년에 비해 2001년에, 2001년에 비해 2005년에 더욱 두드러지고 있다(**[그림 11-2]** 참조). 특히 50세 이전 연령에서는 주관적 건강을 1998년에 비해 2001, 2005에 더 좋게 평가하고 있다. 반면 50세 이상 연령에서는 조사 시기에 따라 주관적 건강을 긍정적으로 평가하는 인구비율이 크게 감소하여, 70세 이상에서는 절반에 가깝게 낮아지는 것을 알 수 있다.

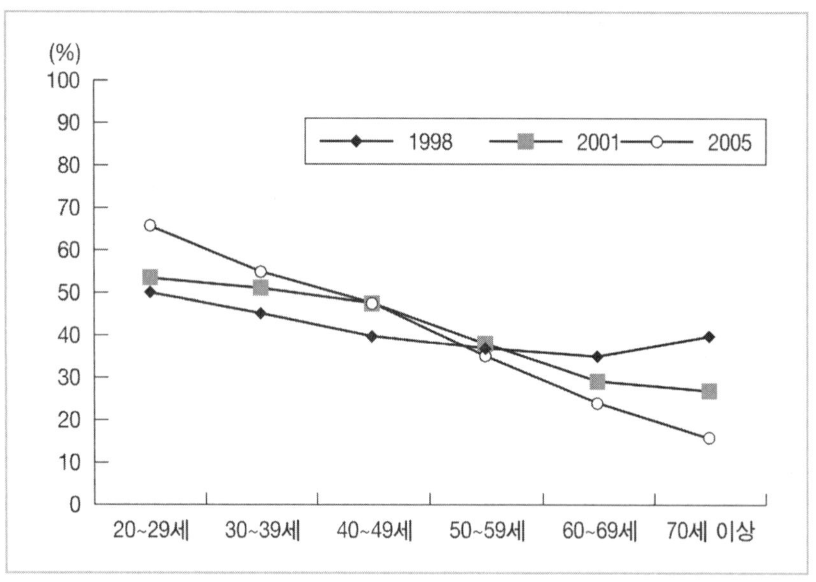

[그림 11-2] 주관적 건강평가의 시기별, 연령별 변화양상, 국민건강영양조사(1998, 2001, 2005)

요약하면, 노인에게서 만성질환에의 이환과 그로 인한 신체 기능상의 제약은 개인적으로는 노년기의 삶의 질을 급격히 떨어뜨리게 하고, 사회적으로는 이들의 치료, 관리에 엄청난 사회적 비용을 부담하게 한다. 그러나 우리나라는 이들 노인 집단의 건강 및 기능 상태에 관한 대표성 있는 기초 자료가 상당히 빈약하고, 이들에서 호발하는 각종 만성질환의 역학적 특성 및 관련 요인에 관한 장기적인 추적 조사 연구가 전무하다고 할 수 있다. 제한적이나마 주요 만성질환에 의한 우리나라 노인 사망률의 경시적 변화, 주요 만성 질병 유병률, 그리고 도구적 기능 평가 자료 등에 근거해 볼 때, 우리나라 노인의 건강지표는 지난 20여 년 동안 중년집단과 비교해 차별적으로 점차 악화되고 있음을 알 수 있다. 이는 노인 집단이 우리나라가 최근 경험한 사회경제적 발전으로 인한 건강 혜택에서 소외되었음을 시사하고 있다. 이는 노인의 주관적 자가 평가 건강 수준이 연령 증가에 따라, 그리고 시기적으로 점차 저하하고 있다는 사실에서도 확인할 수 있다. 한편 이와 같이 고령이 될수록 질병 이환에의 위험은 증가하고 있음에도 불구하고, 건강검진에의 수검률이 연령 증가에 따라 감소하는 양상에서 보듯이 노인 집단의 의료이용에는 상당한 사회적·경제적 장벽이 있음을 알 수 있다.

3. 건강 수준 및 질병과 성공적 나이 듦

이러한 노인 집단의 주, 객관적 건강실태가 노인들의 나이 듦에 어떻게 반영되고, 상호작용하고 있을까? 그 결과는 〈표 11-2〉에서와 같이 성공 노화 집단 또는 비성공 노화로 분류된 노인들 대다수가 ‘성공적인 노화’ 혹은 ‘성공적으로 노후를 보내는 것’의 의미를 신체적·정신적으로 건강하다는 것으로 이해하고, 답변하고 있다. 즉 노인기 삶의 질의 가장

〈표 11-2〉 '성공적으로 늙는 것'*에 대한 개념 요약

구분	성공적으로 늙는 것		
	성공	비성공	계(%)
① 신체 및 정신건강	25(51%)	13(35%)	38(44%)
② 경제 / 금전	12(24%)	9(24%)	21(24%)
③ 사회관계	5(10%)	0 (0%)	5 (6%)
④ 가정안정	5(10%)	4(11%)	9(10%)
⑤ 체념	2 (4%)	9(24%)	11(13%)
⑥ 기타	0 (0%)	2 (5%)	2 (2%)
소 계	49(100%)	37(100%)	86(100%)

*물음: "그러면 '성공적인 노화' 혹은 '성공적으로 노후를 보내는 것'은 어떤 것이라 생각됩니까?"

핵심적인 부분이 바로 건강임을 노인 스스로들 인지하고 있음을 알 수 있다. 이는 성공적 나이 듦의 핵심적 기본 전제가 신체적·정신적 건강이라는 사실을 다시금 확인해 주는 것이고, 나아가 질병으로 인한 고통, 두려움이 성공적 노화라는 자기 삶에 대한 만족을 가로막는 심리적 요인이 되고 있음을 알 수 있다. 이는 객관적 지표로 드러나는 노인의 질병 수준과 이를 초래하는 사회 구조적인 장벽의 실체가 이들 노인들에게서 성공, 비성공 노인 가릴 것 없이 그대로 반영되어 나타나고 있다고 할 수 있다.

한편 성공적 노화 집단(51%)은 비성공 노화 집단(35%)에 비해 보다 많은 노인들이 건강한 늙음을 성공적 나이 듦으로 이해하고 있음을 알 수 있었다. 신체적 건강을 '성공적으로 늙는 것'이라 이해하고, 답변한 노인들의 표현을 비교, 정리해 보면 다음과 같다(〈표 11-3〉 참조). 이들 두 집단의 비교에서 두드러진 차이는 성공 노화 집단의 경우, 신체적 건

〈표 11-3〉 성공/비성공 노화 집단에서 신체적 건강을 '성공적으로 늙는 것'으로 답한 표현들

성공적 노화 집단(16명)	비성공적 노화 집단(9명)
• 건강하게 지내는 것이겠지 • 건강하게 지내는 게 제일 낫지 • 건강한 모습으로 열심히 남한테 조금 뭐 배려도 하면서 사는 게 • 건강해야 되고, 뜻대로 잘 되야 되고, 오래 걸리지 않고 죽는 것 • 그래 일하고 그저 건강한 게 행복하다고 생각해요 • 내 몸을 움직이면서 활동을 해야 • 내가 움직일 수 있을 때까지는 내 자신이 움직여서 활동을 해가는 게 • 내외간에 건강하게 사는 것이 제일 행복하다 그러지 • 배우자하고 오래도록 건강하게 사는 거지 • 병 없이 사는 것 • 몸 성히 잘 살고 거시기 남한테 피해 안주고 사는 것 • 아픈데 없이 그저 자식들 편안하고 그러면 그걸 성공으로 보죠 • 부부가 그저 건강하게 사는 거죠, 뭐 끝까지~ • 죽을 때까지 움직이는 거 • 첫째는 건강해야 되고, 다음에는 애들이 불화 없이 잘 사는 거 • 팔도강산에 마음 놓고 돌아 댕길 수 있는 거. 그러다 죽었으면 좋겠어요	• 그저 안 아픈 게 • 그냥 건강한 사람 • 내가 건강해서 내가 나가서 일을 해서 봉사를 하든지 뭐를 해도 좋은 거구 • 몸이 편한 거(건강) • 병 없이 사는 거지 • 병이 없으면 좋지 뭐 • 아프지 않고 그냥 가만히 가는 게 성공인 것 같아. • 아프지 않고 늙는 거 • 아프지 않고 죽는 게 원이에요

강을 '건강하게 사는 것'으로 그대로 표현하고 있고, '몸을 움직이고 돌아다니는 것'을 의미하고 있는 데 비해, 비성공 노화 집단에선 대다수가 '아프지 않음'이나 '병이 없음'이라는 표현으로 건강의 중요성과 의미를 받아들이고 있음을 알 수 있다. 같은 의미의 다른 두 표현이랄 수 있는 이러한 차이는 성공적 노화 집단에서는 건강을 자신의 노화과정에서 성취 가능한 목표로 받아들이고 긍정적으로 이해하고 있는 데 반해, 비성공 노화 집단에서는 '아프지 않아야 한다'는 부정적 상황에 대한 방어적 개념으로 받아들이고 있다고 해석될 수 있다. 이는 비성공 노화 집단의 상당수가 이미 만성질환에 이환되어 질병으로 인한 고통을 직접 경험하고 있거나, 그렇지 않더라도 질병이 가져다 줄 수 있는 제반 신체적·사회적 고통에 대한 경제적·정신적 통제력과 심리적 여력이 없음을 드러낸다 할 수 있다.

참고문헌

통계청. **사망원인통계연보 1996-2006**. 서울.

선우덕 외(1999). **1998년도 전국노인생활실태 및 복지욕구조사**.

선우덕 외(2001). **노인 장기요양보호 욕구 실태 조사 및 정책방안**.

한국보건사회연구원(2004). **2001 국민건강영양조사-한국인의 주요상병 및 건강행태 분석**, 보건복지부.

한국보건사회연구원(2007). **2005 국민건강영양조사-한국인의 주요상병 및 건강행태 분석**, 보건복지부 .

김동현(2002). 우리나라 치매의 역학. **대한의사협회지**, 45(4), 356-360

Kim J, Jeong I, Chun JH, Lee S. (2003). The prevalence of dementia in a metropolitan city of South Korea. *International Journal of Geriatric Psychiatry*, *18*, 617-622.

제 12 장

결론: 노년이 아름다운 미래를 위해

김 영 범
(한림대학교 고령사회연구소)

우리는 본 연구를 통해 성공적 노년을 보내고 있다고 생각되는 노인들과 그렇지 않은 노인들의 삶을 다차원적으로 비교 분석해 보았다. 이제 결론을 대신해 성공적 노년의 조건은 무엇인지, 그리고 그것을 위해 개인과 사회, 국가는 무엇을 해야 하는지 살펴보자.

1. 인구 고령화의 심각성

먼저 우리나라 인구 고령화의 추세를 통해 인구 고령화가 어느 정도로 진행되고 있는지 살펴보자. 인구고령화를 낳는 요인으로는 평균 수명의 증가와 출산율의 감소를 꼽을 수 있다. 평균 수명의 경우 1970년 61.93

세에서 2006년 79.18세로 약 17년 가량 증가하였다. 이에 반해 출산율은 급속히 감소하였는데, 여성 1인이 가임기 동안 가질 수 있는 아이의 수를 의미하는 합계 출산율은 1970년 4.53명에서 2007년 1.26명으로 급감하였다(통계청, 2008). 즉 과거에 비해 사람들이 더 오래 사는 대신 아이는 덜 출산하는 것이다. 이러한 변화로 인해 노인 인구는 그 수가 증가하는 것과 함께 전체 인구에서 차지하는 비율 역시 급속히 증가하였다.

일반적으로 인구 고령화를 측정하기 위해 사용하는 지표를 살펴보면, 우리나라는 이미 2000년에 인구의 7%가 65세 이상인 사회를 지칭하는 고령화 사회에 진입하였으며, 14% 이상이 65세 이상인 고령 사회에 2018년에 진입할 것으로 예상된다. 그리고 2026년이면 20% 이상이 65세 이상 고령자인 초고령 사회에 진입할 것으로 예상되고 있다.

선진 국가들을 중심으로 고령화 사회에서 고령 사회로 이동한 기간을 살펴보면 프랑스의 경우 115년, 독일의 경우 40년이 소요되었으며. 인구의 고령화가 매우 빠르게 진행된 일본의 경우도 24년이 소요되었다. 선진 국가들의 경우 어느 국가나 예외 없이 인구의 고령화를 경험하여 왔다. 그러나 우리나라는 다른 국가들에 비해 훨씬 빠르게 이루어지고

〈표 12-1〉 각국의 인구 노령화 속도

국가	65세 이상 인구비율의 도달연도			기간(년)	
	고령화 사회 (7%)	고령 사회 (14%)	초고령 사회 (20%)	고령화 ➡ 고령 사회	고령 ➡ 초고령 사회
한국	2000	2018	2026	18	8
일본	1970	1994	2006	24	12
미국	1942	2014	2030	72	16
독일	1932	1972	2010	40	38
프랑스	1864	1979	2019	115	40

자료: 대한민국정부, 2006. 「제1차 저출산고령 사회기본계획(안)」, 3

있다는 특성을 보이고 있다.

이처럼 인구의 고령화가 심각한 가운데 특히 문제가 되는 것은 후기노인(old-old)의 인구증가속도가 다른 연령층에 비해 훨씬 빠르다는 점이다. 80세 이상을 기준으로 하는 후기고령노인은 신체상태나 정신상태 등에 있어서 전기노인(young-old)에 비해 훨씬 약화되기 때문이다.

[그림 12-1]에서 알 수 있듯 65세 이상 노인 인구 중 70세 이상 인구의 비율은 2000년 59%에서 2030년 70%에 근접하며, 2050년에는 79%에 이를 것으로 예상되고 있다. 특히 80세 이상 후기고령자의 경우는 2000년 14%에서 2030년에는 22%, 2050년에는 38%에 이를 것으로 예상되고 있다.

후기노인의 급속한 증가를 포함하는 노인 인구의 급속한 증가는 우리사회에서도 고령 사회의 문제에 대해 개인 차원뿐만 아니라 사회적 차

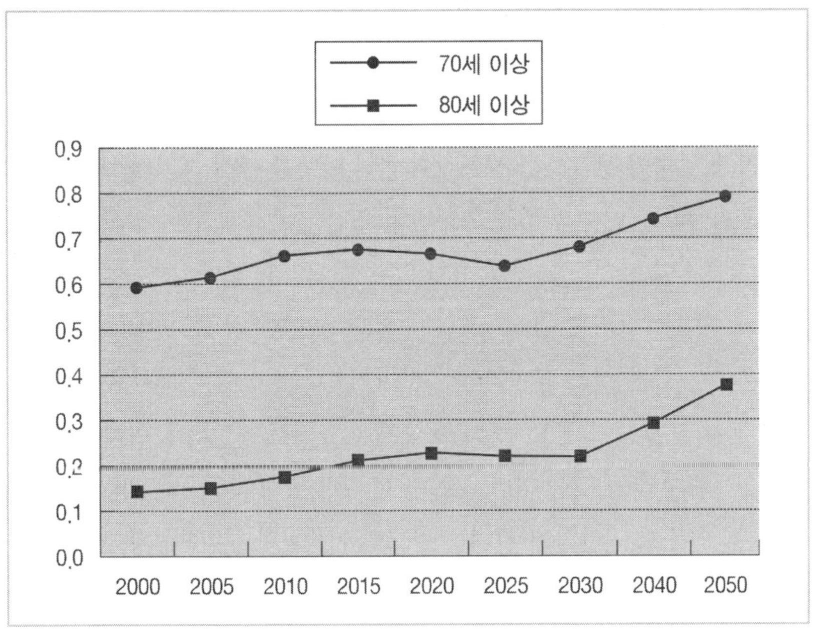

[그림 12-1] 65세 인구 중 70세 이상, 80세 이상 인구 비율

원에서 해결책을 마련해야 하는 단계에 와 있음을 보여 주고 있다. 노인으로서의 삶이 연장된다는 점에서 보면 개인적 수준에서 노후의 삶을 행복하게 보내는 것에 대한 관심 역시 크게 증가하게 된다. 즉 노인으로서의 삶이 인생의 1/4에 이르는 긴 기간이라는 점에서 단순히 기초적인 생계를 보장받는 것을 넘어서서 어떻게 건강하고 행복하고 노후를 보낼 것인가에 대한 관심이 크게 증가할 것이다. 다른 한편으로 사회적 차원에서 보면 노인인구의 절대적·상대적 증가는 연금비용의 증가, 의료비용의 증가 등으로 대표되는 사회복지비용의 증가를 초래한다. 이와 함께 노인인구의 증가는 노인수발에 대한 사회적 책임을 요구하기도 한다. 고령 사회로의 진입은 또한 생산 가능인구의 절대적·상대적 감소를 통해 경제성장을 약화시키는 요인이 되기도 한다.

2. 성공적 노년의 개념과 조건

노년의 삶을 행복하게 만들기 위해 무엇을 해야 하는지에 앞서, 우리나라 노인들이 생각하는 성공적 노년의 의미를 다시 정리해 보자.

우리나라 노인들은 성공적 노년의 조건으로 신체건강, 정신건강, 그리고 경제적인 요인을 가장 중요한 것으로 여기고 있다. 여기서 세 가지 요인의 의미를 살펴볼 필요가 있다. 우선 신체건강은 청·장년기의 신체능력을 유지하는 것을 의미하는 것이라기보다는 신체적 노화로 인해 생기는 많은 질병 없이 일상적인 활동능력을 유지하는 것으로 이해할 수 있다. 즉 아프지 않는 것을 의미한다. 정신 건강 역시 노인들은 마음이 편한 것, 욕심 안내고 편안하게 지내는 것으로 이해한다. 즉 현실의 변화에 적응하는 마음가짐이야 말로 성공적 노후를 보내는 요인이라는 것이다. 마지막으로 경제적 요인의 경우는 남에게 신세 안지고 사는 정도의 경제 상태를 의미한다. 요약하자면 노인으로서 신체적·정신적·사회적인 안정을 유지하는 것으로 정의할 수 있다. 위의 세 가지 조건에 대한 언급은 성공적 노년 집단과 비성공적 노년 집단 모두 공통적으로 언급되고 있다는 점에서 우리나라 노인들의 보편적인 인식이라고 볼 수 있을 것이다. 이러한 세 가지 조건이 다른 국가들의 그것과 큰 차이를 보이는 것은 아니다. 건강과 노후의 안정적인 경제력은 많은 연구에서 언급되는 요인이라는 점에서 바람직한 노후생활이 기본적 조건이 된다고 볼 수 있다.

그렇다면 우리나라 노인들이 바라보는 성공적 노화의 독특한 특징은 무엇인가? 심층 인터뷰 결과의 분석에 의하면 우리나라 노인들은 '가족의 안정'을 성공적 노화의 네 번째 조건으로 지적하고 있다. 조사에 참여한 노인들은 자녀들이 평안하게 사는 것, 자녀들이 행복한 것, 부부간의 금슬이 좋은 것 등을 성공적 노년의 조건으로 꼽고 있을 뿐만 아니라 위의 세 가지 성공적 노년의 조건이 가능하기 위해 필요한 선행 조건으로 언급하고 있다.

자녀에 대한 강조는 서구에서는 쉽게 찾아 볼 수 없는 독특한 인식이라고 볼 수 있다. 본 연구와 유사하게 심층 인터뷰를 통해 성공적 노년의 개념을 분석한 바 있는 프라이(Fry, 1997)의 연구에 의하면 가족 특히 자녀에 대한 언급은 연구 대상 국가 중 유일하게 홍콩과 아프리카에서만 나타나고 있는 것으로 보고되고 있다. 자녀의 안정, 혹은 성공을 노인 본인의 성공적 노년에 대한 조건으로 꼽고 있다는 점에 대해 프라이는 노후 생활을 위한 도구적 필요성의 측면에서 해석한 바 있다. 즉 자녀의 사회적·경제적 성공은 노인에 대한 지원 능력이 증가함을 의미하게 때문에 노인이 자녀의 성공을 자신의 성공적 노년을 위한 요인으로 꼽고 있다는 점이다.

그러나 본 심층 인터뷰 결과에 의하면 자녀의 성공이나 안정을 자신의 성공적 노년에 필요한 요인으로 선택하는 이유는 도구적 측면뿐만 아니라 부모로서의 기본적 역할이라는 측면에서도 이해될 수 있다. 자녀의 성공은 노인 본인에 대한 도구적 지원의 측면에서도 필요할 뿐만 아니라 부모로서 자식에 대한 걱정을 던다는 측면에서도 중요하다. 즉 자녀의 성공이나 안정은 경제적 측면과 더불어 정신적 측면에서도 성공적 노화에 영향을 주게 된다.

그렇다면 어떻게 성공적 노년을 만들어 갈 수 있을 것인가? 아래에서는 성공적 노년을 만들기 위해 필요한 노력들에 대해 살펴보고자 한다.

3. 성공적 노년을 위한 노력

성공적 노후의 기본 조건으로 우리나라 노인들은 건강, 소득, 원만한 가족관계를 꼽고 있다. 그렇다면 이러한 조건을 갖추기 위해 무엇을 해야 할 것인가? 성공적 노후를 위해 해야 할 몇 가지 노력을 정리해 보자.

우선 성공적 노후의 기본 조건 중 노후의 안정적인 소득은 정부 정책을 통해 일정부분 해결할 수 있는 과제이기도 하다. 물론 노후의 소득과 건강을 보장하는 것은 복지국가의 기본적인 목표이기도 하다는 점에서 복지국가의 확대와 심화가 성공적 노후의 기본적 조건이 된다고 볼 수 있다.

우리나라의 경우 노인을 위한 소득보장을 위해 국민연금제도, 기초노령연금제도를 운영하고 있다. 국민연금제도는 1988년 최초 실시 한 이래 2008년 최초로 완전노령연금 수급자가 탄생할 예정이다. 향후 국민연금은 그 수급자가 급속히 증가할 것으로 예상되기 때문에 노후의 소득보장제도로서 그 위치를 공고히 할 것으로 보인다. 다른 한편으로 2008년부터 기초노령연금제도가 실시되어 일정 소득 이하의 노인들을 대상으로 고정금액의 급여를 지급하고 있다.

노인의 소득보장과 관련해 단기적으로 보면 기초연금제도의 급여를 인상함으로써 현재 빈곤상태에 있는 노인에 대해 소득을 지원하는 것이 필요하다. 다만 이들을 위한 재원을 어떻게 마련할 것인가 하는 점은 사회적 합의가 필요한 부분이다. 이와 더불어 장기적 관점에서 노인의 소득보장을 위해서는 연금을 받을 수 있는 자격을 모든 사람들이 누릴 수 있도록 하는 것이 중요하다.

한편 사회보험 중심의 소득보장제도가 그 효과를 보기 위해서는 무엇보다도 안정적인 직업경력이 요구된다. 사회보험 아래에서는 오래 동안 노동시장에 참여하여 비교적 높은 보험료를 꾸준히 납부한 사람들만이 은퇴 후에도 상대적으로 높은 급여를 받을 수 있다. 이런 측면에서 보면 모든 국민들의 노후 소득을 안정적으로 보장하는 첫 단추는 모든 사람들이 노동시장에 참여하여 국민연금의 수급권을 가질 수 있도록 유도하는 것에 있다고 볼 수 있다. 따라서 정부는 가능한 모든 국민이 경제활동에 참여할 수 있는 사회제도를 만드는데 노력할 필요가 있다. 특히 여성의 경제활동 참여를 지원하기 위한 정책을 개발하는 것, 또는 고령노동자의 경제활동 참여를 지원하는 것 등은 중요한 과제가 아닐 수 없다.

우리나라 여성의 경제활동 참여는 M자형 이라는 독특한 특징을 보인다. 즉 참여율이 증가하다가 결혼 및 육아 기간 동안 급속히 하락하는 모습을 보이고 있다. 여성의 노동시장 참여가 보이는 이러한 특징으로 인해 연금수급자격을 갖춘 여성이 적고 또 연금급여 역시 낮은 수준에 머물 수밖에 없다. 따라서 여성이 결혼과 육아에도 불구하고 꾸준히 일을 지속할 수 있도록 육아와 경제활동이 병행 가능한 제도를 만드는 것이 중요하다.

고령노동자의 경우 자신의 의지와 무관하게 일정 연령이 되면 직장으로부터 퇴직하게 된다. 한국 고령노동자의 대부분이 주직장에서 퇴직한 후에도 여러 일자리를 전전한 후 은퇴하며 새로운 일자리가 대부분

자영업이거나 기존일자리에 비해 소득이나 지위가 떨어지는 일자리라는 점은 가능한 한 주직장에서 오래 일하도록 하는 것이 고령노동자에게는 가장 바람직한 것이라는 점을 확인시켜 준다. 주직장에서 최대한 일을 하도록 유도하기 위해서는 퇴직 연령을 높이는 노력이 필요하다고 판단된다. 이를 위해 퇴직 연령을 철폐하거나 또는 연장한 기업에 대해 인센티브를 주는 방안을 모색함으로써 가능한 주직장에서 오래 동안 일 할 수 있는 풍토를 만드는 것이 중요하다.

다른 한편으로 개인 역시 장기적 안목을 가지고 노후의 경제 상황에 대비하는 노력이 필요하다. 한 예로 자녀교육에 대한 무리한 투자는 노후를 대비하는데 필요한 저축을 방해하는 요인이 될 수도 있다. 따라서 양자의 균형을 유지할 수 있도록 개개인의 삶에 대해 장기적인 관점을 갖고 접근하는 것이 필요하다.

노후에도 건강한 삶을 유지하기 위해서는 무엇보다도 노후에 발병하는 질병을 사전에 예방하는 것이 중요하다. 이를 위해서는 잘못된 생활습관을 교정하는 것, 그리고 주기적인 건강검진을 통해 질병의 발병을 사전에 예방하는 노력이 필요하다. 물론 건강보험의 경우 주기적인 건강검진 실시를 유도하고 있으며, 이를 통해 질병을 사전에 예방하고자 노력하고 있다. 건강검진 사업의 대상과 범위를 확대하고, 검진간격을 축소하는 등 노인기에 발병할 수 있는 다양한 질병을 사전에 예방하기 위해 노력함으로써 노년기의 건강을 유지하는 데 더욱 기여할 수 있을 것이다.

다른 한편으로 잘못된 생활습관을 예방하고 건강을 유지하는 것은 정부의 정책만으로 이루어지지는 않는다. 이와 더불어 개개인이 잘못된 생활습관을 교정하고 노후의 건강을 유지할 수 있도록 노력하는 것이 필요하다.

본 연구 결과는 성공적 노후를 보내는 노인은 바쁘게 지내는 노인이라는 점을 확인하였다. 이미 활동 이론(activity theory)에서 주장한 바처럼 노후에 적합한 사회활동에 참여하는 것은 노인에게 역할을 부여한다는 점에서 삶의 의미와 가치를 제공하는 수단이 될 수 있다.

사회활동과 관련해 자원봉사 활동에 주목할 필요가 있다. 자원봉사 활동은 참여 노인들로 하여금 사회 속에서 자신의 유용성을 명확하게 인식하게 한다는 점에서 노후의 삶에 가치와 의미를 부여하는데 큰 역할을 할 수 있다.

자원봉사활동을 계획하고 조직하는 것은 지역 사정에 정통한 집단만이 할 수 있다. 이 점에서 지역 공동체의 역할이 매우 중요하다. 학교, 공공기관, 종교기관, 시민단체 등으로 구성되는 지역 공동체는 자신의 지역에 필요하지만 부족한 서비스가 무엇인지 파악하고, 이를 자원봉사 활동으로 전환시켜, 노인들이 참여하도록 유도함으로써 그들로 하여금 지역 공동체에 자신이 유용한 사람이라는 인식을 갖도록 지원할 수 있다.

물론 노후에도 다양한 역할을 갖는 것 역시 개인의 노력이 필요하다. 노인이 된다는 것은 경제활동으로부터의 은퇴, 자녀와의 별거 등 기존의 역할로부터 벗어나 새로운 역할로 이동하는 것을 의미한다. 이러한 역할의 변화에 적절하게 적응하기 위해서는 새로운 역할이 요구하는 것이 무엇인지, 새로운 역할을 어떻게 수행할 것인지 미리 준비하는 것이 필요하다. 즉 노후의 삶이 어떻게 변화할 것인지에 대해 사전에 정보를 수집하고, 이를 자신의 미래와 연결 지어 노후의 삶에 대한 계획을 세우는 노력이 필요하다.

다른 한편으로 가족관계의 변화에도 대비할 필요가 있다고 판단된다. 부모로서의 역할이 점차 감소되는 상황에서 여전히 과거 어린 자녀들을 대하는 방식으로 자녀들과 상호작용을 하는 것은 자녀들로부터 소외되는 결과를 낳을 뿐이다. 이 점에서 스스로 성인자녀와의 관계를 재정립함으로써 자녀와의 관계가 소원해지는 것을 사전에 예방하는 노력이 필요하다.

앞서 소득, 건강, 자녀 및 사회활동의 측면에서 성공적 노후를 보내기 위해 필요한 노력들을 간략하게 살펴보았다. 앞서 살펴본 바에서 알 수 있듯 성공적 노후는 운 좋은 개인들만이 누릴 수 있는 행운은 아니다. 노후의 소득과 건강을 보장하기 위한 정부의 정책, 노인의 사회활동 참여를 적극적으로 유도하는 공동체의 노력, 그리고 성공적 노후를 준비하는 개인의 노력이 어우러진다면 그것은 운 좋은 소수의 행복이 아니라 누구나 누릴 수 있는 미래가 될 것이다.

참고문헌

통계청(2008). **연령별 노인인구 비율**, www.stat.or.kr

대한민국정부(2006). **제1차 저출산고령 사회기본계획(안)**, 3

Fry. C. L. et al. (1997). "Culture and the Meaning of a Good Old Age", in Sokolovsky, J. *The Cultural Context of Aging*.

찾아보기

ㅊ

ㅍ

ㅎ

저자 소개

■ **이주일**(jilee@hallym.ac.kr)

서울대학교 심리학과 졸업

서울대학교 심리학 석사

서울대학교 심리학 박사

현, 한림대학교 심리학과 교수

■ **박군석**(cavinpks@naver.com)

전북대학교 심리학과 졸업

성균관대학교 심리학 박사

현, 한림대학교 고령사회연구소 연구교수

■ **유 경**(kryu@hallym.ac.kr)

연세대학교 심리학과 졸업

서울대학교 대학원 심리학 석사

서울대학교 대학원 심리학 박사

현, 한림대학교 심리학과 전임강사

■ **김영범**(twoponej@hallym.ac.kr)

연세대학교 사회학과 졸업

연세대학교 본 대학원 문학석사

연세대학교 본 대학원 문학박사

현, 한림대학교 고령사회연구소 연구교수

■ **장숙랑**(jysr@snu.ac.kr)

서울대학교 간호대학 졸업

서울대학교 보건대학원 보건학 석사

서울대학교 보건대학원 보건학 박사

현, 서울대학교 보건환경연구소 선임연구원 및 Harvard School of Public Health 박사후연구원

■ **윤현숙**(hyyoon@hallym.ac.kr)

이화여자대학교 사회학과 졸업

이화여자대학교 대학원 사회복지학 석사

University of Washington, 사회복지학 석사

이화여자대학교 사회복지학 박사

현, 한림대학교 사회복지학과 교수

■ **유희정**(nanali@hsc.ac.kr.)

이화여자대학교 사회학과 졸업

이화여자대학교 대학원 문학 석사

이화여자대학교 대학원 문학 박사

현, 한림성심대학 사회복지과 교수

■ **김동현**(dhkims@hallym.ac.kr)

서울대학교 의과대학 졸업

Uniformed Services University of Health Sciences 보건학 석사

서울대학교 의과대학 의학박사

현, 한림대학교 의과대학 사회의학교실 교수

성공적인 한국 노인의 삶

- 다학제간 심층 인터뷰 사례 -

인 쇄 일	2008년 11월 1일 초판 인쇄
발 행 일	2008년 11월 5일 초판 발행
저 자	이주일·박군석·유 경·김영범 장숙랑·윤현숙·유희정·김동현 공저
발 행 인	구본하
발 행 처	도서출판 박학사
주 소	서울시 마포구 서교동 460-26 동아빌딩 2층
전 화	(02)3142-3764~5
팩 스	(02)3142-3766
E-mail	pakhaksa@kornet.net
웹사이트	www.pakhaksa.co.kr
등록번호	제10-2230호

정가 12,000원 ISBN 978-89-91633-51-3